CENSURA Y CREACIÓN
(1939

temas de historia y política contemporánea, 9

Manuel L. Abellán

CENSURA
Y CREACIÓN LITERARIA
EN ESPAÑA
(1939-1976)

Ediciones Península®

Cubierta de Carles Ameller.

Primera edición: diciembre de 1980.
© Manuel L. Abellán, 1980.
Derechos exclusivos de esta edición (incluyendo el diseño de la
cubierta): Edicions 62 s|a., Provenza 278, Barcelona-8.

Impreso en Márquez S.A., Ind. Gráficas, I. Iglésias 26, Badalona.
Depósito legal: B. 24405-1980.
ISBN: 84-297-1648-3.

686.6
AI4IC
1980

A mis padres, Manuel y Concha
y a mis hijos, Nathalie, Daniel y Nadine

Prólogo

El estricto sigilo que ha protegido, a lo largo de la historia, las actividades censorias de todo orden —políticas, religiosas, ideológicas, subjetivas, editoriales— ha contribuido sobremanera a crear un unánime y universal repudio de semejantes prácticas. Nadie que tenga medianamente en estima los valores sobre los que se fundamenta la vida en democracia podrá encontrar justificación alguna a cualquiera de las formas de coacción de la libertad de expresión, sean cuales sean las condiciones de tiempo y lugar.

Esta repulsa general obvia unida a la ausencia total de datos veraces ha dado pie a conjeturas más o menos verosímiles acerca del papel jugado por la censura en el proceso de creación literaria y en el libro como eslabón último y físico del acto de creación. Si el acto de la creación literaria, según Sartre, se actualiza y consume en el acto de la lectura, no será descabellado presumir que la intervención censoria, anterior al acceso legal de la obra al público lector, haya podido ser causa desvirtuante del producto literario final. La lógica sin quiebra de este razonamiento ha conducido a una obsesiva preocupación por los efectos ineludibles de la censura gubernativa o estatal durante la vigencia del franquismo, dejando en el olvido otras muchas censuras no menos reales, aunque menos aparentes acaso.

Tratar de superar estos condicionamientos o prejuicios, o sea, desechar la idea fija sobre la ineluctabilidad de los efectos de un tipo determinado de censura ha sido la tarea más ingrata y difícil en este estudio sobre la producción literaria española escrita en castellano, durante la época franquista. Razón por la cual en este limitado acercamiento a la incidencia censoria ha prevalecido mucho más la recogida y medición de datos que la generalización teórica. Por lo demás, sobre ninguno de ambos aspectos hay precedentes sobre los cuales basarse. Ni sobre la censura y sus efectos existe bibliografía digna de tal nombre ni tampoco parece haber preocupado mucho el fenómeno censorio a los estudiosos de la sociología de la literatura tanto en el plano teórico como en el de los estudios aplicados a las áreas literarias concretas.[1] Que este desinterés o inadvertencia está parcialmente justificado por la ausencia de datos, no necesita demostración alguna; sin embargo, dice mucho de la precaria situación en la que se encuentra todavía la sociología de la literatura. La bibliografía básica de cualquier aspirante a sociólogo —en cualquiera de las tendencias actuales o pasadas de la sociología— está repleta de estudios monográficos que demuestran el interés de lo monográfico en la elaboración y formulación teórica de la sociología como rama autónoma de las ciencias humanas.

Por último, un deseo a modo de sugerencia: que el estudio de la censura —las censuras— pueda significar para la sociología de la literatura lo que en su época representó el estudio sobre el suicidio como contribución al análisis de la causalidad en los hechos sociales.[2] A primera vista, la homología entre el fenómeno censorio y el suicidio puede parecer un tanto extravagante. Pero si se admite que la censura no sólo consiste en la eliminación «legal» de entes creados o secuencias de la «escritura creacional» sino también en autolimitaciones que el creador artístico consciente o inconsciente-

1. Sobre la relación entre censura y literatura hay un total vacío bibliográfico, en el plano teórico por lo menos. Son muy abundantes, en cambio, los estudios dedicados a la censura «tradicional», ligada a las prácticas inquisitoriales especialmente. Numerosos son también los libros que abordan el fenómeno censorio desde el punto de vista de las instituciones políticas, referido entonces no sólo a la literatura, sino a los demás medios de la libertad de expresión. En los últimos años se han incrementado las publicaciones de tipo jurídico sobre la intervención del Estado en la prensa. La seriedad científica o la envergadura de los datos aportados en los estudios sobre literatura española ha sido también mínima. Entre las excepciones a esta regla cabe señalar la aportación de J. M. Martínez Cachero en su *Historia de la novela española entre 1936 y 1975* y J. Lechner en su libro *El compromiso en la poesía española del siglo XX*.

El primero aporta datos de relieve procedentes de los archivos de la censura y facilitados por los mismos escritores, y el segundo, en la segunda parte de su obra, pp. 142-146, reproduce los parcos resultados obtenidos mediante un cuestionario al que contestaron parcialmente doce poetas.

2. Raymond Boudon en su libro *L'analyse mathématique des faits sociaux* ha demostrado la importancia del estudio de Durkheim sobre el suicidio para la formulación del análisis causal en las ciencias humanas. Aunque el fenómeno censorio no pueda reducirse ni a un asesinato ni a un suicidio textual (censura y autocensura) merecería la pena investigar la aportación de dicho fenómeno en la formulación de una sociología de los procesos de creación.

mente se impone, censura o autocensuras son formas morfológicamente próximas a la autodestrucción o ruptura vital que el suicidio también supone. En el campo de la creación literaria sucede que no siempre se mata definitivamente, de veras, y que los suicidios no son completamente irreversibles. Siempre cabe resucitar al muerto y que vuelva, de otra forma, a las andadas. Y es éste precisamente el nudo gordiano que el fenómeno censorio ha planteado a los estudiosos de la literatura y lo «censurable» a los ejecutantes de la censura.

* *

El propósito inicial de este libro fue el estudio de la censura como condicionamiento de la producción literaria española —castellana y catalana— entre 1950 y 1970 y ello en base a los datos que se esperaban conseguir mediante una encuesta a una amplia nómina de escritores. La elección de estas dos fechas tope fue, a decir verdad, un tanto arbitraria. Se consideró que al comienzo de la década de los cincuenta la producción literaria había vuelto a la normalidad después de la desestabilización propia de los años de posguerra. El tope superior lo determinó el cese del ministro Fraga Iribarne (1969) y la sensación de que analizar veinte años de censura era algo cabal y redondeado. Como se verá, el proyecto se ha extendido en el tiempo y limitado en cuanto a la producción literaria inicialmente contemplada.

Así, ha quedado excluido el estudio de la literatura catalana por motivos prácticos, de extensión y división de tareas con otros colegas universitarios.

Otra limitación voluntaria —no siempre mantenida con éxito— ha sido la referente a los géneros literarios. Desde un principio se fijaron en tres: poesía, novela y teatro, dejándose de lado los demás. La colecta de datos ha hecho imposible mantener un determinado equilibrio por género. El teatro ha sido escasamente abordado. Sólo en casos muy excepcionales se han traído a colación datos sobre el ensayo histórico, político o filosófico.

Abandono consciente que no olvido le ha tocado en suerte al tema de la autocensura durante el período acotado. Los escritores entrevistados fueron sometidos a un cuestionario sobre dicho tema pero los resultados se revelaron relativamente pobres y de una excesiva complejidad para que pudiesen incorporarse en este libro.

En contrapartida a estos acotamientos, se intenta abarcar treinta y siete años de régimen censorio y se ofrece una amplia panorámica de los medios e instrumentos utilizados por el estamento político franquista para totalitarizar —valga el neologismo— cualquier asomo de cultura. Tanto la inclusión de esta parte como la prolongación en el tiempo, se debe al hallazgo de documentos en los Archivos de la Administración Civil de Alcalá de Henares. Y sobre ésta y la no menos asombrosa autorización para la consulta de los archivos del antiguo MIT conviene hacer algunas puntualizaciones.

Tras la muerte de Franco inicié personalmente algunas gestiones ante los responsables del departamento con el fin de acceder a los mentados archivos. Esgrimí como argumento que avalase mi solicitud la información obtenida de los escritores encuestados en 1974 y el carácter científico de mi demanda. El caso es que tras un año de continuo acoso y espera, inopinadamente, fui autorizado con algunas reservas que en aquel entonces acepté plenamente: *a)* no sacar fotocopias; *b)* no mencionar los nombres de los censores, y *c)* realizar la labor de investigación personalmente. Al cabo de dos semanas de trabajo en los sótanos del MIT, la Secretaría General Técnica me impidió la entrada, pese a las autorizaciones en regla. En 1977 recordé la vigencia de la anterior autorización para efectuar la consulta de la documentación depositada en Alcalá, vigencia que fue confirmada. En los archivos de Alcalá pude comprobar que desde el momento de mi consulta en el MIT habían sido trasladados a Alcalá por lo menos 61.401 expedientes de censura de entre los cuales había sido sustraída la documentación aneja. Denuncié el caso ante el primer ministro de Cultura, Pío Cabanillas, quien en lugar de investigar las responsabilidades se limitó a comunicar que no había habido orden de expurgo por parte del Ministerio. Pese a mi documentada denuncia, un crimen más de lesa cultura ha quedado sin averiguación ni reacción alguna por parte de los parlamentarios electos del pueblo.

Este libro —contrariamente a los usos académicos— no va acompañado de una bibliografía sobre la materia estudiada. No corresponde esto a una actitud deliberada de francotirador. Sobre la censura bajo el franquismo sólo ha habido opiniones, puntos de vista personales publicados en revistas o periódicos y mínimos datos difíciles de rastrear. En la medida en que han servido para el objeto de esta investigación se han utilizado. Pero fácilmente se comprenderá que el hermetismo de la censura gubernativa ha imposibilitado, por ahora, este tipo de investigación documental, tanto en España como fuera del país. El lector atento encontrará en estas páginas, en su forma original o modificada, algunos trabajos publicados en otros lugares.[3]

Por último, he de rendir cuentas de mi deuda con muchos. Resulta del todo imposible corresponder en términos de agradecimiento a la acogida, colaboración y ayuda prestada por más de un centenar de escritores. Desde aquí mi agradecimiento a todos.

Tengo la fuerte presunción de que el antiguo director general de Cultura Popular, Miguel Cruz Hernández, es personalmente responsable de la apertura de los archivos de la censura. Si así es, mi reconocimiento. Mi agradecimiento no debe faltar para con el Consejo Holandés de Ayuda a la Investigación Científica Pura (Z. W. O) y la Fundación del Instituto Español, Portugués e Iberoamericano de Utrecht, así como la Universidad de Amsterdam. En deuda difícilmente saldable estoy también con mis primos, José y Carmen, cuya paciencia y generosidad no tiene límites. Finalmente, Connie, mi mujer, que ha mecanografiado y corregido contra viento y marea.

3. Se trata principalmente de los artículos publicados en «Ruedo Ibérico», «Ínsula» y «Sistema» en los años 1976, 1978 y 1979.

Primera parte:

LA CENSURA FRANQUISTA EN SUS ORÍGENES

I. La censura de libros y revistas

Desde los albores del franquismo, ya en su etapa bélica, y luego, en los años de consolidación definitiva, la censura, robustecida y potenciada por toda la gama de actividades y funciones que fueron vertebrándose en ella, fue concebida como tarea encaminada a establecer la primacía de la verdad y difundir la doctrina general del Movimiento.[4]

El principal teórico y artífice de la censura, el ministro G. Arias Salgado, en la singularísima polémica de tipo doctrinal y casi teológico entablada en la década de los años cincuenta con el cardenal Ángel Herrera y el director de la revista «Ecclesia» sobre la determinación del objeto o materia sometida a censura, su ordenación y garantías ante los posibles abusos por parte del Gobierno, replicaba que:

«mantener la consulta previa [la censura nominada con eufemismo] sobre todos los medios de difusión del pensamiento por razones del bien común y en su ámbito es perfectamente aceptable, en principio, dentro de la doctrina católica. Por consiguiente, la justa libertad de expresión, necesaria para la existencia de una recta opinión pública, y la vigencia de dicha consulta previa, aun sobre las noticias y hechos ciertos, pueden objetivamente cohonestarse y coexistir harmónicamente en un régimen de Prensa dentro de las enseñanzas católicas».[5]

4. «[...] Nuestras actividades, derivadas de las funciones a desarrollar, deben estar encaminadas como decía el Caudillo en el preámbulo del Decreto de creación del Servicio de Propaganda *a establecer el imperio de la verdad y divulgar al mismo tiempo la gran obra de reconstrucción nacional que el Nuevo Estado ha emprendido [...]*», así reza uno de los primeros párrafos del singular opúsculo mecanografiado para uso de los delegados comarcales de Educación Popular de la provincia de Huesca, firmado con puño y letra por el delegado provincial, titulado: *Normas generales confeccionadas por la Delegación Provincial de Huesca para las Delegaciones Comarcales dependientes de la misma regulando sus actividades de propaganda*, expedido con fecha de 21 de enero de 1944. Se trata de un manual práctico de censura, compuesto por 37 cuartillas mecanografiadas a un espacio, en el cual se resumen las gestiones propias del censor y se reproducen algunas de las «circulares» más importantes dictadas hasta el momento.

5. Gabriel ARIAS-SALGADO, *Política Española de la información* (Ma-

Por lo demás, la censura, aparte de ser una práctica de origen eclesiástico destinada a mantener íntegro e intacto el depósito de la fe, era para un Estado católico como el español «más que una acción que elimina[ra] la libertad de criterio o redacción [una] función preventiva de cooperación armónica y tutelar del bien común», según afirmaba el impertérrito y escolástico ministro de aquella época.

De acuerdo con las ideas de G. Arias Salgado, a partir de 1936 España se había liberado de la «falacia liberal» según la cual toda suerte de ciudadano está inerme ante los grupos de presión económicos, sociales o políticos que actúan en beneficio propio, personal, ideológico o lucrativo. Para dar respaldo a esta libertad «garantizada y defendida por una autoridad que ha dejado de ser indiferente a la suerte de los ciudadanos» había sido promulgada la Ley de Prensa de 1938 y creada la Vicesecretaría de Educación Popular por la ley de 20 de mayo de 1941 como el aparato burocrático más idóneo para extender sus tentáculos de prevención, vigilancia, orientación y, en último término, de castigo. De este modo se pretendía infundir hasta en los más recónditos lugares los principios y valores del nuevo régimen. El control debía practicarse y extenderse hasta un nivel comarcal y local inclusive, último eslabon, éste, donde la verdad entendida como visión totalitaria tenía que surtir sus mayores efectos. Era preciso difundir la cultura promulgada por el nuevo régimen al pueblo por medio de la difusión de las buenas costumbres y propagar, al mismo tiempo, la tradicional cultura española inspirada en supuestos ideológicos respaldados por la doctrina católica.

«[El Estado español] proclama como consecuencia directa de su catolicismo la plena soberanía de la Iglesia, y en las cuestiones mixtas que, siendo temporales, afectan indirectamente al orden dogmático o moral, entiende que ambas potestades han de proceder de común acuerdo para regularlas en perfecta armonía, reconociendo, a este respecto, los derechos que ostenta la Iglesia, nacidos de la preeminencia de su fin espiritual.»[6]

En sus comienzos, una de las primeras labores que la censura tuvo que acometer fue la del encauzamiento moral de

drid: MIT, 1957), p. 243. Se trata de una recopilación de artículos publicados en el semanario «El Español», núm. 329 y siguientes, a raíz de la polémica aludida. Se recogen también algunos de los textos de los oponentes a las doctrinas del ministro.

6. *Ibid.*, p. 197.

la población y la consiguiente destrucción o secuestro de todo cuanto pudiera parecer dañino y perjudicial.

Una primera medida preventiva había sido ya tomada a los pocos meses de la insurrección militar por medio de un decreto de 23 de diciembre de 1936 que afectaba a la literatura disolvente en máximo grado. Así, en virtud del espíritu e intencionalidad que había presidido dicho decreto, fue prohibida la publicación de las *Obras Completas* de Pío Baroja, uno de tantos autores literariamente condenados ya que si bien su nombre no figuraba expresamente en el Índice de Libros Prohibidos, no obstante, por el contenido calumnioso y difamador de sus obras —según los censores que examinaron dicho intento de edición una vez terminada la contienda civil— cabía considerarlas prohibidas en virtud del artículo 14 del Índice de la Sagrada Congregación del Santo Oficio.[7] La destrucción o el secuestro sistemático llevado a cabo por toda la geografía nacional planteó a libreros y editores serias dificultades. Recién ocupada la ciudad de Barcelona por las tropas franquistas, la Cámara Oficial del Libro de dicha ciudad elevó al jefe de Prensa y Propaganda de Burgos un memorándum sobre «Actualidad de la industria editorial española» en la cual se subrayaban las dificultades de los miembros del gremio debidas al agotamiento de sus fondos, la falta de papel y las trabas puestas a la exportación hacia América. También señalaban los efectos de la nueva situación creada por el exilio —traslado, decían— de diversos editores a los países americanos creándose así una competencia desleal con la situación anterior. Para paliar los grandes riesgos y sacrificios de todo orden con que tropezaban los editores sin posibilidad de abrir sucursales en América, solicitaban como medida protectora que el Gobierno atenuara o simplificara la censura para de este modo continuar la exportación de libros con evidentes ventajas para la Hacienda pública. Igualmente, se hacía hincapié en el hecho de que al desplazamiento de editores había seguido el de autores españoles de cierta notoriedad, y que

7. En el oficio expedido a la Editorial Biblioteca Nueva, deseosa de editar las *Obras Completas* de Pío Baroja —70 novelas, repartidas en 4 tomos—, la Vicesecretaría de Educación Popular informaba que a la vista del dictamen unánime emitido por los censores: «[...] sobre estas obras ha informado desfavorablemente el Negociado de Inspección y Sanciones a este tenor: las obras de Pío Baroja van contra la familia, la Iglesia y el Estado. Están en contraposición al espíritu y la letra de los Puntos Iniciales 1.º, 7.º y 25.º de la Falange y al propio tiempo es literatura disolvente en máximo grado prohibida en España.»

con la necesaria financiación de proyectos de envergadura se había potenciado la producción propiamente argentina, capaz ya de contrarrestar la anterior influencia de las editoriales españolas. Con fecha 11 de abril de 1939 la misma entidad hizo una propuesta a raíz de la orden transmitida a todos los editores sobre la entrega de las ediciones cuya circulación y venta había quedado prohibida. En síntesis, abogaban por saldar los libros prohibidos en América ya que, por un lado, se impedía la circulación de dichas obras en España y, por otro, proporcionaba la recaudación de una cuantía nada insignificante de divisas.[8]

Una infinidad de leyes, decretos y normas de funcionamiento dotó de instrumentos eficaces al considerable cuerpo de censores que desde las delegaciones provinciales, comarcales y locales ejercía un severísimo control e impedía cualquier veleidad en el empleo de cualquiera de los medios de comunicación social imaginables.

Una tarea de gran envergadura consistió en censar el número y título de publicaciones periódicas existentes en el país, con una sucinta ficha política sobre los antecedentes del personal así como del carácter de la publicación. De este censo sólo hemos podido consultar las publicaciones correspondientes a las provincias de la zona nacional que fueron, evidentemente, las únicas que se encontraban bajo el control de Burgos.[9] Este control y censo se prosiguió al quedar más o me-

8. Con fecha 11 de abril 1939 el presidente de la Cámara Oficial del Libro de Barcelona dirigía la siguiente súplica a los responsables de prensa y propaganda en Burgos: «[...] uno de los temas que en su instancia sometía a la consideración de V. S. era el que se refería al destino de las ediciones cuya circulación y venta quedaba prohibida, y que debían ser entregadas al Servicio de Prensa y Propaganda, probablemente para su destrucción. A este respecto proponía [la Cámara] que se autorizase a los editores de dichas obras para destruirlas por sí mismos aunque tomando las precauciones necesarias para asegurar el cumplimiento exacto de la orden. Pero los editores afectados someten a la Cámara una fórmula nueva: la de que se les autorice para saldar en América dentro de un plazo determinado, las obras prohibidas. Tendría esta solución la doble ventaja de que permitiría la eliminación próxima y total en España de los libros prohibidos, proporcionando al mismo tiempo cierta cantidad de divisas. Puede tal vez objetarse que con ello se tolera la difusión en el extranjero de ideas que la Nueva España niega y combate; es exacto, pero podría contestarse que se trataría de un hecho que únicamente ocurriría una vez y sobre todo de que tendría lugar en aquellos países americanos donde esas ideas son aceptadas o permitidas por el Estado [...].»

9. Aunque resulta imposible fechar el mencionado documento, hay

nos normalizada la vida social una vez terminada la guerra civil. Ya se tratara de una publicación antigua o nueva, la censura que otorgaba los cupos de papel a las empresas periodísticas sometía cualquier demanda a una intensiva búsqueda de antecedentes, siendo secundada para ello por informes secretos de los gobernadores civiles y por el Servicio Interior de la Dirección General de Seguridad.

La censura de libros se ciñó desde sus comienzos a un sencillo esquema inquisitorio. En todos los informes emitidos por los lectores figura la siguiente lista de preguntas, que debía servirles de pauta:

«1) ¿Ataca al dogma?, 2) ¿a la moral?, 3) ¿a la Iglesia o a sus ministros?, 4) ¿al régimen y a sus instituciones?, 5) ¿a las personas que colaboran o han colaborado con el régimen?, 6) los pasajes censurables ¿califican el contenido total de la obra?, y 7) informe y otras observaciones.»

El más antiguo de los informes de censura que poseemos es el referente a la obra de Gregorio Marañón, *Raíz y decoro de España*, redactado por Martín Alonso el 25 de agosto de 1939. Se trataba de una reedición. El editor de esta segunda edición se había encargado ya de limar alusiones y referencias que el lector juzga todavía intolerables. La corrección del original —confiesa el censor— hubiese sido más fácil de haberse publicado en otro estado de cosas. Pero a las correcciones ya hechas sobre el ejemplar de la anterior edición es necesario añadir todavía otras que afectan a la vida militar,

---

que suponer que corresponde a la época del primer gobierno de Burgos puesto que figura el sello del Servicio Nacional de Propaganda dependiente del Ministerio del Interior. El informe abarca las veinticinco provincias hasta entonces liberadas y reúne un total de 247 publicaciones periódicas. Predominan, como es lógico, las editadas por la Iglesia y Falange Española. Dicho informe no está, sin embargo, exento de cierto espíritu inquisitorial: sobre «El emigrado», revista quincenal que aparecía en la Villa de la Estrada, provincia de Pontevedra, editada por la Sociedad «Hijos del Ayuntamiento de la Estrada», se dice que su director aunque de buena conducta privada y social tiene ideología francamente izquierdista: «...fue uno de los defensores en esa publicación de la política de Azaña, cuyos fines propagó con toda tenacidad.» El informe no se limita a opinar sobre las posturas políticas en el pasado inmediato. A propósito de «Martín Codax», revista de carácter religioso, benéfico y cultural de Pontevedra, se señala que si bien sus escritos están «en armonía con los postulados que defienden la Causa, tiene en contra a su vicedirector el sacerdote Don Emilio Alvarey Martínez, de antecedentes personales y sacerdotales nada recomendables».

a consideraciones sobre la eugenesia y una referencia a Jaime Vera.[10]

Otro de los primeros informes es el referido a la obra de Jardiel Poncela, *Amor se escribe sin hache,* en el cual el censor opone reparos de continua inmoralidad y renuncia a efectuar tachaduras sugiriendo que sea el propio escritor quien adapte la obra al momento de aquel entonces.[11] La recuperación de dos ejemplares modificados de la propia mano de Jardiel Poncela no deja ningún lugar a dudas acerca de la habilidad del escritor para modificar el texto de sus novelas con enjundia y sorna, si bien las tachaduras tuvieron una extensión espeluznante. Véase: de las 315 páginas de texto que comprendía la novela titulada *¿Pero... hubo alguna vez once mil vírgenes?* el escritor autocensuró 218. La mayoría de estas tachaduras se refiere, como es natural, a problemas de lenguaje relacionados con la moral sexual. A veces se sustituye una palabra por otra:

10. He aquí las correcciones que introduce el censor para esta segunda edición donde habrá también de figurar en la portada interior «edición corregida»: «[...] habla en la página 150 del derecho y el deber de los jóvenes a la rebeldía. Esa teoría, en el fondo bien aplicada, se presta a falsas interpretaciones. Es injustificado el criterio expresado por estas palabras, en página 67: "el militar es cada día menos hombre de guerra".

»Sobre la igualdad humana hay en la página 78 frases exageradas [...]. El capítulo dedicado a la eugenesia está rozando los límites de la moral cristiana aunque creo que llega a salvarlos. A Jaime Vera le da el calificativo de "apóstol" en la página 312. Sin tener en cuenta esas correcciones y las que hace el editor no se puede publicar este libro. 25 de agosto de 1939.»

A decir verdad, anterior al informe en cuestión hubo el referente a *Vidas sombrías* de Pío Baroja, fechado el 12-6-39 que desafortunadamente no se ha conservado salvo las tachaduras a que fue sometida la edición de la obra: páginas 1 a 20, los capítulos titulados «Medium», «El vago» y «Un justo», además de las páginas 30, 81, 86, 94, 120, 125, 144, 147, 151, 157 y 160.

11. «El ambiente total de la obra sin ser grosero es de una inmoralidad continua, adobada con la gracia y el humor peculiar del autor. Esta novela podría reeditarse, en el momento actual, si el autor, con su inteligencia ya probada la adaptara al ambiente y vida española del momento presente. Podría quedar una novela de humor apreciable, aunque la empresa no es fácil y por ello debe hacerla el autor. 30 de noviembre de 1939, Luis Andrés.»

La obra de Poncela fue suspendida. No nos ha sido posible dar con el ejemplar modificado.

Texto original	Texto modificado
— intimidades del sexo	— intimidades del amor
— la entrega de su organismo	— los besos apasionados y su amor
— las mujeres son todas unas golfas	— las mujeres son todas cualquier cosa
— Casino de Ancianos Impotentes	— Casino de Ancianos Importantes
— he sorbido la boca	— he besado
— mi primer amante	— mi primer marido
— aullando de deseo	— llorando de deseo
— tan negros como una sotana	— tan negros como una levita
— excitarte	— deleitarte
— como los labios de una cortesana	— como los labios de Ninón de Lenclós
— porque la mentira es la única verdad del mundo	— porque mentir es lo propio de sinvergüenzas
— espermatozoides de Loewenhoeck	— corpúsculos de Loewenhoeck
— yo me he acostado con ella	— yo he estado complicado
— tenía una amante	— tenía una novia
— tranquilamente en tu cama	— tranquilamente en tu alcoba
— la esposa del militar ha muerto heroicamente en la guerra	— la esposa del abogado ha muerto en la vista de una causa

Estas modificaciones espigadas al azar denotan, sobre todo, el cariz ñoño y eclesiástico de la censura que, por lo visto, Jardiel Poncela supo asimilar fácilmente. Mucho más importante que estas ingenuas modificaciones fue la supresión de palabras, frases, párrafos, citas de autores y alusiones fortuitas a personajes de la época de la República.[12]

12. La segunda novela de este autor cuyo manuscrito hemos podido recuperar es la titulada ¡Espérame en Siberia, vida mía!, con no menos de 232 páginas censuradas sobre un total de 440 páginas de texto. Reproducir algunos de sus textos sería prolijo y acaso un tanto enojoso. Sin embargo, sin excedernos demasiado, merece la pena extraer algunos ejemplos de las supresiones efectuadas. Supresión de palabras «¡Salud!», «desnudando», el calificativo «hermoso» referido a la novela Entre naranjos de Blasco Ibáñez, «Mussolini», «órdenes del general», etc.

Resulta del todo imposible conocer con precisión la labor realizada por los servicios de censura en lo que atañe a la depuración y prohibición de obras impresas con anterioridad a la victoria franquista. Sin embargo, existió un catálogo o fichero de obras prohibidas, publicadas antes de la guerra civil, impreso en el transcurso de los años 1942-1943. Dicho fichero constaba de dos categorías: obras prohibidas cuya lectura, con las debidas autorizaciones, estaba reservada para eruditos y estudiosos y obras terminantemente prohibidas, sin excepción. El primer fichero contaba, en el momento a que se hace alusión, 2.663 obras y el segundo 1.252. A decir verdad, no es éste un magro resultado. Si se tiene en cuenta el nivel de la producción editorial de aquellos años, el surtido equipo de censores había reseñado, sin duda, lo más sustancial de cuanto a publicaciones se refiere.

Ya en esta primera época la censura se dividió en los tres compartimentos que luego, bajo otras variopintas denominaciones, permanecerán intactos hasta la Ley de Prensa inclusive: Sección de Censura de Libros, Departamento de Teatro y Cinematografía y Sección de Información y Censura.

El primero de estos servicios tuvo a su cabeza a Juan Beneyto Pérez, prestigioso catedrático y especialista en los medios de comunicación, rodeado por un elenco de insignes universitarios y escritores.[13]

13. Sobre la pertenencia de conocidos intelectuales al cuerpo de censores han circulado muchos rumores. La única nómina completa del personal afecto a la censura que hemos podido recuperar ha sido la correspondiente al año 1954 —véase Apéndice 3.

II. La censura cinematográfica

Por la orden del Ministerio del Interior de 2 de noviembre de 1938 había quedado establecida la censura cinematográfica, modificada más tarde en algún detalle por la orden de 23 de noviembre de 1942. La censura cinematográfica competía únicamente a la Comisión Nacional de la Vicesecretaría de Educación Popular, a las Delegaciones Provinciales y, a su vez, a las delegaciones comarcales y locales. Lo propio a estas últimas era la vigilancia y control de las resoluciones dictadas por la Comisión Nacional cuando las películas se proyectaban fuera de Madrid, es decir, en las capitales de provincia y demás localidades del país.

La importancia de un medio de difusión de naturaleza tan extraordinaria como el cine fue una de las razones que indujeron a descentralizar lo más posible este control que, en un principio, sólo se efectuaba desde las sedes provinciales.

Los empresarios de salas de cine en cada localidad tenían la estricta obligación de presentar la hoja de censura de la correspondiente proyección cinematográfica al delegado local antes de que pasara el filme con el fin de obtener el visado o autorización en firme. La hoja de censura, establecida por la Comisión Nacional de Cinematografía, era examinada y transcrita por el encargado de la delegación local. Éste, una vez realizados los controles, extendía la correspondiente autorización y estampaba el sello de rigor. No podía autorizarse ninguna película ni en sesiones privadas ni públicas si no iba acompañada del certificado de censura.

Todo este meticuloso sistema de vigilancia y control, en algún momento de verdadero apuro, indujo a algunas casas distribuidoras a falsificar hojas de censura no tanto para esquivarla —puesto que se respetaban los cortes impuestos por ella— sino para acelerar los trámites y hacer posible la proyección de una cinta en una sala determinada. A una casa distribuidora de Bilbao el incumplimiento de una de estas normas le costó una multa de 10.000 pesetas, cantidad considerable en el año 1944.[14]

Debida también a minuciosidades burocráticas fue la multa de menor cuantía impuesta a otra distribuidora por haberse estrenado en Valladolid una película en cuya copia no se habían efectuado las supresiones ordenadas por la Comisión Nacional de Censura.[15] Todo parece indicar que no escapaba a los delegados de censura nada que significara una mínima desviación de lo prescrito.

Prescrita estuvo también desde primero de enero de 1943 la proyección del NO-DO en todas las salas. En esta época, abundan los expedientes abiertos contra los propietarios de salas para exhibición de películas por haber omitido dicha proyección.[16]

Toda película cuya fecha de certificado fuera anterior al 10 de octubre de 1941 debía ser sometida a la inspección directa del representante local de la censura y éste, a su vez, debía informar urgentemente a la Delegación Provincial en caso de observar en dichas películas «motivos inadmisibles» o escenas que pudieran producir algún quebranto para la moral o el buen gusto, y proceder, si fuera necesario, a la revisión de la cinta. Ninguna autoridad y, por lo tanto, tampoco el encargado local podía suspender por motivos de censura la proyección de una película debidamente aprobada por la Comisión Nacional. El principio de autoridad y prestigio tenía que permanecer intacto. Las delegaciones locales se limi-

14. Se trataba de la proyección de la película *Adiós Míster Chips* en el Teatro Principal de Vitoria. La distribuidora Juca-Films de Bilbao, ante las premuras, había enviado junto con la película una copia del certificado de censura, lo cual estaba prohibido totalmente. Sólo eran válidos los originales.

15. La infracción había sido cometida por la Distribuidora Cinematográfica Excelsa por la proyección sin cortes en el Cine Zorrilla de Valladolid, el 12 de abril de 1944.

16. Con fecha 22 de diciembre de 1942 el B. O. del Estado había dispuesto la creación del Noticiero Cinematográfico Español y su proyección obligatoria y exclusiva en todas las salas de cine del país. El art. 1.º de dicha orden decía: «[...] no podrá editarse en España, sus posesiones y colonias, ningún noticiario cinematográfico ni documental de este tipo, que no sea el Noticiario Cinematográfico Español NO-DO». Al mismo tiempo, NO-DO era la única entidad que en el futuro podría llevar a cabo el intercambio de noticias cinematográficas con el extranjero. NO-DO dependía, claro está, de la Vicesecretaría de Educación popular.

taban al control y a solicitar, llegado el caso, la inmediata revisión en caso de sospecha.[17]

Una vez al mes las Delegaciones Provinciales informaban detalladamente sobre las películas proyectadas en su zona remitiendo a la autoridad superior el número de expediente, organismo autorizador, fecha de expedición, amén de toda clase de observaciones que hubieran podido ser hechas en las inspecciones a los salones cinematográficos.

En estos informes se seguía un cuestionario confeccionado al efecto y uniforme para todas las delegaciones, en los que debía hacerse constar:

1. Solicitudes de censura de guiones presentados en la Delegación Provincial y cursados a la Delegación Nacional para su tramitación.
2. Solicitudes de los permisos de rodaje o de censura de películas.
3. Sesiones cinematográficas de carácter propagandístico organizadas por la Delegación Provincial o por otros Organismos Oficiales.
4. Relación de películas proyectadas en la jurisdicción, con indicación de las incidencias que se hubieran producido en relación con la censura, número de expediente, etc.
5. Incidentes relacionados con la proyección del Noticiario NO-DO; cines donde no se proyectó.
6. Hojas, pasquines, anuncios de cartelera impresos o radiofónicos autorizados por la Delegación.[18]

17. El manual mecanografiado para uso de los delegados de censura ya citado en la nota 4, estipula tajantemente: «Ninguna autoridad ni tú mismo podrás suspender por motivos de censura la proyección de una película aprobada por la Comisión de Censura Cinematográfica. Sólo les compete la interposición de recurso de revisión ante la Junta Superior» (pág. 4). Tampoco era bien vista por censura la prohibición ordenada por los gobernadores civiles. El delegado Nacional de Propaganda, David Jato, amonestaba por oficio al gobernador civil de Vizcaya a propósito del filme *Margarita Gautier*, prohibido en aquella provincia, ya que «[...] los impedimentos que a cualquier producción cinematográfica, dictaminada en sentido aprobatorio por la Comisión Nacional de Censura Cinematográfica se opongan para su proyección en cualquier localidad o región española supone disparidad de criterio a todas luces improcedente e injustificada». La única excepción podía ser la suspensión total de la película cuando por su índole especial pudiera producir o ser causante de una alteración del orden público, cosa imposible de suponer o prever por la censura y ámbito específico de la autoridad civil.

18. En el informe de la Delegación de Bilbao, correspondiente a julio de 1944, se hace mención de la proyección de 138 películas en sa-

La confluencia de 52 informes mensuales de este tipo a la Delegación Nacional permite atisbar algo de lo estricto que fue el control ejercido por la censura durante sus primeros años de funcionamiento y depuración de gustos y formas estéticas.

Para completar este esbozo de las actividades referentes a la censura cinematográfica hay que tener todavía en cuenta los efectos que en el mundo del cine tuvieron tanto las actividades de la Comisión Nacional de Cinematografía como la Junta Superior Nacional. A la primera le competía censurar toda clase de películas nacionales y extranjeras, destinadas a ser proyectadas en España, fuesen éstas de la clase que fuesen. También era competencia suya censurar el material de propaganda que las casas distribuidoras o propietarias de películas remitían a las salas de proyección. De la segunda era competencia el conocimiento de todos los recursos de revisión sobre los dictámenes elaborados por la Comisión Nacional o por cualquier otro organismo censorio.

Basándonos en los «partes de actividades» —desgraciadamente parciales— del Departamento de Teatro y Cinematografía de la Delegación Nacional de Propaganda se puede reconstituir lo que debió ser el núcleo de sus actividades y apreciar, incluso, cuantitativamente su peso.

El Comité Nacional tuvo también como tarea la autorización o censura de la totalidad del programa cinematográfico para Madrid así como la censura de carteles, fotografías, afiches y demás propaganda. Pero, en cuanto a las películas, antes de que pasaran por la Comisión Nacional las peticiones de rodaje iban a la Delegación Nacional de Teatro y Cinematografía que autorizaba o denegaba los rodajes en base al guión presentado.

---

lones de provincia y de la autorización de 14 carteles anunciadores, acercándose el total de unidades de estos últimos a 17.000. En la rúbrica de hojas sueltas —competencia de las delegaciones— figura también la autorización de 13 carteles para obras teatrales y 6 folletos destinados al anuncio de festejos por los Ayuntamientos o comisiones de barrio.

Petición de rodaje. Autorizaciones y denegaciones para varios meses de 1944

Mes	Petición de rodaje	Autorización de rodaje	Denegación de rodaje
Abril	31	26	1
Mayo	41	37	1
Julio	31	9	3
Septiembre	17	2	2
Octubre	17	40	13
Noviembre	21	13	1
Total	*158*	*127*	*21*

Evidentemente, desconocemos a qué criterios debieron obedecer estas 21 denegaciones, pero hay que suponer que en dicha época, aún bajo el rigor marcial, la denegación debió obedecer más a cuestiones de gusto y moral que a razones de origen político.[19]

Sobre el ritmo de actividades tanto de la Comisión Nacional como de la Junta Nacional Superior sabemos muy poco. Pero veamos algunos datos referentes a los meses de agosto, septiembre, octubre y noviembre de 1944. (Cuadro núm. 2.)

Estas cifras se refieren a producciones cinematográficas que fueron censuradas, siendo del todo imposible averiguar el tipo de dictamen que recayó sobre ellas.

La Comisión Nacional no se pronunciaba solamente sobre las películas destinadas a sesiones públicas. Toda proyección privada debía también someterse a su dictamen. Ni siquiera las embajadas extranjeras estaban exentas de esta obligación.

19. En octubre de este año fueron denegados los siguientes permisos de rodaje: *San Feliu de Guíxols, Uva de embarque, Pino piñonero, El escultor y su obra, Rapsodia castellana, Rías Bajas, Rías Asturianas, Del joyel de España: Estella, Danza Gitana, De la espiga a la cerveza, Vía Láctea, El mobiliario, Divulgación de productos españoles*. A la vista de estos títulos cabe pensar que se trataba de documentales de cortometraje, que podían rozar de alguna manera las actividades informativas del NO-DO o aproximarse peligrosamente a las tareas de propaganda hacia el exterior, dominio exclusivo de la Vicesecretaría de Educación Popular, es decir, de la propia censura.

CUADRO N.º 2. *Censura de películas de corto y largometraje*

Año 1944	Comisión Nacional		Junta Nacional Superior	
	Películas censuradas			
	corto-metraje	largo-metraje	corto-metraje	largo-metraje
Agosto	10	24	—	—
Septiembre	26	30	—	2
Octubre	42	32	7	7
Noviembre	30	38	—	3
Total	108	124	7	12

Antes de la proyección en sesión privada de *Victoria en Túnez* en la Embajada Británica, la película hubo de atenerse a los cortes siguientes:

Rollo 1.º Suprimir del comentario la siguiente frase: «Los pueblos de Europa, Asia y África, seis octavas partes de la población mundial quedarían esclavizadas.»

Rollo 2.º Suprimir del comentario la siguiente frase: «Para proteger el flanco contra un posible ataque del Eje a través del Marruecos español.»

Rollo 3.º Suprimir las frases e imágenes correspondientes, desde que dice el locutor: «Prueba máxima de la sorpresa con que se efectuó el desembarco», etc., etc., hasta que dice: «Los acontecimientos se precipitan...»

Rollo 3.º Suprimir del comentario la frase siguiente: «Entre ellos el mariscal Keserlig [sic], comandante en jefe del Mediterráneo cuyo nombre se había hecho tristemente famoso en Varsovia y Rotterdam.»

Rollo 5.º Suprimir los fotogramas correspondientes a un jefe militar alemán comiendo de pie algo que tiene en la mano.

Rollo 6.º Suprímase el siguiente comentario desde la frase que dice: «Vivir sus propias vidas sin miedo ni sobresaltos, los muchachos judíos», etc., etc., hasta el final del rollo.

Rollo 7.º Suprimir la siguiente frase: «El general Alexander que conocía el miedo que inspiraba el Octavo Ejército.»

Rollo 7.º Suprimir la siguiente frase: «La hora de dar a los apóstoles de la fuerza una lección en lo que ello significa.»

Rollo 8.° Suprimir la siguiente frase: «Al mundo libre los nazis lanzaron el desafío y ese desafío se contestaba ahora.»

Rollo 8.° Suprimir el siguiente comentario: «Los alemanes educados en la escuela de la fuerza reconocieron rápidamente que había otra fuerza mayor que la suya; tan pronto como vieron esto claro se rindieron sin condiciones y éste fue el fin de la aventura del Eje por tierras africanas.»

Rollo 8.° Suprimir la frase: «Combatir aquel absurdo tópico nazi de que los alemanes pertenecen a una raza superior».

Rollo 8.° Suprimir un plano de banderas en que aparece una con el emblema marxista de la hoz y el martillo.

El único dictamen en nuestro poder de la Comisión Nacional de Censura Cinematográfica es el correspondiente a la consulta formulada por la Embajada de los Estados Unidos en Madrid para la proyección de las películas *Casablanca* y *Cómo se forja un soldado*. Merece la pena reproducirlo casi en su integridad:

«[...]

1.° Que es fundamental en el programa de gobierno y en las instrucciones y consignas del Estado a sus Organismos la afirmación de que España es neutral ante la contienda mundial presente.

2.° Que el concepto de neutralidad es opuesto diametralmente a todo medio de propaganda que hiera o pueda herir a cualquiera de los beligerantes, aunque tal propaganda se desarrolle dentro de un marco artístico de valor indudable.

3.° Que la película *Casablanca* no es más, en definitiva, que una producción encaminada a desprestigiar a varios Estados en lucha y autorizar su proyección en el territorio español, daría lugar a que en estricta justicia se admitiere su réplica convirtiendo a una nación neutral en un campo propagandístico opuesto a todo principio de soberanía.

Idénticas circunstancias concurren en la película de cortometraje titulada *Cómo se forja un soldado*, presentada con la anterior por la Casa Americana para su censura.

Por todo ello y a juicio de esta Comisión Nacional procede prohibir la proyección en España y territorio español de Colonias y Protectorado, sea en sesiones públicas o privadas, de las películas *Casablanca* y *Cómo se forja un soldado* [...].»

III. La censura teatral

Al igual que en asuntos tocantes a la cinematografía los delegados comarcales tenían a su cargo la vigilancia e inspección de lo relativo a las piezas que se representaran en teatros de la localidad o comarca bajo su jurisdicción. Los empresarios tenían la obligación de presentar previamente y con la suficiente antelación las hojas de censura de las obras que componían el repertorio de las compañías teatrales. Los libretos correspondientes sólo podían estar sellados por la Vicesecretaría de Educación Popular.[20]

Cuando se trataba de cuadros artísticos locales, deseosos de representar alguna obra teatral, se encargaba también de la censura del caso el propio delegado local, debiendo hacer constar siempre en la autorización las tachaduras que había estimado oportunas introducir por motivos de buen gusto, moralidad o política.

En el caso de certificados de censura anteriores al primero de marzo de 1942 debía elevarse un informe a la Delegación Provincial dando cuenta de la existencia o no en dichas obras de temas inadmisibles, escenas perniciosas u otras razones. A cargo del delegado estaba también la vigilancia de modo que no fueran introducidos durante la representación o la actuación palabras, frases o chistes que no figuraran en el libreto o que hubiesen sido precisamente suprimidos por la censura. En caso de infracción procedía informar a la mayor brevedad. El delegado debía asistir a las funciones de estreno para realizar, de este modo, la correspondiente inspección.[21]

20. Entresacamos estos y otros pormenores sobre el funcionamiento de la censura del opúsculo mecanografiado al que se ha hecho referencia en la nota 4 que en adelante llamaremos *Normas Generales*. En ellas se estipula lo siguiente: «[...] Junto con las hojas de censura exigirás la presentación de los libretos correspondientes, bien entendido que no deberás admitir otras que las selladas por la Vicesecretaría de Educación Popular, Delegación Nacional de Propaganda. En caso de que por extravío lleven una copia de aquél, deberá igualmente ir sellado por la Delegación Nacional de Propaganda.» *Normas Generales*, p. 6.

21. Las calificaciones emitidas por el Departamento de Teatro eran seis:

Con respecto al año 1944 ha sido posible recoger una importante aunque limitada serie de datos sobre la actuación censoria del Departamento de Teatro de la Delegación Nacional. Los datos se refieren a los meses de dicho año, exceptuando enero y diciembre sobre los cuales sólo se han conseguido cifras parciales.

CUADRO N.º 3. *Síntesis de actividades del Departamento de Teatro. Entradas, lecturas y dictámenes*

Mes	Obras entradas	Obras leídas	Obras dictaminadas	Obras aprobadas	Obras prohibidas
Enero/ diciembre [a]	91	90	46	34	12
Febrero	87	83	59	48	11
Marzo	117	104	77	69	8
Abril	113	87	39	35	4
Mayo	90	111	62	59	4
Junio	67	152	64	62	2
Julio	68	120	76	74	2
Agosto	50	119	83	75	5
Septiembre	62	42	45	36	9
Octubre	65	80	56	55	1
Noviembre	63	75	46	44	2
Diciembre [b]	—	—	31	—	—
Total	*873*	*1.063*	*684*	*591*	*60*

a) Se han incluido los datos de la relación de actividades correspondiente a diciembre de 1943 que comprendía del 1.º de diciembre al 3 de enero de 1944.
b) Sólo figura el número de obras dictaminadas durante la semana del 18 al 23 de diciembre de 1944. Los demás datos faltaban en la relación.

1. Aprobadas. Podía entenderse como autorizada para público de mayores. En caso de que lo fuera también para menores, debía especificarse. Ante esta calificación la misión del delegado era vigilar solamente que no añadiera nada fuera de lo autorizado.
2. Aprobadas con tachaduras. Significaba que parte del texto del libreto había sido suprimido y la función del delegado consistía en que se cumplieran las tachaduras durante la representación.
3. Aprobadas a reserva del ensayo general. Esta calificación era la que se aplicaba generalmente a las comedias musicales (revistas, operetas y variedades). El inspector o delegado velaba, sobre todo, porque los trajes, decorados y los gestos no fueran procaces y también para que se cumplieran las tachaduras, si las había, y no añadiesen los actores o artistas nada que fuera cosecha propia.
4. Aprobadas por un número limitado de representaciones.
5. Autorizadas para menores de 14 años.
6. Prohibidas.

El promedio de obras prohibidas fue de 10,86 %. Los partes de actividades del Departamento de Teatro no reseñan el número de obras con supresiones. Sin embargo, en la relación correspondiente a la semana del 18 al 23 de diciembre se especifican los libretos autorizados con tachaduras que son ocho sobre un total de treinta y uno, es decir, 25,8 % de las obras dictaminadas.

Pero cabe extraer todavía más información de los documentos aquí aludidos. Se observará que la cantidad de obras leídas o dictaminadas nunca corresponde al número de obras presentadas a censura. Ello es debido a que la plantilla de censores no daba abasto, por lo visto, y al hecho de que tenía también que pronunciarse sobre obras pendientes de turno o en revisión tras haber sido rechazadas.[22]

CUADRO N.º 4. *Síntesis actividades del Departamento de Teatro. Dictámenes en revisión, pendientes de revisión y obras en tramitación*

Mes	Obras dictaminadas en revisión		Pendientes de revisión	Obras en tramitación
	Aprobadas	Prohibidas		
Enero/diciembre	37	11	42	16
Febrero	30	8	26	35
Marzo	22	5	—	—
Abril	25	3	—	—
Mayo	36	2	79	—
Junio	25	2	115	—
Julio	18	1	38	42
Agosto	47	5	—	26
Septiembre	12	1	25	40
Octubre	20	2	38	36
Noviembre	19	1	43	36
Diciembre	—	—	—	—
Total	*266*	*41*	*406*	*231*

22. Los censores del Departamento de Teatro eran siete en aquel momento: José M. Ortiz (secretario de la Sección de Lectura), Rdo. P. Constancio Aldeaseca, Gumersindo Montes Agudo, Bartolomé Mostaza, Guillermo de Reyna, Francisco Ortiz Muñoz y Virgilio Hernández Rivadulla.

3.

La diferencia entre las obras pendientes de tramitación y las pendientes de revisión estriba en que las primeras no habían sido todavía censuradas en primer o segundo turno, mientras que las segundas habían sido ya censuradas y dictaminadas por los censores pero se estaba en espera del dictamen definitivo por parte de la «superioridad».[23]

A este ceñido control de la producción dramática o de las representaciones a que podían dar lugar, al igual que en el caso de la cinematografía, confluían en la Delegación Nacional de Propaganda los correspondientes informes de las provincias sobre cualquiera de los acontecimientos teatrales. En dichos informes puede observarse que las delegaciones no se limitaban únicamente a dejar constancia de la representación teatral sino que enjuiciaban tanto el contenido como la forma y hacían las propuestas que estimaban necesarias para que la censura fuera aún más eficaz de lo que había sido.

En este orden de cosas resulta útil revisar algunos de los informes enviados desde las provincias. La delegación de Burgos, a últimos de 1940, envió varios de ellos referentes a distintas obras de Antonio Paso: *¿Qué da usted por el conde?*, *¡Qué mala sangre tienes!*, *El gran tacaño* y *Que se case Rita*. Con relación a la primera denunciaba: «En el primer acto se plantea un problema de adulterio que queda en pie en el segundo, hasta que en el tercero en una sola frase viene a decirse que no ha ocurrido nada. Moralmente no puede permitirse tanto juego que deja el ánimo del espectador en situación poco propicia al convencimiento.» Respecto a la segunda sugiere que habría que añadir a las supresiones ya efectuadas una tocante a la frase empleada por uno de los personajes para convencer a una inglesa donde se dice: «He mojado una vez con una albaceteña y el que prueba repite.» No se le puede negar al delegado provincial cierto fundamento en su denuncia si se tiene en cuenta la crudeza de la expresión, en un momento en que predominaba y era norma la memez moralista más grande que se ha conocido. La irritación sube de tono dos semanas más tarde cuando el mismo

23. Ante los graves conflictos que planteaba a determinadas compañías la presentación del ejemplar que necesariamente había de acompañar a la hoja de censura, debidamente sellado en todas sus páginas y con las correcciones o tachaduras resultantes de los dictámenes recaídos sobre la obra y, además, ante los apremios de tiempo por exigencias de cartel, se decidió sellar un número suficiente de copias de las depositadas en la Sociedad de Autores de España.

delegado informa sobre la tercera de las obras y afirma que ya no sólo ninguno de los personajes se salva desde el punto de vista moral sino que tampoco el autor se salva desde el punto de vista literario. Y por último, como colofón, la siguiente nota al delegado Nacional: «Creo que mejor que tachar frases en las obras de Antonio Paso sería prohibir en todo el territorio nacional su representación. Y aun prohibir que el autor escribiera obras teatrales.»[24]

Como se ve existía una clara disparidad de criterios entre la sede central y las delegaciones. El exceso de celo por parte de los delegados no es ajeno a estas diferencias, sin duda. A veces, un delegado provincial se esmeraba notablemente en la redacción de los informes tanto para hacerse acreedor de la confianza y aprecio de sus superiores como para hacer sus pinitos literarios. Un buen ejemplo de ello es el informe de este mismo delegado sobre la obra teatral de Jacinto Benavente, *Los niños perdidos en la selva*, estrenada en el Teatro Principal de Burgos el 15 de septiembre de 1944:

«Obra literariamente bella, pero moralmente defectuosa, por no decir inadmisible en su fondo, si se parte del principio de que el teatro ha de ser escuela de moralidad. Es su enredo el ya muy socorrido de un amor imposible por hallarse de por medio el lazo indisoluble del matrimonio cristiano. Ni la delicadeza del diálogo, ni el dramatismo patético y elevación lírica de escenas perfectamente cuidadas y pulidas —puro cincel benaventino— borran la impresión fuerte que se apodera del auditorio ante la realidad —nudo y trama— de dos matrimonios, uno real y otro fingido, cuyos maridos y mujeres recíprocamente se aman y se buscan, porque ya antes de unirse los unos y casarse los otros habían mediado relaciones amorosas que se resucitan entre ellos, dando lugar a escenas de violencia y emotividad dramática por una parte y, por otra o simultáneamente, a situaciones peligrosas que muestran pasionalmente la imposibilidad desesperada de realizar los sueños enfermizos de un artista, condenado ciega y locamente al odio de todo, porque todo naturalmente se opone a sus sueños irrealizables de amor. La moralidad en la unión pasajera y hasta cómica de una de las parejas y en la otra el respeto debido al matrimonio —no mero contrato sino matrimonio indisoluble— fallan en la base o fundamento de la obra, el cual

---

24. A dicho informe contestó la Delegación Nacional aseverando que «*¿Qué da usted por el conde?* además de haber sido censurada por el censor de turno, lo ha sido también por el eclesiástico (Rdo. P. Constancio Aldeaseca), que la ha aprobado».

presupuesto, las escenas no pueden ciertamente desarrollarse de manera más suave.» [25]

En efecto, Benavente continuaba siendo para los nuevos hombres políticos, el fiel intérprete de las ideas y sentimientos pequeñoburgueses que tanto halagaban la imaginación aunque chocaran con la rígida moral cristiana. Todo ello era perdonable y el público también tenía, de vez en cuando, derecho a cierto solaz. El censor también.

25. Junto a este intento de crítica literaria, plagada de lugares comunes y efectismo literario, véase ese otro, producto de la misma pluma, pero salido de la mente de un guardián y servidor fiel del orden político establecido: «En el segundo acto —se trataba de un informe sobre *Marianela* de los Álvarez Quintero—, cuando Florentina pregunta por qué los ricos no tienen un poco menos y los pobres un poco más, cuando después se dicen unas frases despectivas para los ricos que dan limosnas en el sentido de que nunca dan lo bastante, el gallinero aplaudió con gusto y rabia, expresivos de resabio demagógico. Nada perdería la obra con que se corrigiera de modo que los pobres agradecieran siempre la caridad que se les hace.»

IV. La censura de espectáculos y actos públicos

Por su naturaleza misma los espectáculos de variedades traían consigo dificultades de control y enjuiciamiento y se prestaban poco para una vigilancia sistemática y la aplicación de un criterio unánime. La falta de unidad argumental hacía imposible que la Comisión Nacional de Censura pudiera visar, de una vez y para siempre, espectáculos compuestos por un conjunto o agregado de números de diversa naturaleza, sin ilación alguna y cuya variación y adaptación de programa según el público presente era muy frecuente.

Para esta delicada función de vigilancia les fue recomendado a los delegados comarcales o locales un prudente y justo criterio, no exento de elasticidad, pues antes de fallar debían ponderar el medio donde iban a realizarse los números de variedades y también el ambiente predominante en la localidad. En otras palabras, se establecieron niveles y zonas de permisividad a tenor de las circunstancias pero sobre todo a tenor de que quienes en la época de la posguerra se permitían el recreo en «clubs de noche» eran aquellos mismos cuya fuerza adquisitiva dependía de su colaboración con el régimen implantado. Este margen de apreciación en manos de los delegados, hecho inevitable a resultas de los riesgos de incomodar a una clientela muy fuera de lo común, conllevó excesos y dio pie a sobornos que trataron de ser paliados por medio de notas y circulares.[26]

26. «Se ha denunciado a este superior organismo que por alguno de nuestros servicios provinciales se ha exigido en determinada ocasión el pago de una cantidad en metálico al ejercer la censura de números de variedades que componen repertorios sometidos a la competencia provincial. En consecuencia a partir de la fecha de esta comunicación queda terminantemente prohibido cobrar cantidad alguna como canon o derecho para los servicios de censura, bastando que los interesados presenten las correspondientes instancias debidamente reintegradas. Me acusarás recibo de este escrito que harás llegar a las Delegaciones Locales a tu mando. Por Dios, España y su Revolución Nacional-Sindicalista. Madrid, 14 de julio de 1944. El Secretario Nacional de Propaganda: P. G. de Canales, Oficio Circular no. 4656.» También en el ya citado manual de censores *Normas Generales* se dice: «La censura y control de los espectáculos de variedades pasa a ser competencia de los Delegados Comar-

La Delegación Nacional exigía siempre que los cuadros artísticos o compañías actuantes diesen un título o nombre al conjunto de variedades que pretendían ofrecer al público. De esta manera la censura visaba un programa completamente confeccionado, pasando a criba los textos de cada uno de sus números —canciones, diálogos, chistes, etc. Antes de autorizar definitivamente el espectáculo había que realizar un ensayo general en presencia del delegado y sólo después se concedía el visto bueno cuya validez se limitaba a una localidad determinada.

Nada mejor para formarse una idea de la censura de variedades que reproducir íntegramente las normas dictadas a este respecto:

«Hallándose próximo el comienzo de la temporada de Variedades esta Delegación Provincial de la Educación Popular, a fin de que cada empresario sepa concretamente a qué atenerse y proceda al cumplimiento exacto de todo lo dispuesto sobre tales espectáculos, recuerda los extremos siguientes:

1.º No podrá actuar en ninguna sala de espectáculos cualquier artista que no presente a la empresa la Hoja de Censura expedida por esta Delegación Provincial de Educación Popular, la cual habrá de ser retenida por el empresario todo el tiempo que dure el contrato para poder justificarse ante cualquier visita de inspección que pudiera verificarse.

2.º Habiéndose observado que son muchos los artistas que no presentan a censura diseños de vestuario para su autorización, y a fin de evitar los trastornos que pudiera originar la prohibición de un espectáculo por la falta de este requisito indispensable, se aconseja a las empresas que antes de formalizar cada contrato, por medio del agente artístico u otro cualquiera, se cercioren de que el artista posee tales diseños para que, en caso contrario, se provea de ellos antes de comenzar su actuación en esta plaza.

3.º Cada artista está en la obligación de presentar a la empresa la Hoja de Censura expedida concretamente para su establecimiento, no teniendo validez cualquiera otra anterior, aunque el artista proceda de locales de la misma plaza.

4.º En caso de que en alguna de las canciones o textos se produzca alguna tachadura la empresa deberá velar su cumplimiento a fin de evitar la responsabilidad de la infracción.

5.º El director de la orquesta que amenice el espectáculo deberá

cales [...] en esta función que se les asigna procurarán que la misma no quede desprestigiada ni en cuanto a cometer arbitrariedades ni en cuanto a usar de esta atribución para obtener favores femeninos», p. 9.

conocer a través de la empresa las prohibiciones que se dispongan.

6.º Se recuerda de una manera especial que se prohíbe la asistencia a los cafés donde haya espectáculo de todos los menores de 14 años, de ambos sexos, en las sesiones de sobremesa y noche. A las sesiones de las ocho de la tarde podrán asistir dichos menores, pero solamente los domingos, días festivos y de vacación escolar, en los cuales se representan los programas que serán censurados especialmente a fin de que los números que se ejecuten sean absolutamente irreprochables, y siempre que dichos menores vayan acompañados de sus padres o personas mayores que les representen. Se advierte a las empresas que estas sesiones de ocho de la tarde deberán ajustarse inexcusablemente a lo que se disponga en la Hoja de Censura correspondiente, siendo las alteraciones que se produzcan severamente sancionadas.

7.º En los casos en que en el espectáculo intervenga un humorista, dado que generalmente se dedican al chiste frívolo y de mal gusto, para evitar la filtración de cualquiera de ellos que no responda al criterio de decencia y respeto mínimo que al público se debe, se prohíbe a estos artistas la improvisación en el escenario, debiendo atenerse únicamente a los textos que presenten a Censura y sean autorizados.» [27]

Esta letanía de normas y prohibiciones, en perfecto acuerdo con las normas en vigor a nivel nacional, como puede observarse se refiere a la actuación de «solistas» o artistas individuales. En estos casos así como en el de los cuadros o compañías artísticas lo que no cambia es el control férreo y detallado al que hay que someterse.

Es innegable que la censura de espectáculos tuvo en sus manos el poder de impedir coercitivamente la difusión de canciones de pésimo gusto y de un valor musical nulo. Pero tampoco es menos cierto que, a lo largo de los años de la dictadura franquista, el género «españolero», sentimental, ramplón y nacionalista, abrumó el ámbito todo del país no dejando espacio alguno casi para la canción de calidad que, por añadidura, en no pocos casos tuvo que exiliarse por motivos de orden político.

En un intento de depuración del gusto y formas estéticas, se emprendieron en 1944 una serie de esfuerzos con vistas a barrer de los repertorios «todas aquellas canciones de tipo

27. La circular aquí reproducida fue enviada a los empresarios de la provincia por la Delegación de Orense con el visto bueno de Madrid. Aunque la circular no está fechada, pertenece a un pliego de papeles de 1944.

decadente y morboso (género moderno de blues, fox, etc.), y las españoladas con los juramentos ante Dios de amores eternos, muerte del torero en la plaza, la mocita que le engaña, etcétera. Logrando, si fuera posible, una elevación paulatina en este género carente de toda clase de valores».[28]

Pero la noción de buen gusto estético que la censura se había propuesto como objetivo distó mucho de ser coherente y fundamentada. Quedó terminantemente prohibido transmitir por medio de discos o por especialistas y orquestinas que actuasen ante un micrófono conectado con altavoces «la llamada música negra, los bailables swing o cualquier otro género de composiciones cuyas letras estuviesen en idioma extranjero o que por cualquier otro concepto pudiesen rozar la moral pública o el más elemental buen gusto. La exacta definición del concepto de música negra debe supeditarse a un amplio criterio comprensible. El puro folklore afrocubano y las obras sinfónicas trascendentales, "sinfonía nuevo mundo" de Drotak [sic], "Creación del Mundo" de S. Milhand [sic], "Sonatina Traslántica" de Taschsuran [sic], están plenamente justificadas con su valor y belleza dentro de cualquier programa. La prohibición tiende sólo a desterrar aquellas obras de jazz que por su antimusicalidad, por sus estridencias y por su ritmo desenfrenado, tiende [sic] a "bestializar" el gusto de los auditores. Por otra parte la revalorización del tradicional baile español aconseja disminuir las emisiones de fox y otras danzas exóticas».[29]

Sin embargo, la censura, siguiendo una línea de conducta fundamentalmente antagónica a la de sus pretendidos princi-

28.   Junto a auténticos engendros musicales y literarios, que se dan en este género frívolo de la canción, bajo un sistema dictatorial o bajo un régimen democrático, la prohibición de la parodia de Antonio Vargas Heredia: «con una sardina colgada en una mano / y en la otra un palo que es de buena astilla / iba Antonio Vargas Heredia el gitano / el tío más borracho que había en Tó Graná / pero por culpita de su prima hermana / una niña muy fea que habita en Bilbao, / Antonio a un gitano le partió la boca / y hoy se ve muy negro limpiando calzao», significó mucho más que la prohibición de una letra de mal gusto, porque en ella se expresaba de forma satírica la miseria desmitificada de aquellos años de la posguerra, viviendo a salto de mata, de fiado y con un sinfín de privaciones y de carencias elementales que aparecen en la letra de la parodia en entredicho.

29.   Las rumbas, sones y danzas cubanas fueron toleradas pero aconsejándose precaución en su elección. Lo mismo valió para la música criolla y típica de los países latinoamericanos, *Normas Generales*, pp. 27 y 29.

pios de mejoramiento del nivel cualitativo, prohibió sistemáticamente, por motivos estrictamente políticos, toda propaganda o mención de artistas de cierta categoría que, en comparación con lo que se exhibía en las salas de espectáculos, hubiesen contribuido al realzamiento del género. Un veto pesaba no sólo sobre quienes se habían exiliado sino también sobre aquellos que en algún momento del pasado habían manifestado su lealtad hacia la república.[30] Del artista Angelillo estuvo prohibida cualquier clase de propaganda y su nombre no podía figurar en los repartos de las producciones cinematográficas en las que, por lo demás, actuaba.

Una especial vigilancia se ejercía también con respecto a los cuadros artísticos o solistas que solicitaban permiso para actuar en el extranjero. La Vicesecretaría de Educación Popular exigía una prueba de aptitud antes de visar la salida de estos artistas y recababa, además, información ante la Delegación Provincial de Sindicatos correspondiente.

También se puso mucho empeño en la evitación de la indumentaria o vestimenta procaz. Los artistas tenían que presentar diseños o fotografías de los trajes que iban a usar. Las infracciones eran duramente sancionadas. Se sancionaba igualmente cualquier improvisación, como dejan claramente entrever las normas de la circular a empresarios citada más arriba. Así, a un trapecista cómico le fue incoado un expediente por entender el inspector asistente al espectáculo que en el transcurso de su trabajo había realizado gestos obscenos.[31]

También dependían de la censura de espectáculos, por lo

30. El revanchismo en el orden cultural superó con creces al político, cuyo límite temporal se fijó en las responsabilidades contraídas a partir de 1934. En la península se silenció la conmemoración del centenario del nacimiento de Pérez Galdós, anticlerical y socializante, incluso a pesar de haberle dedicado el diario «Falange» de Las Palmas un número extraordinario para resaltar la obra literaria del escritor («Pueblo», galerada núm. 56 del 10-5-1943). Sobre la actitud socializante de Benito Pérez Galdós véase J. RODRÍGUEZ-PUÉRTOLAS, *Galdós: Burguesía y Revolución* (Madrid: Turner, 1975), pp. 93 y ss.

31. «[...] que el trapecista cómico del grupo Olwar's ha realizado ciertos gestos obscenos en el transcurso de su trabajo. Resultando que dichos gestos fueron omitidos el día del estreno. Considerando, por tanto que existe una deliberada infracción de las normas de censura, tanto por parte del artista como de la empresa [...] resuélvase este expediente imponiendo una multa de QUINIENTAS PESETAS (500 ptas.) al trapecista [...] y otra de MIL PESETAS (1.000 ptas.) a la empresa de éste.»

visto, las conferencias y actos culturales en general. Resulta harto curioso encontrarse con un guión-conferencia a cuenta del catedrático de Análisis de Medicamentos de la Facultad de Farmacia de la Universidad Central y con el programa de una matinal de arte en Teatro Fontalba de Madrid en el que se censuran textos de Lope y Rubén Darío así como textos de las más conocidas zarzuelas del maestro Guerrero.[32]

En principio estaba prohibida la celebración de cualquier acto público, conferencia, concierto, etc., sin previa autorización y visado de censura sobre el contenido. El guión de las conferencias programadas debía someterse a las Delegaciones Provinciales a excepción de aquellos temas que rozaran materias relacionadas con la historia del alzamiento, la política de la Falange, los partidos políticos anteriores al 18 de julio de 1936, asuntos político-militares, materias religiosas, asuntos internacionales o sobre el tema de la Hispanidad. Todos estos temas eran del dominio reservado de la Vicesecretaría de Educación Popular.

En cualquiera de los casos debía elevarse una instancia con el texto de la conferencia por duplicado o, como mínimo, el guión del tema a desarrollar. Dicha solicitud debía hacerse con ocho días de antelación.

Si el orador o conferenciante no pertenecía a los equipos especializados de la Falange y si su nombre no figuraba en la nómina de propagandistas de la Delegación Nacional, debía remitirse junto con la instancia un informe sobre su filiación político-social y demás actividades que pudieran aclarar la configuración política del conferenciante. Una vez celebrado el acto o la conferencia se daba cuenta inmediata por medio de una reseña tanto de los efectos producidos en el audito-

32. «Un criterio para la farmacodinamia experimental» era el título del guión-conferencia que don Obdulio Fernández y Rodríguez debía pronunciar en el Paraninfo de la U. C. Entre otros asuntos su exposición versaba sobre «la acción tóxica del haba del calabar y el sistema acetil-colina-esterasa. Los arsenicales tri y pentavalentes: el arsenóxido y el sistema glutational [...]». El programa en el Teatro Fontalba, lo presentaba Álvaro Cunqueiro. Comprendía recital de poesía («La infanta jorobadita» de J. M. Pemán, «El Comendador Peribáñez» de Lope, censurado, «Marcha triunfal» de Rubén Darío, censurado y «Tu mata de pelo» de Góngora, igualmente censurado); el recital de piano salió intacto, pero del recital de canto fueron censurados los fragmentos del «Barbero de Sevilla», «Mous Amores» y «Mi aldea» de Los Gavilanes. Todo esto pese a que había una nota en la que el censor había anotado: «Programa de alta moralidad, arte elevado y sujeto en todas partes a cuantas normas se hayan dictado, en este sentido, oficialmente, hasta la fecha.»

rio como de las anomalías a que hubiera dado lugar así como de las intervenciones más señaladas por parte del público asistente.

Escapaban a estas normas los actos o conferencias de carácter religioso. La censura respetaba, en particular, la naturaleza jurídico-canónica especial de la Acción Católica por ser ésta una prolongación de la misma autoridad eclesiástica.[33] La única condición exigida para los actos celebrados en locales públicos era la de que la autoridad eclesiástica comunicase el nombre del delegado que en su nombre iba a presidirlos. Sólo en el caso de que un acto no estuviese presidido por autoridad eclesiástica alguna quedaba sometido a las normas ordinarias de control de la propaganda oral.

También quedó bajo el control de la censura de espectáculos la vigilancia en el empleo de los medios de radiodifusión. Dado el incremento experimentado en la instalación de equipos de amplificación y altavoces se tomaron varias disposiciones con el fin de regular su funcionamiento, entre las que hay que destacar las siguientes:

1.º Quedó absolutamente prohibida la instalación de altavoces en la vía pública salvo en los casos excepcionales de feria, mercado, etc., supeditados a una autorización previa.
2.º En lugares para reuniones públicas al aire libre tales como las plazas de toros y los campos de deportes se autorizaban los altavoces siempre y cuando la Delegación instruyera el correspondiente expediente.
3.º Los altavoces, para todos los efectos de programación dependían directamente de la Delegación, la cual debía haber visado con anterioridad el programa que iba a ser emitido.
4.º En el caso de que por los altavoces se retransmitiesen programas procedentes de emisoras de radio, tanto recibidos por vía telefónica como captados por medio de un receptor, dichos programas debían ser de las emisoras nacionales estando prohibida absolutamente la captación de emisiones de estaciones extranjeras.

---

33. «Los actos que pueden calificarse de semipúblicos, celebrados en sus locales propios o locales típicamente eclesiásticos, como círculos de estudios, conferencias apologéticas a los miembros de la acción Católica, conferencias formáticas de espíritu interior de Acción Católica y análogo, quedan igualmente exentos de toda intervención, por considerarse actos no públicos, sino propios y ordinarios del mismo Organismo», según prescribía la Delegación Nacional de Propaganda en su circular 116 de fecha 11 de noviembre de 1942.

V. La censura de prensa y publicaciones periódicas

Sin embargo, la actividad censoria de mayor envergadura e intensidad fue, desde un principio, la relacionada con las publicaciones periódicas: diarios, semanarios y revistas mensuales.

La Dirección General de Prensa de la Vicesecretaría de Educación Popular, dependiente del Ministerio de la Gobernación, disponía de un «Boletín Confidencial de Prensa» —basado en datos no censurados y estrictamente secretos— elaborado por un servicio denominado de Documentación y Auscultación que preparaba en colaboración con el Gabinete de Prensa del Ministerio de Asuntos Exteriores los contenidos informativos que la prensa diaria debía abordar en sus ediciones y la cuantía superficial de los mismos. A su vez, la Sección de Información y Censura controlaba el fiel cumplimiento de dichas órdenes por la prensa de acuerdo con las directrices que recibía.[34]

Todos los despachos de las agencias de prensa autorizadas, Efe, Cifra y Mencheta, enviaban previamente al Negociado de Censura, la «versión confidencial» de sus boletines de noticias y lo mismo ocurría con los telegramas de los corresponsales de la prensa extranjera, excepción hecha de las

34. El propio episcopado se sometía, por lo menos en la época de la inmediata posguerra, al visto bueno del Ministerio de Asuntos Exteriores en las tomas de posición públicas con respecto al Vaticano. Ante la inminente ocupación de Roma por las tropas aliadas el cardenal primado de Toledo, Enrique Plá y Deniel, adjuntaba copia del mensaje colectivo del episcopado al papa para dar cuenta al Gobierno español y al mismo tiempo «manifestarle la confianza que abriga [el episcopado] de que Su Excelencia el Jefe del Estado y su Gobierno, que tan gallardas muestras de catolicidad y de veneración al Santísimo Padre viene dando, ha de interponer su valiosa influencia para que las naciones de uno y otro bando beligerante consideren y repeten a Roma como ciudad abierta [...]». Tras las debidas consultas al jefe del Gabinete Diplomático del Ministerio, marqués de Miraflores, remitía a la Sección de Información y Censura las dos copias autorizadas para ser publicadas íntegramente en todos los periódicos de la tarde y en la prensa de la mañana.

corresponsalías alemanas que estaban exentas de censura.

Otra de las labores de la censura con relación a los medios de comunicación consistía en el envío de órdenes y directivas a los periódicos, por un lado, y por otro, en la censura que se realizaba de las galeradas con anterioridad a su difusión.

En cuanto al primero de los aspectos de esta labor, la dictaminación del contenido de la prensa, será altamente ilustrativo aducir una serie de estas órdenes de muy diverso cariz relativas a los años 1940 y siguientes, por orden cronológico.

En octubre de 1940, se ordenó se comunicara a todos los directores de periódico de cada una de las demarcaciones que hicieran un caluroso comentario exaltando la ley que establecía las Fiscalías Superiores de Tasas, organismo encargado de normalizar la vida económica del país en orden a los abastecimientos en un momento de grave penuria. Se insistía en que todos los ciudadanos debían cooperar con él, debiendo hacer los periódicos hincapié en el hecho de que de las multas impuestas con ocasión de las denuncias presentadas por los ciudadanos al nuevo organismo, se destinaría el 40 por ciento a los denunciantes. Dos días más tarde era transmitida una consigna para que durante seis u ocho días se realizara una intensa campaña sobre las dificultades de abastecimiento en España y sus causas, entre las que figuraban las ocultaciones que había que denunciar y las perturbaciones económicas debidas a la guerra mundial.[35]

De igual manera la Dirección General transmitía «para su publicación en lugar destacado» las informaciones relativas a los actos o pasos dados por el Caudillo, evitando siempre mencionar los agasajos gastronómicos o los vinos de honor. Con la mayor firmeza y naturalidad del mundo se prescribía en los textos facilitados veinticuatro horas antes cosas como: «Una vez terminado el desfile, el Caudillo con su esposa, hija

35. «Las dificultades de abastecimiento en España en la actualidad se explican, aparte de las causas generales que produce un movimiento cíclico con años de hambre que periódicamente se presentan, por la situación mundial presente, por la mala cosecha y por el colapso producido por la posguerra civil española. Después de las guerras siempre han ocurrido colapsos de esta clase. En Bélgica, después de 1914, se tardó cinco años en restablecer la normalidad agrícola. En España se dan los siguientes hechos además: las devastaciones realizadas por los rojos [...].» Orden de 5-10-1940 de la Dirección General de Prensa.

y séquito, continuó a pie por las calles de El Pardo entre el entusiasmo del vecindario.» [36]

También se cursaban «circulares urgentes» con el fin de paliar a la mayor brevedad posible la difusión de noticias embarazosas. Estos despachos telegráficos retransmitidos a todos los jefes provinciales de Prensa debían considerarse como las normas a las que debían atenerse los servicios de censura:

«Esta Jefatura cuidará muy especialmente de que ningún periódico de su demarcación publique información alguna referente al asunto Companys, recomendando a censura vigile con toda atención esta consigna. Transmítase.» [37]

«Los periódicos no publicarán noticia alguna referente a la actuación, desplazamiento, etc., de embajadores, ministros, personal diplomático español y extranjero, sin indicación especial de esta Dirección General de Prensa que enviará, en todo caso, el texto de la nota que se juzgue oportuno sobre dichos asuntos. La censura evitará cuidadosamente todo comentario o noticia que contravenga esta disposición y las agencias, por su parte, deberán abstenerse de transmitir noticias de esta índole.» [38]

«Para la publicación de las noticias referentes a la División Azul, esa Jefatura ordenará a los periódicos de su demarcación que se atengan a las normas siguientes: 1. En lo que se refiere a la información de guerra las noticias oficiales procedentes de la Subsecretaría del Ejército deberán ser publicadas literalmente en primer término de la información y con tipo diferente de letra, haciendo constar siempre en ellas el título de: División Española de Voluntarios. En todas las restantes crónicas e informaciones que no procedan del Ministerio del Ejército, así como en los titulares, comentarios, montaje y pie de fotografías, se hará constar el nombre de: División Azul [...].» [39]

«Con esta fecha dirige esta Delegación Nacional a los Directores de periódicos, la siguiente comunicación: La abundante información de la guerra, de un lado, y de otro los interesantes problemas de España cuales son la reconstrucción, la puesta en marcha de la industria, agricultura y ganadería que deben producir interesantes noticias, buenos reportajes y artículos de colaboración que hagan llegar a todos los españoles la tarea que

36. *El Caudillo celebró su fiesta onomástica en la intimidad*, Orden del 5-10-1940.
37. Circular urgente del 15-10-1940.
38. Circular urgente del 3-11-1940.
39. Telegrama de la Vicesecretaría de Educación Popular a todos los jefes provinciales de prensa fechado el 28-10-1941 y rubricado por Manuel Marañón, jefe de Información y Censura.

tienen sobre sí, obliga a ese periódico a ir reduciendo la información local a lo estrictamente indispensable. Muchos de los avisos oficiales y provinciales pueden ser suprimidos por cuanto se insertan en los Boletines y tienen la difusión debida; asimismo debe evitarse otra clase de anuncios y convocatorias, respetándose, como es natural, lo que sea mera publicidad de pago con arreglo a las tarifas establecidas. Pero es indispensable que ese periódico, como todos los de España, no olvide la transcendental misión que en orden a la educación popular le tiene asignado el Estado, y por ello ha de dar una mayor preferencia a las noticias, comentarios, reportajes y colaboraciones de interés nacional e internacional reduciendo al mínimo la información local y publicando sólo aquello que esa Dirección juzgue indispensable.» [40]

Pero claro está que la Dirección General de Prensa no se limitaba a transmitir consignas a censores y periódicos. Su actividad se extendía también a la inclusión obligatoria de artículos anónimos o firmados por las más representativas plumas literarias o políticas del régimen. Con este fin reunía la Administración General de la Prensa del Movimiento toda clase de colaboraciones para transmitirlas a los periódicos a través de la Sección de Información y Censura.[41] Manuel Marañón, jefe de la mencionada Sección, ordenaba el 22 de octubre de 1941 que en el octavo aniversario de la fundación de la Falange —el día 29 del mismo mes— todos los periódicos publicasen un resumen de su programa político, con oportunos comentarios de recuerdo, justificando la razón de ser de los mismos y la trascendencia de las palabras pronunciadas por José Antonio en el teatro de la Comedia de Madrid, para lo cual habían de solicitar de sus colaboradores artículos referentes al significado, valoración y evocación de aquel acto histórico. En las informaciones sobre dicho tema debían aparecer en recuadro las palabras de José Antonio «en sus párrafos que han tenido valor de profecía o aún son vigentes». Finalmente se recomendaba la publicación de varias fotografías como la del acto mismo de la Comedia, aspecto de la sala y escenario, misa en la Cruz de los Caídos, concentración de la Falange, desfile, acto en el Escorial, desfile con an-

40. Circular urgente del 25-10-1941.
41. Con fecha 29 de octubre de 1941 y con motivo de los actos conmemorativos de la fecha fundacional de la Falange, se ordenaba la publicación de un artículo de Juan Aparicio *Década de una bandera* y otro de Pilar Primo de Rivera *En el octavo aniversario* en periódicos de Barcelona, Sevilla, Bilbao, Valencia, Vigo, Zaragoza, Granada y San Sebastián.

torchas y depósito de cinco rosas simbólicas en la tumba de José Antonio.

No cabe duda de que la colección completa de estas órdenes y directivas a los periódicos o, por lo menos, el examen de un buen número de ellas podría darnos muchas y nuevas claves para comprender las luchas intestinas del régimen y, también, aclararían entre otras cosas las razones ocultas de la política interior o exterior seguida por los ministros de Franco. Estos documentos existen. Sólo habrá que esperar a que los estudiosos tengan libre acceso a ellos.

Un somero repaso a las galeradas de revistas y periódicos intervenidas puede arrojar más luz todavía sobre la naturaleza de la censura en este período aunque hay que reconocer también que faltan muchos cabos por ligar y que sólo se entrevén algunas líneas quedando el resto de la actuación censoria en contornos muy enigmáticos y difusos. Aun en los casos en que hubiera sido posible efectuar un cotejo entre órdenes, directivas y los textos de las galeradas intervenidas, quedan siempre o casi siempre sin elucidarse las recónditas razones por las que una orden ha sido dada y los efectos con ella logrados.

Después de haber cotejado casi un centenar de galeradas de la época de los primeros años de la posguerra, no resulta temerario tratar de inventariar algunas de las constantes observadas en la práctica censoria de estos años:

1. Omisión en todas las publicaciones periódicas de los nombres de personas vetadas, significativas en los anteriores regímenes políticos y también los nombres de aquellos que debido a luchas internas, poco claras, habían sido igualmente vetados, ya fuera por común consenso, por decisión autónoma de los responsables de la Dirección General de Prensa del Ministerio de la Gobernación o por los mandos de la Falange. Los nombres de Benito Pérez Galdós y Jacinto Benavente fueron figuras de otra época, pero la mera mención de sus nombres evocaba viejos demonios políticos, anticlericalismo o una moral combatida acérrima y cerrilmente por las derechas en las décadas anteriores.[42] Nombres de futbolistas de las selecciones nacionales de la época republicana, actores

42. En la revista «Afán» del 8-5-1953 se suprime la parte de un artículo dedicado a la literatura del siglo XIX con referencias a Galdós: «Y cobra matices insospechados en observaciones de Pereda y [hasta del propio Galdós a quien ha de rendírsele muchísimas devociones pero al que no se debe ningún homenaje].» No se interprete esta censura como

y hasta toreros silenciados.[43] Pero también escritores o políticos de clara obediencia falangista como Francisco de Cossío, Edgar Neville y Julio Ruiz de Alda.[44] Incluso, ministros de tan probado franquismo como Arresse y Fernández Cuesta. José Luis Arresse, secretario general del Partido, fue el blanco predilecto de los lápices censores. En el periódico oficial de la Falange, «Arriba», la censura llegó a suprimir, no ya sólo el nombre de su secretario general, sino que hizo también caso omiso de su presencia en actos protocolarios. Este veto afectó igualmente a la esposa de dicho ministro. Como es sabido Arresse siempre fue visto con suspicacia por el núcleo de los falangistas de primera hora.[45]

2. Silencio total en torno a sucesos que podían mermar de alguna manera la imagen de la autoridad del Estado. Estaba prohibida la mención de atracos, quiebras de empresas, incendios y accidentes de trabajo. Entre las galeradas interve-

---

una defensa en favor de Galdós. La censura ya había prohibido poco antes toda mención al centenario del nacimiento del escritor. Véase la nota 30.

En la edición del 10-5-1943 de la revista «Bibliografía Hispánica» se tachan los nombres de los autores aludidos, citados en la contestación hecha por un librero a una encuesta sobre los autores de más venta en su librería. Se tacha Galdós y Benavente, pero se mantiene a Antonio Machado y a su hermano Manuel; este último, claro está, sin ningún problema puesto que había abrazado la causa franquista y era un asiduo contertulio de los intelectuales falangistas.

43. No sólo se prohibió citar a los futbolistas de las selecciones anteriores a la guerra civil, sino que también se eludió mencionar las dimisiones de los directivos de fútbol. Igualmente fue suprimida una mención a las «dos orejas y rabo» del matador Pepe Luis. Del mismo modo estaba vetado, entre otros, el actor Angelillo.

44. En la revista falangista «Juventud» del 15-5-1952, en un artículo firmado por Augusto Ysero, se suprime el adjetivo «magnífico» aplicado a un escrito de Francisco de Cossío y también la mención hecha sobre Edgar Neville en la misma revista. En la revista «Economía Mundial» de la misma semana se efectuaron supresiones que tanto tenían que ver con Ruiz de Alda como con la metafórica geografía propia de la Falange: «Los mandos de la Falange y lo mismo que los maestros y profesores no deben dejar pasar ocasión alguna sin recordar a nuestras juventudes el puñal que España tiene clavado desde el 5 de agosto de 1704 y recordarles como dijo Julio Ruiz de Alda, presidente de la Primera Junta Política de Falange, España limita al sur con la vergüenza de Gibraltar.»

45. Como revelan las *Casi unas memorias* de Dionisio Ridruejo y como confirma numerosas veces Ramón Serrano Suñer en sus *Memorias*, Arresse se había plegado a los designios de Franco para sustituir el franquismo a la Falange. El revanchismo de los auténticos falangistas en cuyas manos estuvo la censura, lo demuestra la siguiente supresión en el periódico «Pueblo» del 4-5-1943: «La esposa del Caudillo, Doña Carmen de Polo distribuye en el Alcázar, ayudada por [la Señora de Arresse y] la Falange Femenina, 10.000 bolsas de comestibles...»

nidas por el negociado de censura el 10 de agosto de 1943 figura, entre otras supresiones, la referente a una explosión en un taller de pirotecnia en Puente Genil y la detención en Barcelona de dos extranjeros por introducción clandestina de objetos de oro.[46] Del mismo modo, tampoco se toleraban anuncios en la prensa que fueran claro signo de la escasez de suministros o de las dificultades existentes para encontrar vivienda. La censura tachaba sistemáticamente toda oferta o demanda de vivienda en la que apareciera insinuado cualquier tipo de recompensa en metálico.

3. Ya se ha señalado el embargo total que cubría el desplazamiento de los ministros, cuerpo diplomático, delegaciones extranjeras, del propio Franco y su familia. A raíz de los preparativos de los actos en conmemoración del milenario de Castilla, la prensa nacional tuvo que suprimir toda alusión a la presencia del Caudillo y de su hija. Esta última había aceptado el puesto de reina del certamen poético. En previsión de un posible atentado era igualmente norma anunciar la llegada de Franco a Madrid en horas más tardías de las que en realidad se efectuaba su llegada. Sin embargo, la más extravagante e incomprensible actuación de la censura fue la total supresión del discurso de Franco pronunciado en el Ayuntamiento de Granada en el transcurso del viaje efectuado por las distintas provincias de la región andaluza. Se concibe perfectamente que, como era norma, se suprimieran, en unos años marcados por la escasez, la mención a los vinos de honor, banquetes y demás agasajos oficiales, pero asombra que un discurso presumiblemente leído por Franco fuera suprimido en su totalidad.[47]

46. «Pueblo», galerada 14 del 10-8-1943 y «ABC», galerada 8 del 10-8-1943.

47. En la galerada número 16 del 11-5-1943 del periódico «Pueblo», el negociado de censura suprimió el texto del siguiente discurso:

«Discurso del Caudillo en el Ayuntamiento de Granada:

»Camaradas: Sólo dos palabras para haceros presente mi gratitud en nombre de la Patria por esta efusión de vuestros corazones y esta elevación de vuestro pensamiento hacia la gran España. (Una voz del público: ¡Viva España!) Nuestro régimen es poco amigo de palabras, aunque la palabra sea el don divino para entendernos y comprendernos. En mi viaje a Andalucía he recorrido las distintas provincias buscando en el contacto de los pueblos sus necesidades. He comprobado las inquietudes de nuestros camaradas, el celo de las autoridades, el espíritu de todos para el logro de la España mejor, viendo con satisfacción cómo nuestras obras proclaman la ejecución fiel de nuestra doctrina. Por eso en Huelva, cuna de nuestro Imperio, he presidido la inmensa concentración, donde los trabajadores de las minas, los campesinos y los marineros, en hermandad con la intelectualidad de la provincia y unidos en apretado abrazo, aclamaban a la Patria. Córdoba y Sevilla, vibrantes de inquietud y ansiosas de grandeza, me hicieron la alta ofrenda de su entusiasmo;

4. La situación política internacional y la actitud y evolución del régimen ante ella fijaba lo que era admisible y beneficioso para la supervivencia del franquismo. Así, aunque en 1943 todavía se prohibían noticias sobre el «récord» de construcciones navales logrado en los astilleros estadounidenses, al mismo tiempo se omitía señalar que había ondeado la bandera alemana con motivo del recibimiento tributado a los repatriados de la División Azul en Vitoria. Asimismo se silenciaba la estancia en Alemania de Pilar Primo de Rivera. En materias que rozaran la política internacional tenía claramente jurisdicción el Ministerio de Asuntos Exteriores.[48]

Para darse cuenta de un modo más concreto de cómo la censura de prensa actuó en el período aquí abordado véanse a voleo algunas de las supresiones del «Boletín de galeradas intervenidas (revistas)» correspondientes al mes de mayo de 1943.

«Vértice». — En un artículo sobre el cine norteamericano, firmado por Andrés Revsz, al enjuiciarse la producción cinematográfica hollywoodiana basada, según el articulista, en las novelas actuales de más de mil páginas de espesor se eliminaba la mención a *Lo que el viento se llevó*.

«Así es». — Se suprimió completamente un artículo de varias páginas de José Germain, titulado *La política del continente*, en el que se enfocaba la guerra de Cuba desde el punto de vista de la expansión del imperialismo americano hacia últimos de siglo. En la misma revista figuran tachaduras de importancia, en un artículo que lleva por título: *La inglesicidad de los ingleses. Un estudio para los americanos*. La censura suprime una obvia crítica hecha por el articulista contra los supuestos raciales del nazismo alemán. Al hacer mención a la escasa diferencia nacional que existiría entre holandeses y flamencos, escribe el autor: «Los holan-

_____

en Málaga se repite el grandioso espectáculo, y la vitalidad. La unidad y la fortaleza del pueblo se vuelcan en aquel balcón mediterráneo; en Almería, de la tierra sedienta y de las cuevas inmundas, vi también la plenitud de nuestra obra en sus realizaciones: allí contemplé los barrios inmensos en febril construcción, encontré a los ingenieros taladrando la tierra en busca de las venas líquidas que fertilicen sus campos.

»Este aliento vuestro y esta inquietud me empujarán a seguir sirviéndola como hasta ahora y a que en un futuro muy próximo sea realidad la España Una, la España Grande y la España Libre de nuestros sueños. ¡Arriba España!»

48. Sobre las mismas galeradas figura en tinta negra la anotación según la cual dichas galeradas deben ser remitidas a «exteriores».

deses y los flamencos podrían unirse en un común estado de los Países Bajos sin más base que su lenguaje común. [Los nazis, que distinguen solamente entre los alemanes superiores a causa de la supuesta pureza de su sangre y la mayor fuerza de sus armas, y el resto de la humanidad, casi están calificados para ser miembros de esta sociedad de la negación de lo obvio.]»

«Afán». — Se tachan largos párrafos de un artículo de Pedro Antonio Baquerizo, escrito en un típico tono voluntarista pero cuya publicación dejaría entrever que la pretendida reconstrucción del país, no ha sido factible en cuatro años y que ni siquiera lo será en muchos más: «[...Y no estamos obligados a poner punto final en nuestra tarea, por virtud de esa fórmula que el tonto de la plaza del pueblo de España ni siquiera califica de mágica por dos razones esenciales, España, Falange. El Caudillo y cuantos le seguimos no estamos obligados a resolver las generaciones infinitas que nos han precedido en la Historia de España y de la Humanidad ... Ni España ni la Falange ni el Caudillo ni cuantos le seguimos ciegamente en la tarea del resurgir de España hemos sentido el deber de resolver, de una vez para siempre, todos los problemas existentes y posibles, porque si fuera posible practicar este absurdo, surgiría el reproche de nuestros hijos quienes en justicia nos demandarían ante Dios por el pecado de no haberles dejado ya nada que hacer.]»

«Artes y Letras». — Se suprime un artículo en el cual se anuncia la convocatoria de un concurso de guiones cinematográficos con un premio por valor de 5.000 pesetas.[49]

«Boletín del Sindicato del Olivo». — En las páginas de cul-

49. Fue norma constante de la censura impedir la publicación de toda referencia a premios en metálico, entrega de medallas de oro, colectas organizadas en favor de la erección de bustos, estatuas o monumentos a Franco. Así en el «Ya» del 8-4-1943 se suprime la entrega de una Medalla de Oro a Franco, en «Arriba» de 4-4-1943 queda tachada la noticia relativa al concurso de bocetos para erigir en la Academia General Militar una estatua ecuestre. De igual manera fue tachada en «Informaciones» de 5-8-1943 la siguiente noticia: «Un busto del Caudillo, por suscripción entre los ferroviarios de Ciudad Real. Los ferroviarios de esta demarcación van a erigir un busto del Caudillo que será colocado en el Salón de Actos de la RENFE de esta capital. Todos los productores contribuirán a la suscripción ya abierta con un día de haber. Se nombra una comisión para organizar los diferentes actos que en honor del Caudillo se celebren. El busto ha de ser modelado por el escultor Juan Ávalo.»

tura de dicha publicación se introducen varias modificaciones de frases y palabras en una breve obra de teatro reproducida. Las más significativas modificaciones son: «No hables que los "carzones" [que el traje] de San Isidro, el Patrón [...] Y la ropa blanca de tus hijas la has hecho con los paños del altar mayor [los vestidos de Santa Teresa]... Y tú una pila de sostenes [de pañuelos] de las enaguas de Santa Sofía.» En el mismo «Boletín» se practican diversas supresiones en un artículo sobre el viaje de Franco por tierras andaluzas, como las siguientes: «Pese a las malvadas propagandas de la antipatria vencida y aherrojada», «Los batracios que crean impotencia allende las fronteras, no cuentan para nada» y, finalmente, los adjetivos «gozosa y feliz» aplicados a la paz de los cuatro años que habían transcurrido desde el final de la guerra.

«Información, Órgano de la Policía». — En la contraportada de dicha publicación profesional se anunciaba como condición indispensable para la aceptación de los artículos, que éstos fueran inéditos, y como redundando en un lugar común se advertía: «La dirección y la redacción de la misma no aceptan responsabilidad ni se solidarizan respecto a los puntos de vista y afirmaciones sostenidas por los autores en sus comunicaciones.» Como es natural, una nota manuscrita del censor señalaba la obligatoria supresión de semejante advertencia ya que como la policía no ignoraba, tal actitud era contraria «a la ley vigente de prensa».

Segunda parte:

INCIDENCIA Y CRITERIOS DE LA CENSURA

I. La encuesta a los escritores (1974)

En el transcurso del año 1974 se envió una encuesta a 197 escritores, casi todos ellos residentes en el interior del país y cuya producción literaria hubiese sido mayoritariamente publicada en España. Quedaron, pues, excluidos autores de evidente renombre literario pero cuyas principales obras, escritas y publicadas en el extranjero, habían forzosamente escapado al rigor censorio.[50]

El establecimiento de la nómina de autores no fue tarea particularmente fácil. La única lista existente de autores españoles, más o menos sistematizada, podía confeccionarse en base al *Quién es quién en las letras españolas*, obra editada por el Instituto Nacional del Libro, con lagunas importantes y en modo alguno exhaustiva. Sin embargo, las direcciones que allí figuraban pronto se revelaron anticuadas en gran parte, debido entre muchas causas a la natural movilidad social de ese considerable grupo de profesionales de la pluma. La fijación de la nómina de autores sólo pudo llevarse a cabo gracias a la colaboración de algunos escritores residentes en las principales capitales del país que suplieron considerablemente la falta de información inicial.

Una vez confeccionada la nómina de autores se procedió al envío de un cuestionario general mediante el cual se pretendía, fundamentalmente, recoger la mayor información posible sobre la incidencia de la censura en la producción literaria de cada autor, distinguiendo cuidadosamente el género literario al que pertenecían. También quiso averiguarse si, a la vista de semejante incidencia censoria, podía colegirse cuáles habían sido los criterios aplicados por la Administración. Se trató de atisbar también, de acuerdo con la personal experiencia de cada autor, cuál había sido la evo-

50. Así, tanto la obra literaria como la opinión personal de un escritor como Juan Goytisolo quedaron excluidas de la encuesta. Pero lo mismo ocurrió también con la obra de insignes literatos exiliados que escribieron principalmente fuera de España o con autores reconocidos ya en la época anterior al franquismo como R. Sénder, R. Chacel, etc., aunque parte de su obra haya sido posteriormente publicada en España.

lución de la censura practicada y qué acontecimientos habían podido ejercer alguna influencia en sus inflexiones. A este cuestionario remitido por vía postal siguió luego una visita domiciliaria mediante la cual se complementaron no pocas cuestiones pendientes e imprecisiones inevitables en una encuesta de tipo postal. Al mismo tiempo, se sometió a todos los autores visitados un cuestionario suplementario con el fin primordial de recabar datos acerca del papel desempeñado por la autocensura en una inequívoca situación censoria como la española y, por último, se solicitó insistentemente de los escritores copia de los manuscritos o galeradas con vistas a medir también, de este modo, la incidencia de la acción censoria y analizar sobre textos concretos el elenco de criterios aplicados.

Uno de los problemas de difícil solución fue el de la validez eventual de la muestra obtenida. En base a los datos de que se disponía, resultaba del todo imposible aventurarse en la confección previa de una muestra. Se supuso que la nómina establecida —dada la reducida población de escritores— sería representativa de todos los escritores españoles teniendo en cuenta, por un lado, la dispersión geográfica de los encuestados y, por otro, el efecto aglutinador que sobre dicha categoría profesional ejercen ciudades como Madrid, Barcelona, Bilbao y Valencia. Otra dificultad estribó en el total desconocimiento de las condiciones que había que suponer para considerar escritor a un autor de una o varias obras. De antemano tuvieron que excluirse los criterios selectivos frente a la falta de datos certeros. Los únicos criterios fueron negativos: se excluyó a todos los autores que no practicaran el género universalmente considerado como literatura de creación, es decir, poesía, novela y teatro. La información suministrada por la encuesta reveló más tarde que algo más de la mitad de los escritores no vivían de las ganancias que su producción literaria les devengaba. En términos generales, son muy pocos los escritores españoles que pueden vivir de la pluma. La estructura editorial, la distribución y comercialización de los productos literarios adolecen de una excesiva atomización de modo que la capitalización es insignificante en dicho sector. Contrariamente a las apariencias, en España y por ahora, la concentración editorial no opera de modo semejante al de otros capitales invertidos en los demás artículos de consumo: homogeneizando el gusto y estandarizando el producto. En los productos editoriales prevalece todavía la idea elitista de la «rareza» del producto y, por lo tanto, los editores, más que adaptarse a los gustos del público, o crear la necesidad de tales gustos, lo que hacen es someter a los lectores a sus propios criterios de elección. En general, por estas y otras causas, los tirajes son bajos y cubren apenas los costos. Además, ha florecido en España durante el franquismo, y todavía en la actualidad, el editor comprometido con una línea política o con una tendencia literaria, expresión de aquélla en alguna medida, pero totalmente falto de recursos económicos para que el escritor perciba algo más que el prurito de haber sido publicado, impreso en letras de molde.

Del total de encuestas enviadas se recuperaron 113 —excluyendo las ocho negativas rotundas a colaborar—, es decir, un 57,36 % de entre las cuales nueve de las enviadas por correo estaban incompletas y siete habían sido sustituidas por cartas de indudable valor y contenido, pero que resultaron inservibles a la hora de tabular los datos. Perfectamente tabulables llegaron 97 cuestionarios. El porcentaje de respuestas utilizables sobre el total de autores que figuraban en la nómina fue de 49,23 %. El grueso de los escritores que reaccionó positivamente a la encuesta lo hizo por correo, en primera instancia: 61 personas, es decir el 30,96 %, lo cual es un hecho poco frecuente en este tipo de encuestas postales. Algo más de la mitad de entre ellos recibió posteriormente una visita domiciliaria con el fin de someterles todavía el cuestionario sobre la autocensura. Catorce encuestados colaboraron en esta segunda fase de la investigación tramitando por correo sus respuestas a la encuesta complementaria, ya fuera porque fue imposible cumplimentarla en el momento de la entrevista, ya fuera por razones de distancia geográfica. Cuarenta y cinco escritores que inicialmente no habían reaccionado a la primera encuesta postal fueron acosados y cumplimentaron ambos cuestionarios aumentando así el número de encuestados en un 22,84 % sobre el total de la nómina. Nueve escritores respondieron sólo parcialmente las encuestas; siete, como ya se ha dicho, las sustituyeron por cartas y ocho se negaron a participar rotundamente.

En el momento de la confección de la encuesta se consideró útil indagar de algún modo la demora sufrida por una obra con relación al lapso de tiempo comprendido entre el momento de su redacción definitiva y el de su publicación. Se

	Total encuestas tabuladas	%	Total autores nómina	%
Cuestionario 1 vía postal			9	4,56
Cuestion. 1+2 vía postal	14	7,10	(14)	
Cuestion. 1+2 visita dom.	45	22,84	(45)	
Sustitución por carta			7	3,55
Cuestion. 1 v.p.+2 v.d.	38	19,28	(38)	
Denegación			8	4,06
Sin respuesta			76	38,57
Totales	97	49,22	197	50,74

sospechaba que no pocos de los retrasos sufridos podrían haber sido originados por las dificultades encontradas en censura y que, por tanto, estos datos podían tener algún interés para el estudio emprendido. La atención hacia el tema de las demoras había sido suscitada por una corriente de opinión común a la mayoría de informantes según la cual la administración censoria era culpable no sólo del soterramiento voluntario de un número considerable de manuscritos impublicables sino también de los retrasos en la publicación de no pocas obras.

En un principio, pues, bajo la influencia de estas conjeturas se pensó recabar información sobre las demoras y sobre los manuscritos inéditos por motivos de censura. Por lo que respecta a los retrasos, ya en el transcurso de las entrevistas efectuadas, se hizo evidente que resultaba del todo imposible medir con finura el tiempo mediado entre la redacción definitiva y el momento de la publicación. El único dato certero y, por lo tanto, no sujeto a conjeturas era el del momento de la publicación, fácilmente verificable. El momento de la redacción definitiva se prestaba a subjetivismos y vaguedades. Los resultados obtenidos por medio de la encuesta no ofrecen ninguna garantía de objetividad y, si la ofreciesen, presentan una imagen relativamente normal sobre el tiempo de demora, sea cual fuese la influencia de la censura en ello.

Como se observará, el grueso de las obras, es decir 42,78 %

Cuadro N.º 6. *Demoras entre redacción definitiva y publicación*

Demora	Poesía	%	Novela	%	Teatro	%	Total por año	%
Menos de 1 año	72	28,34	165	64,96	17	6,69	254	30,78
1 año	107	30,31	221	62,60	25	7,08	353	42,78
2 años	30	24,59	75	61,47	17	13,93	122	14,78
3 años	10	28,57	20	57,14	5	14,28	35	4,24
4 años	10	16,39	39	63,93	12	19,67	61	7,39
Totales	229	27,75	520	63,03	76	9,21	825	

del total, sin distinción de género, ha tardado un año en salir a la luz. El 73,56 % se publicó en un plazo menor de dos años. En cuanto al resto, si bien no hay prueba de que ese considerable plazo entre redacción definitiva y publicación fuera debido a dificultades con la censura, sin embargo, no sería de extrañar que en alguna medida existiese una relación. El hecho de las treinta obras poéticas que tuvieron que esperar de dos a tres años, superando el porcentaje correspondiente a las del género novelístico quizá pudiera explicarse por la falta de mercado para este género de obra que difícilmente encuentra editor y cuyos tirajes suelen ser muy reducidos. Con todo, tampoco puede olvidarse que la censura castigó muy duramente la producción poética, dado el carácter directamente aprehensible de la lírica, donde una palabra o un adjetivo evocaban en el espíritu del censor, algunas veces, más que una farragosa descripción novelística.[51] La porción de obras teatrales tenidas en cuenta es, como se observará, muy exigua. Ello puede encontrar su explicación en el hecho de que a la acción de la censura en materia teatral se superponen las insuperables dificultades inherentes a la finalidad primordial de toda pieza teatral que es que se represente y no que se publique. De ahí que exista cierto desequilibrio entre el número de obras teatrales de las que se tiene constancia de la incidencia de la censura, ya sea

51. Sobre el curioso problema del especial rigor al que fue sometida la poesía y sobre las discrepancias al respecto, véase pp. 83 y ss.

61

porque fueron publicadas o intentaron publicarse y el número real de obras víctimas del lápiz rojo. Debido a éstas y otras peculiaridades, propias al mundillo teatral y editorial, siempre se da forzosamente el caso de que haya más obras estrenadas que impresas.

Tampoco será ocioso señalar que este desequilibrio al que se ha aludido tiene también su origen en la organización e imperativos económicos del circuito comercial que con anterioridad a los efectos de la acción censoria son causa de que un número considerable de obras jamás se lleven a las tablas.

La censura teatral constituye un caso especial dentro de la censura en general. Cualquier intento de inventarización tropieza con la doble naturaleza inherente al teatro, a saber, que la obra teatral tiene como finalidad primordial la *representación* y sólo en raros casos la publicación. De ahí que exista mayor número de obras representadas que impresas. De ahí, igualmente, que para abordar el tema de la censura teatral sea necesario tener en cuenta ambos aspectos. La censura de teatro como *representación* —espectáculo— ha tenido una influencia determinante sobre la obra teatral como *libro*. Sobre el primer tipo de censura los datos son casi inexistentes y sobre el segundo no sobreabundan.

F. Lázaro Carreter comentaba a propósito del ocaso del teatro en España que «la acción política tiene que manifestarse, tanto para salvarlo como para dar testimonio de su propia responsabilidad histórica. Aludimos —añadía el académico—, claro es, a la censura. No simplificaremos, atribuyéndole toda la culpa, porque asistimos, en paralelismo con su acción, a una tremenda crisis de fuerza creadora. Ni lo afirmamos ni tampoco podemos negarlo. Hay autores que han llevado su obra adelante; otros han cedido, disuadidos o desesperados: cuestión ésta que algún día deberá ser dilucidada tomando en consideración la calidad de la obra silenciada. Pero sí, ya es evidente que la intervención censora ha despoblado el teatro al impedir que fuera una sostenida reflexión crítica sobre el vivir de la comunidad».[52]

Afortunadamente, los datos que en su día dio a conocer la revista de teatro «Primer Acto», ayudan a suplir y complementar la exigüidad de los datos recogidos en nuestra en-

---

52. F. Lázaro Carreter, *Ante una nueva temporada: el teatro indefenso*, «Gaceta Ilustrada» (1974): *passim*.

cuesta y esclarecer el panorama sombrío esbozado más arriba. La combinación de datos provenientes de ambas fuentes es factible y contribuirá a entrever la situación en la que se encontró la producción teatral bajo régimen censorio.[53]

Pese a la escueta formulación de las preguntas sobre las que se basó la *Encuesta sobre la censura*, contestada por 39 autores de las más variopintas tendencias, los datos suministrados no pueden menos que suponerse extensivos y significantes para la mayoría de los autores teatrales, ya que sin tratarse de una muestra, confirman la *comunis opinio* de los escritores entrevistados. El balance final indicaba que 60 piezas escritas por comediógrafos españoles habían sido totalmente prohibidas y que 150 habían sido autorizadas en su día con supresiones, modificaciones más o menos graves, y con restricciones en cuanto al lugar o al número autorizado de representaciones.

Ignoramos cómo llegaron los responsables de dicha encuesta al cómputo indicado. Ateniéndonos únicamente a los datos aparecidos en «Primer Acto» llegamos a resultados distintos. Con referencia exclusiva a las obras cuya representación y sólo su representación se había intentado, de un total de 96 manuscritos había 52 piezas totalmente prohibidas y sólo 17 autorizadas por completo, sin tachaduras, modificación o restricción alguna. Otras 27 obras habían sido autorizadas con determinadas restricciones. Trece habían sido autorizadas exclusivamente para sesiones de «Teatro de Cámara y Ensayo», por un tiempo indefinido. Por el contrario, 10 piezas habían sido autorizadas para «representación única y definitiva», mientras otras 4 lo habían sido ya fuera para lectura pública de la obra, ya fuera para un número fijo e ínfimo de representaciones.

La falta de datos fidedignos sobre la influencia real de la censura y el temor a que los escritores tuvieran excesiva propensión a considerarse víctimas de la censura fue la principal razón que indujo a rastrear el lapso de tiempo que había mediado entre el momento de redacción definitiva y el de la publicación del manuscrito, haciendo expresa referencia a motivos de censura.

53. A. Rivera y S. de las Heras, *Encuesta sobre la censura*, «Primer Acto», 165, 166, 170, 171 (1974).

	Totalmente	Sólo para lectura	Representación limitada			Sólo Teatro C. y E.
			Veces			
			1	2	3 y más	
Autorizadas	17	1	10	1	2	13
Prohibidas	52					

La demora indefinida del dictamen —aprobatorio o denegatorio— ante las reiteradas presentaciones de una obra, ese tira y afloja directo con el autor, el editor o su agente; el continuo incumplimiento de las promesas verbales, jamás escritas, de los funcionarios interlocutores; los inesperados consejos prodigados —sin que nadie los pidiera ni, consecuentemente, surtieran efecto esperado alguno— para acelerar la lectura jamás concluida del manuscrito o para salir del atascamiento en que se encontraba la obra, éstos y otros muchos subterfugios habían sido las armas predilectas de los censores para intimidar y socavar la entereza del escritor en una guerra de nervios, insostenible sin un temple de héroe. A la demora ilegal impuesta al manuscrito y a las intentonas disuasorias de los compungidos censores habría que añadir las consecuencias económicas que semejantes prácticas conllevaban en la precaria situación del escritor español medio.

La Ley de Prensa e Imprenta de 1966 reguló teóricamente el trámite de la consulta voluntaria y fijó un plazo no superior a los treinta días hábiles a partir del cual, una vez hecha la entrega del texto, la carencia de dictamen podía dar lugar al «documento acreditativo de comparecencia» que el consultante podía exigir y que, en tal caso, eximía de toda responsabilidad administrativa a los funcionarios —sobreentiéndase el MIT— por la publicación y difusión del texto sometido a consulta. A decir verdad esta forma liberal en su esencia se practicó poco.

Paradójicamente, el escritor no siempre ha estado al tanto de las razones por las que un manuscrito había sido largamente retenido en censura. A muy pocos les pasó por la mente recoger datos, guardar correspondencia, registrar por escrito las conversaciones, y menos todavía, conservar los manuscritos tachados y las modificaciones introducidas en el original. Durante muchos años la censura fue un condicionamiento ineludible, natural.

Para deshacer el nudo gordiano se hizo imprescindible cuestionar a los autores sobre el número de obras que, según ellos, habían padecido un excesivo retraso por motivos de censura.

CUADRO N.º 8. *Obras considerablemente retenidas por censura*

Género literario	Obras retenidas	Total obras	Porcentaje sobre el total
Poesía	6	229	2,62 %
Novela	67	520	12,88 %
Teatro	8	76	10,52 %

Para quienes durante muchos años han estado suponiendo que la acción censoria sobre la producción literaria española había tenido que ser de gran peso, estas cifras pueden ser motivo de decepción.

A primera vista, en efecto, sorprende que el número de manuscritos no sea mayor. Acostumbrados a basar los juicios en puras conjeturas, estos datos no parecen ni siquiera corroborar la impresión producida por el consenso de la mayoría de los autores entrevistados. Sin embargo, estas cifras coinciden y confirman en grandes líneas los resultados obtenidos con datos de toda fiabilidad extraídos del fichero de resoluciones firmes de los propios archivos de la censura.[54]

En efecto, la tabulación de las resoluciones administrativas firmes de la Sección de Ordenamiento Editorial durante todos los meses de abril comprendidos entre 1955 y 1976 arroja un porcentaje de 7,9 % de obras de todo género que, en mayor o menor cuantía tuvieron que sufrir los tijeretazos de la censura. Si a este dato se añaden las denegaciones efectuadas durante el período 1955 a 1976, cuyo porcentaje alcanzó un 3,7 % y si se tiene en cuenta, además, que en numero-

54. Véase pp. 137 y ss.

sos casos el dictamen del silencio administrativo fue el compromiso al que administración y editorial llegaron tras enconadas e interminables negociaciones, entonces habrá que admitir que los resultados de la encuesta no se desvían mucho de los elaborados con información absolutamente fiable y de primera mano.

Estas cifras a las que hace referencia el cuadro número 8 admiten muchas más matizaciones y no estaría de más completarlas e incluso adscribirlas a las otras suministradas por la encuesta y relativas a las publicaciones fuera de España por motivos de censura y que no figuran, como es lógico, entre las obras que sufrieron retraso, por el mero hecho de no haber sido publicadas. En este mismo orden de ideas cabría situar, a fortiori, las obras inéditas por idénticos motivos.

II. La literatura trashumada

Una de las consecuencias —y condicionamiento a la vez— de la existencia de la institución censoria en la España contemporánea ha sido la evasión o emigración forzosa de manuscritos hacia países, sobre todo de habla hispana, donde la censura no existiera o fuera soportable. La mutación en 1966 de la consulta previa y obligatoria en consulta voluntaria no impidió que continuara el ostracismo.

Con todo, a la vista de los datos disponibles, no parece tampoco que esta singular corriente migratoria haya sido muy importante en comparación con el volumen de obras que, pese a todos los impedimentos, llegaron a publicarse en España.

El escritor español medio ha mantenido modestos y muy limitados contactos con el mundo exterior, en general, y con el mundillo de la edición latinoamericana, en particular. Por regla general, el escritor español ha preferido ceder ante las exigencias, a veces humillantes, de la censura: ha negociado, modificado, suprimido, atendido o no —en suma— los «sugestivos» consejos de la administración censoria, pero sobre todo se ha autocensurado, consciente, obvia, e incluso, instintivamente. Sólo en casos muy excepcionales, el escritor, gracias a sus contactos personales —o a mucho empeño— ha editado en versión castellana en algún país europeo —Francia o Italia. Pero en la mayoría de los casos su manuscrito ha salido a la luz pública en algún país latinoamericano. Rigurosamente excepcional ha sido el caso del escritor cuya versión original en castellano fuera, en primera instancia, publicado en otro idioma por motivos de censura.

Escasean los datos —por no decir francamente que no existen— sobre los cuales apoyar seria y concienzudamente un estudio de las tendencias migratorias de la producción literaria española. El mero hecho de que un manuscrito haya salido a la luz pública fuera de España no significa siempre que haya sido por motivos de censura. También ha habido publicaciones por razones puramente comerciales. Así y todo, es muy difícil dilucidar en qué medida son separables razones comerciales y censorias. Unas y otras pueden estar perfectamente imbricadas. Además, la escapada hacia el extranjero tampoco implica que la censura —y las «censuras» imposibles de inhibir —no haya marcado indeleblemente la obra, escrita, redactada, concebida en condiciones de gran violencia psicológica como las que le ha tocado vivir al escritor español bajo el franquismo.

A la vista de tanta incertidumbre cabe legítimamente interrogarse acerca de lo que aportará al conocimiento de la censura o de la literatura trashumada la indagación sobre este fenómeno. En primer lugar, el mero hecho de dejar constancia para la historia justifica este intento medio malogrado de antemano. En segundo lugar, algunos casos permiten conjeturar con conocimiento de causa sobre la naturaleza de los criterios de la censura practicada en un momento determinado. Y en tercer lugar, se trata de una contribución más al estudio incompleto todavía de la diáspora cultural española.[55]

Un examen escrupuloso de los datos que ofrece la encuesta permite distinguir claramente tres categorías de obras publicadas fuera del país. Significativamente, se destaca el grupo de escritores que ha recurrido a la publicación en el extranjero por específicos motivos de censura. Un segundo grupo menos numeroso está compuesto por aquellos que dieron a publicaciones periódicas extranjeras —también por motivos de censura— textos «desaconsejados» por la Administración o textos cortos totalmente prohibidos o presuntamente impublicables a juicio de sus autores. Y finalmente, un grupo relativamente poco numeroso de escritores que por razones de imperativo comercial o circunstancial editaron alguna de sus obras en el extranjero.

Con relación al primer grupo de autores señalado y atendiendo rigurosamente al orden alfabético, el santanderino Manuel Arce publicó en Méjico las cien holandesas de *Anzuelos para la lubina*, en 1962, por mediación de un amigo personal, tras haber intentado y agotado todos los medios

---

55. Con la publicación de los seis volúmenes sobre *El exilio español de 1939*, obra dirigida por J. L. Abellán, se ha hecho justicia con el exilio cultural republicano. Intentos de esta índole se habían ido realizando dentro y fuera de España en los últimos años. En cambio, creemos que ésta es la primera vez que se intenta hacer justicia a la *trashumancia literaria* por motivos de censura.

Autores residentes en España que publicaron fuera del país

Géneros	Grupo I	Grupo II	Grupo III
Poesía	11	inverificable	4
Novela	17	»	4
Teatro	1	»	—
Total	*29*	—	*8*

para publicar la novela en España, en versión castellana, o francesa en Francia, Holanda e Italia también, pero sin que en ninguno de los casos su proyecto fuera realizable. Puede leerse un detallado informe —sin mención alguna a las dificultades iniciales con la censura— en el prólogo a la segunda edición publicada en España cuatro años más tarde por la Editorial Destino.

Sebastián Juan Arbó, en uno de los momentos más severos del oscurantismo cultural de Arias Salgado, en 1955, estimó prudente y necesario publicar en Argentina, en la Editorial Sudamericana, su novela *La hora negra* por temor a que fuese rechazada por censura. La obra, más tarde, fue íntegramente publicada por Planeta en 1961 y en 1968 por Plaza y Janés.

De entre los pocos dramaturgos que publicaron en el extranjero —acaso el único— se editó en los Estados Unidos de Antonio Buero Vallejo, *La doble historia del doctor Valmy*, obra que, aunque nunca fue prohibida por censura, sufrió de un interminable silencio por parte de la Administración: ni prohibición ni aprobación en una época en la que todavía no existía el sutil procedimiento del silencio administrativo. Hubo forcejeos y concesiones en cuanto al cambio de los nombres de algunos personajes, supresión de frases, cambio de situaciones e, incluso, de escenas enteras. Fue estrenada en inglés y publicada en 1967. Posteriormente el tema de la obra —la tortura contra los políticos— ha sido refundido en otra obra: *La llegada de los dioses*.

El caso de *La colmena* de Camilo José Cela es antológico ya a estas alturas, dado el prestigio literario y la notoriedad pública alcanzada por dicho escritor. C. J. Cela, durante algún tiempo muy relacionado con los servicios de censura, e incluso, habiendo ejercido como censor, por lo menos como censor de publicaciones periódicas, ha sido el escritor más tolerado de la época. Sin entrar en muchos detalles nos ha dejado constancia de sus peripecias con la Administración en *Historia incompleta de unas páginas zarandeadas*, donde de pasada, también nos cuenta resumidamente sus mareos con la censura argentina. *La colmena* se publicó en la Argentina, bajo el régimen de Perón.

Enrique Cerdán Tato publicó fuera de España su *Epístola a los Vietnamitas*, obra poética cuya fecha y lugar de publicación ha sido imposible controlar.

En 1952, Carmen Conde, en la actualidad la única mujer miembro de la Real Academia de la Lengua, publica en Milán *Mientras los hombres mueren*. Se trata de poemas escritos durante la guerra civil. En 1960 aparece en Losada de Buenos Aires *En un mundo de fugitivos*, obra que trashuma a América por suponer la autora que iba a tropezar seriamente con censura. El primero de los libros contenía poemas a los niños muertos en la guerra civil y el segundo una protesta violenta contra las circunstancias sociales del momento. Posteriormente, sin embargo, ambas obras fueron publicadas por Biblioteca Nueva de Madrid en 1967 e incorporadas a su *Obra Poética*.

Un caso muy excepcional lo constituye la publicación en 1960 de la versión francesa de *La otra cara* del hispanista afincado en París J. Corrales Egea. La versión francesa aparece con anterioridad a la española debido al empecinamiento de la censura franquista. El manuscrito original tardó todavía un año en salir a la luz en España.

R. Fernández de la Reguera publica en Italia uno de los cuentos que figuraba en *Espionaje*, obra que fue rechazada dos veces y autorizada sólo en tercera instancia. Esta recopilación de cuentos fue rebautizada más tarde con el título de *Experimento*.

En 1965 aparece en París *Los vencidos* de Antonio Ferres. En 1974 se hallaba bajo prensa *Al regreso del Bories*, en la Editorial Castañón de Venezuela. La primera de estas dos novelas, escrita en 1961, había sido rechazada totalmente por censura. Y la segunda, redactada en 1962 —doce años antes—, había sido de igual manera rechazada totalmente en varias ocasiones.

Gloria Fuertes publicó en Caracas *Antología y poemas del suburbio* y *Todo asusta*, en 1954 y 1958 respectivamente. Los motivos que condujeron a esta autora a publicar fuera de

España son de difícil deslinde puesto que fueron, a la vez, motivos censorios y premura editorial.

Extraño y pintoresco fue el caso de la obra del poeta y antólogo Vicente Gaos aparecida en Madrid, en 1963, bajo el título *Mitos para tiempo de incrédulos*. Con este título había sido galardonado con el premio «Ágora» un manuscrito que al ser publicado fue prohibido en bloque por la censura. De modo que el libro publicado en Madrid con este título no contiene ni uno tan sólo de los poemas que integraban el original que obtuviera el referido premio. Como era preceptivo para ediciones «Ágora» publicar el manuscrito ganador del premio, tuvieron que sustituirse los poemas galardonados por otros más inocuos: *Concierto en mí y en vosotros*. Con este título publicó la Universidad de Puerto Rico, en 1965, los poemas que no habían podido pasar por el cedazo de la censura. Esta transvasación bajo las mismas especies —conservando sólo el título de las obras— es, evidentemente, un caso fuera de lo común. La mayoría de los recursos picarescos puestos en obra por los escritores ha consistido en «echar carnaza» a los manuscritos con el evidente propósito de desencadenar las iras del censor sobre textos provocativos pero de ningún interés para el conjunto de la obra presentada a consulta. Otro alarde de la picaresca ha consistido, desde siempre, en probar de segundas cambiando el título de la obra. En el presente caso, éste se ha mantenido y, sin caer en sacrilegios, la obra ha sido transustanciada.

Ildefonso-Manuel Gil publicó fuera de España el cuento final que figuraba en *Amor y muerte y otras historias*. Un esfuerzo totalmente vano era intentar la publicación en España de *Los asesinos iban al Tedéum*. No sólo hubiera tropezado con la censura: ni siquiera hubiera sido posible encontrar un editor.

José Agustín Goytisolo, en apéndice a la edición italiana de *Salmos al viento (Prediche al vento)* incluyó lo que faltaba en la versión castellana de la misma obra. También fueron motivos censorios los que impulsaron a Luis Goytisolo a publicar *Recuento* en Méjico y que tras la desaparición de Franco se reeditó en España.

Alfonso Grosso es un caso casi equiparable al de J. Corrales Egea, ya que publica *El capirote* en Méjico, en 1966, tras la aparición casi simultánea de las versiones francesa y rusa de la obra.

Rafael Guillén publicó también por motivos de censura *El gesto* en Buenos Aires, en 1964.

En 1962, Armando López Salinas publica fuera de España *Año tras año;* en 1966, *Por el río abajo* y en 1965 *Estampas madrileñas* y, asimismo, el cuento *Aquel abril,* además de otras numerosas narraciones de inventario harto difícil.

El prolífico poeta vizcaíno Mario Ángel Marrodán publicó en Uruguay *Las heridas de un pueblo;* en Canadá, *Secretos de la guerra atroz* y en Francia *Entraña o himno* —hay versión francesa— y *Cantando en plata.*

Si te dicen que caí, de Juan Marsé, tendría que ser considerada como la obra paradigmática por excelencia de la literatura trashumada a causa de la censura. Como es sabido *Si te dicen que caí* ganó el primer Premio Internacional de Novela «México» y su primera edición salió en Méjico de 1973. Al tiempo que aparecía la edición mejicana, se presentaba a consulta el 17 de octubre de 1973, exigiéndole la Dirección General de Cultura Popular la supresión de unas sesenta páginas. En octubre de 1976 la obra, aunque impresa, permanecía inédita y tuvo que esperar hasta primeros de 1977 para ver la luz pública. Al cabo de pocos días se procedió al secuestro de la misma, levantándose al cabo de algunas semanas.[56]

La novela *Jaque mate a un hombre honrado,* de J. L. Martín Vigil, tuvo una efímera existencia en España, ya que en 1959 fue impresa por la Editorial Juventud de Barcelona y a los cuatro meses fue recogida a instancias de la II Sección del Estado Mayor de la IV Región Militar por considerar que contenía una violenta crítica contra el Ejército. La novela fue publicada en París con el título de *La puissance et l'honneur.* Aquí, se trata de un caso poco común de trashumancia puesto que a efectos legales puede considerarse como publicada en España.

Se ha optado por no cuantificar los textos del segundo grupo de autores que, igualmente por motivos de censura, publicaron fuera de España. La falta de datos bibliográficos concretos y la imposibilidad material en que muchos autores se encontraban para recogerlos ha sido la razón principal de este procedimiento. Los escritores prolíficos en el arte de la narración corta y, a menudo, ocasional,

56. Véase la nota 213.

han perdido más fácilmente que otros la cuenta de los textos así publicados.

Aurora de Albornoz ha publicado numerosos artículos fuera de España por motivos de censura o convencida de antemano de la inutilidad de enviarlos a censura, a sabiendas de que su publicación no prosperaría. Su estancia de largos años en América y sus contactos personales con el mundo universitario y editorial de aquel continente le han facilitado, más que a otros, las publicaciones fuera del país. Sus poemas *Mataron al guerrillero* y *Poema al Che* aparecieron, el primero en «Cuadernos Americanos» de Méjico, en 1968, y el segundo inserto en una antología del Instituto del Libro de La Habana, en 1969.

Carlos de Arce publicó en la revista colombiana «Espiral» el cuento titulado *Una paloma en la tormenta*, narración escrita originariamente para «El Español» que la rechazó, así como la revista «Familia Española».

De Rafael Ballesteros, *Poemas desde dentro y desde fuera*, en revista cuyo lugar y fecha ignoramos.

Caballero Bonald había publicado cuatro o cinco poemas fuera del país, además de otros textos aislados. Algunos de estos poemas habían sido: «El Espejo», «A Luis Goytisolo en la cárcel», «Clase de Geografía», etc.

Gabino Alejandro Carriedo había publicado por prevención varios poemas sueltos en revistas y editoriales de diversos países.

J. García Hortelano estimaba en un 10 % el porcentaje de sus textos aparecidos en revistas extranjeras por motivos de censura. Lo mismo cabría decir de A. López Salinas y de Quedeja-Marrón.

El tercer grupo lo componen aquellos autores que por razones editoriales publicaron alguna de sus obras en el extranjero sin que interfiriera en ello ningún motivo de orden censorio.

A esta categoría corresponde *La Catira* de C. J. Cela, editada en Caracas. Casi lo mismo cabe decir de *El libro de Caín* de Victoriano Crémer, ganador del premio de novela «Nueva España» de Méjico en 1958. También Ángel Crespo publicó una obra fuera de España accediendo a la demanda de un editor. A razones fortuitas y materializadas en un contrato obedece la entrega de dos novelas a un editor mejicano: *El caballete del pintor* y *La última palabra*, ambas de García Viñó. Asimismo, aparece en Buenos Aires *Poesía escogida*, de José Hierro, editada por Losada en 1960.

Del poeta extremeño Manuel Pacheco sale a la luz en 1953 en Caracas *El arcángel sonámbulo*. En 1967, en Lisboa se edita una edición bilingüe titulada *Poesía na terra*. A esta misma obra, cuando se publica en España con el título de *Poesía en la tierra*, en 1970, deberán amputársele los poemas sobre el Che Guevara y Vietnam, que luego se insertarán en *Para curar el cáncer*.

Por último, *122 poemas*, antología compilada por Dionisio Ridruejo, editada por Losada, en 1967.

Esta panorámica de literatura trashumada es, a todas luces, incompleta. Como ya se ha indicado más arriba, muchos escritores estuvieron incapacitados para facilitar los datos bibliográficos que hubieran permitido rastrear con exactitud esta producción exógena. Lo que aquí se ha tratado de recoger son los datos controlables. A la pregunta sobre si habían editado fuera de España algún manuscrito original, contestaron afirmativamente 57 escritores del total de encuestados. Treinta y dos de entre ellos alegaron como motivo la censura gubernativa; cuatro se habían visto forzados a publicar en el extranjero a causa de la censura editorial cuya acción se había dejado sentir tan rigurosamente que no les quedó más remedio que abstenerse de pasar por la censura y expatriar el manuscrito; diecisiete escritores alegaron motivos puramente comerciales o compromisos contraídos con anterioridad con editores de otros países en una época, generalmente, en la que arrancar un contrato con el extranjero era un alivio económico seguro; cuatro escritores, finalmente, aducen razones «diversas», circunstanciales, pero en ningún caso relacionadas con las anteriormente citadas.

El desajuste observable entre el número de respuestas por autor y el número de obras tabuladas se debe a la imposible verificación de los datos y, sobre todo, al hecho de que no haya podido emprenderse la tarea de pasar por el cedazo revistas y periódicos —principalmente latinoamericanos— en cuyas páginas hubiera habido que exhumar los textos que por motivos de censura fueron, durante casi cuarenta años, trashumados.

CUADRO N.º 10. *Publicaciones fuera de España.*
Número de autores y motivos

Motivos	Número de autores
Censura gubernativa	32
Censura editorial	4
Razones comerciales	17
Otros motivos	4
Total	57

III. La producción literaria inédita

Para sopesar con más exactitud y concreción la acción de la censura sobre la producción literaria durante este período, hay que considerar todavía, además de las incidencias ya señaladas hasta ahora, el caso de aquellas obras que por antonomasia fueron las mayores víctimas que quepa imaginar: las obras inéditas.

En un régimen censorio, tanto entre quienes observan la situación desde la barrera como entre quienes han sido los «sujetos pacientes» de la acción de la censura, existe la creencia de que a la vista de la situación española durante aquellos años han de abundar los manuscritos soterrados en espera de que corrieran mejores vientos. Un somero recuento de los datos recogidos en la encuesta referentes a la novela revela hasta qué punto dicha suposición resultaba infundada. Conviene aclarar, no obstante, que lo que es válido para la novela no lo es forzosamente para otros géneros literarios.[57]

Por lo general, ante los obstáculos interpuestos por la institución censoria, los escritores han limado y podado. Pero también ha habido otras razones, de diversa índole, para que no se produjera el encontronazo decisivo que había de inducir al voluntario soterramiento del manuscrito. En primer lugar, la censura «editorial» ha solido expurgar, de antemano, todo cuanto juzgaba censurable o sujeto a dudas. En segundo lugar, el interlocutor de la censura, en muchas ocasiones, ha sido el propio editor o alguno de sus agentes, quedando el propio escritor muy al margen de las negociaciones y compromisos a los que la consulta obligatoria o voluntaria —según las épocas— había dado lugar. En tercer lugar, la consulta voluntaria inaugurada por la Ley de Prensa e Imprenta acrecentó más todavía la cautela y las funciones paracensorias ejercidas

---

57. En numerosos casos las dificultades de trámite ante la administración censoria parecen haber acarreado dificultades en orden a la publicación tanto de la poesía como del teatro. Sin embargo, no hay por qué imputar todo a la censura. Las peculiaridades del mundo editorial hacen también que una obra poética o teatral deje de ser un objeto comercial interesante para un editor en un momento dado, sin que por ello la censura haya sido la responsable directa.

nolens volens por los asesores o directores literarios de las casas editoras. Por todo ello —sin olvidar tampoco la auto-censura— el escritor ha sido propenso a la componenda con tal de salvar el manuscrito.

Sin embargo, se han dado casos de renuncia deliberada a publicar un manuscrito por motivos de censura, como también se han dado casos de su publicación fuera de España —por los mismos motivos— como ya se ha visto anteriormente.

Sin lugar a dudas, el caso más notorio de renuncia voluntaria a la publicación de una obra ha sido el de Ana María Matute. Dos de sus novelas han permanecido inéditas hasta el momento y una tercera no ha vuelto a ser reeditada por voluntad expresa de la escritora. Se trata —por orden cronológico— de *Julio y Termidor* escrita en 1950, *Luciérnagas*, del año 1953 y de *En esta tierra*, publicada por Planeta en 1955. Esta última obra resultó, al cabo de dos años de trabajo y de «trampas» con el editor para poder vivir, impublicable. Hubo que cortar, tachar, cambiar sustancialmente la novela e, incluso, el título. El manuscrito, retocado considerablemente, fue autorizado por censura y se publicó con el citado título. Cuando la primera y única edición se agotó «no permití —ha confesado la autora— que se hiciera ninguna reedición, ni lo permitiré jamás, pues es para mí una claudicación ignominiosa».

Extraño, y acaso único, el destino de esta novela voluntariamente retirada de circulación. Su publicación fue forzada debido a la precaria situación económica de la novelista y a los adelantos hechos por el editor, quien, a su vez, tenía que recuperar el dinero invertido. El editor en aquella época tenía que demostrar una total adhesión a la Administración y no enfrentarse con ella. La licencia y los cupos de papel a tarifa reducida eran una doble espada de Damocles sobre sus cabezas. Tampoco se podía pedir a quienes habían montado negocios con ánimo de lucro que perdieran el dinero adelantado al escritor y que, además, arriesgaran sus futuros beneficios empresariales por defender a escritores noveles. El caso de la novela *En esta tierra* —que no ha de ser el único en la historia de los últimos cuarenta años— merece que se señale, aunque no se trate de un inédito, por su relevancia. Cabría, empero, preguntarse por qué una obra a los ojos de la autora tan maltratada no ha sido restablecida en su versión original y publicada en el extranjero. Sin embargo, se da la paradoja de que una novela triturada en censura y, por tanto, extremadamente peligrosa para los españoles no tiene por qué ser necesariamente interesante —fuerte o inocente— para los ciudadanos de otros países. A un escritor puede ocurrírsele la publicación de un libro fuera de España pero las razones que le impulsan a hacerlo pueden muy bien no radicar en la naturaleza misma de la obra sino en los inescrutables designios de la Administración, en el talante del censor de turno o en el hecho, pongamos por caso, de que no se juzgue admisible que una mujer escriba sobre un tema de forma determinada. Buen número de escritoras han coincidido en este punto señalándolo como una variable más a la que las mujeres escritoras se han visto sometidas, en virtud de la mentalidad machista imperante en la sociedad española.

Luciérnagas, escrita en el año 1953, totalmente censurada, reposa en la Mugar Library de la Boston University. El original fue cedido por la autora para formar parte del fondo «María Matute Collection», a raíz de su estancia en dicho centro universitario estadounidense. Poseemos, afortunadamente, copia del informe emitido por un anónimo censor, con fecha 30 de noviembre de 1953, por el cual se deniega la autorización reglamentaria para la edición. Transcribimos íntegramente el informe dado su palmario valor documental:

«*Informe sobre la novela* Luciérnagas *de Ana María Matute.*

»Novela de gran valor literario, del género realista, o más bien, tremendista; demoledora de la fe y la esperanza humanas. El tema palpitante de la juventud, casi adolescencia, en los duros años de nuestro Movimiento, con la acción localizada en Barcelona, es tratado aquí con tal amargura y decepción, con tal carencia de espíritu religioso y humano, que el lector se siente horrorizado al ver cómo se destruyen los valores morales esenciales.

»Tras una breve presentación de varios personajes —una familia pudiente de Barcelona— y después de describir los años escolares de la protagonista, pasa la autora a hacer un profundo análisis de cada individuo exponiendo su particular psicología. Les une un común denominador: el sentimiento profundo de su soledad, una soledad obsesionante, patológica, que les hace sentirse extraños a los hijos. Se trazan así las historias —paralelas en lo psicológico— de varios muchachos de distintas clases sociales. Sus mundos, aunque coincidentes, se repelen y enemistan, y ni siquiera la comunidad de su desgracia es capaz de crear lazos entre ellos. Los hijos rechazan a los padres, a las tradiciones nobles y honradas de la familia y se convierten en pobres seres maltrechos, amargados, sin ilusiones, que sólo tratan de ignorar el pasado, renegando de todo para comenzar su propia vida.

»Domina un total sentimiento antirreligioso que llega a la irreverencia en muchos pasajes. Jamás se cita un nombre santo en términos apologéticos. Por el contrario, parece que la religión tiene también su parte de culpa en las amarguras que sufren.

»Políticamente, la novela deja mucho que desear. Se plantea la dura vida del pobre y se deja atribuir a causas innominadas —pero entrevistas— la culpa de sus desventuras. Culmina este aspecto político al negar fundamentos al Movimiento Nacional (pág. 297, al final): ¿De qué ha servido la guerra? Todo sigue igual que antes, tales son las conclusiones.

»Literariamente, la novela constituye una valiosa aportación. La enorme fuerza descriptiva que ha sabido imprimir la autora, destaca de forma brillantísima a lo largo de toda la obra, escasa en diálogos pero muy rica en análisis.

»Considerando lo expuesto, el lector que suscribe opina que no debe autorizarse la obra, pues, intrínsecamente, resulta destructora de los valores humanos y religiosos esenciales. No se hace especial mención de páginas, porque es toda la novela y su fondo (más que los pasajes crudos) los que aparecen recusables.»

En el fondo, el clima de decepción y de amargura y la carencia de valores morales esenciales —los propios de la moral católica y, por tanto, los mismos que habían inspirado el «glorioso» Alzamiento Nacional— son los argumentos de peso que justifican la prohibición de la novela. Consecuencia de este estado de ánimo en que viven los personajes: su patológica soledad, su insolidaridad, incluso la desgracia, y el rechazo de instituciones tan intocables como las tradiciones «nobles y honradas de la familia». Irreverencia, falta de apologetismo, lenguaje crudo... Es interesante observar cómo el aspecto político implícito en la novela («la culpa de sus desventuras se deja atribuir a causas innominadas, pero entrevistas»), está supeditado, en realidad, a la ausencia total de sentimientos religiosos dentro de la obra. La novela resulta para el censor intrínsecamente destructora de los valores humanos y religiosos genéricos, pero no de por sí censurable —explícitamente, por lo menos— por el mero hecho de poner en tela de juicio el Movimiento Nacional. Ahora bien, puesto que para el franquismo la inspiración religiosa y católica de los fundamentos del Movimiento es un dato de evidencia —Arias Salgado era entonces ministro de Información—, la novela es totalmente recusable por ese fondo arreligioso pese a su fuerza descriptiva y valor literario. Este informe le fue facilitado a la escritora por el propio director general de Información en 1965, recordándole —a doce años vista y sin los ahogos económicos de aquel entonces— que la autora no había hecho uso de los dos recursos, de revisión y de alzada, que las disposiciones en vigor permitían interponer contra la primera denegación de la novela.

Otra escritora, Dolores Medio, ha narrado en *Celda común*, novela escrita en 1964, su experiencia personal durante una breve estancia en los sótanos de la Dirección General de Seguridad, detención ocasional debida a su participación en la manifestación de mujeres en la Puerta del Sol para protestar contra los sucesos acaecidos en Asturias en 1963. Censura le sugirió supresiones y cambios de diversa importancia. El cambio más notorio, y exponente inconfundible de la pudibundez censoria, acaso sea el relativo al personaje protagonista de la obra: una prostituta, que debía mutarse en delincuente encarcelado por falta incurrida contra la Ley de Tráfico. *Lex dura*, esa que arroja directamente a sus infractores en los calabozos de la Dirección General de Seguridad. ¿Se percató el censor de la insensatez y temeridad cometida al sugerir tan livianamente semejantes cambios? ¿Hubiese tolerado el ministro de Gobernación de la época la publicación de tal descabello? La congelación voluntaria del manuscrito evitó, sin duda, disgustos e innecesarios quebraderos de cabeza a esa respetable escritora, pese al *placet* y a las mejoras propuestas por la administración censoria.

De Jorge Ferrer-Vidal fue rechazado en bloque por censura, *El P. de A.*, «El principio de autoridad», novela presentada a consulta por la Editorial Plaza & Janés en 1971. Trata de las relaciones que dicho principio, incongruentemente, establece entre los habitantes de un barrio popular madrileño y los agentes de la policía urbana. Los censores —teólogos aviesos— tacharon una cita sacada de la *Summa Theologica* de Santo Tomás. Del mismo autor, inédita también, *Los camiones*, escrita en 1958 y obra presentada al Premio «Sésamo».

La mitad, aproximadamente, de lo escrito por A. López Salinas ha permanecido en hibernación forzosa hasta ahora. *Debajo del cerezo*, *La risa* y no pocos cuentos que jamás fueron enviados a censura. Semejante intentona hubiese denotado la más elemental falta de cordura y sentido común. Inédita, asimismo, tras la supresión de treinta y tres páginas en primera y única lectura, ha quedado *Crónica de un viaje y otros relatos*.

Tanto J. Corrales Egea como E. Cerdán Tato estimaron de antemano inútil la consulta previa de varios manuscritos y, lógicamente, hasta la definitiva desaparición de la censura quedaron impublicados. De este último, *Walt Disney ama a Electra* y *La vaca sagrada*, obras escritas ambas en 1970.

Inédita también parece haber quedado *Metalírica*, de Miguel Labordeta, destinada a aparecer en el número 4 de la revista «El pájaro de paja», en 1953, totalmente rechazada por censura, pero con tachaduras de importancia diversa al lápiz azul y rojo, como: «estoy clueco y pondré mis huevos al sol», por un lado y, por otro, la insignificante frase: «mi destartalado aposento en Buen Pastor 1».

La lista de obras inéditas por motivos de censura no puede pararse en este breve muestrario, por supuesto. La principal dificultad para reseñar las obras inéditas estriba en que muchas de ellas prohibidas o secuestradas hasta hace algún tiempo han dejado ya de estarlo y han salido a la luz pública.

La situación de la producción literaria inédita en el momento en que se realizó la encuesta entre los autores residentes en el interior del país, era la siguiente:

CUADRO N.º 11. *Producción literaria inédita*

Género	Total manuscritos	%	Período comprendido en los años
Poesía	5	12,5	1966
Novela	25	62,5	1950-1970
Teatro	10	25,0	1952-1974
Total	40	100,0	

Se trata aquí de los manuscritos inéditos mencionados en la encuesta y cuya existencia pudo verificarse. En realidad, los autores que mencionaron la existencia de manuscritos inéditos por motivos de censura fueron 34, es decir, el 35,05 % del total de los cuestionarios tabulables. El 62,5 % de la producción inédita pertenece al género novelístico, 12,5 % a la poesía y 25,0 % al teatro. La poesía inédita pertenece toda ella a obras presentadas a censura en el transcurso del año 1966. La limitación de estos datos no puede ser obstáculo para que se deje constancia de los hechos. Los datos sobre la novela se distribuyen entre los años 1950 y 1970 y el teatro contempla obras comprendidas entre los años 1952 y 1974.

IV. Censura y género literario

Sin la menor sospecha de que más tarde pudieran ser consultados los archivos de la censura tanto en Madrid como en Alcalá de Henares y, muy especialmente, el fichero de resoluciones firmes, es decir, los dictámenes censorios comprendidos entre 1955 y abril de 1976, mediante la encuesta a los escritores se pretendía —en aquel momento: 1974— paliar la falta de datos completos sobre la influencia ejercida por la censura en cada una de las obras. Claro está que la mera opinión de los escritores no podía reunir los más mínimos requisitos de objetividad. El autor por mil recónditas razones podía estimar haber sido víctima del rigor censorio sin que, siempre y en todo momento, fuera factible aportar pruebas contundentes o fehacientes sobre cada uno de los casos. A menudo el escritor había olvidado con el paso del tiempo si en determinada obra el grado de incidencia había sido grave, leve o nulo. Por otra parte, esta valoración era más de orden cualitativo que cuantitativo y, por lo tanto, difícil de ponderar. También hubo autores que manifestaron cierto temor a dar una respuesta sobre el tema. Sin embargo, en aquel entonces, éste fue el único medio de recabar información estadísticamente manejable acerca del papel desempeñado por la censura dentro del período acotado.

CUADRO N.º 12. *Incidencia censoria por género*

Género	(A) Muy incidente	%	(B) Poco incidente	%	(C) Nada incidente	%	Total obras
Poesía	22	9,60	16	6,98	191	83,40	229
Novela	89	17,11	119	22,88	312	60,00	520
Teatro	19	25,00	13	17,10	44	57,89	76
Total	*130*	*17,23*	*148*	*15,65*	*547*	*67,09*	*825*

La mayoría de autores consultados compartían una opinión muy extendida según la cual de entre todos los géneros de la literatura de creación había sido la poesía el más afectado por el rigor de la censura. Los datos obtenidos invalidan por completo semejante aseveración. Sólo el 9,6 % de las obras poéticas presentadas a censura se vio muy afectado por ésta; el 6,98 % fue poco afectado y, el 83,40 % de la producción poética no tuvo ninguna clase de problemas con censura.

Es difícil comprender esta contradicción entre la opinión general y los resultados obtenidos a partir de la mención del grado de incidencia sobre cada una de las obras o manuscritos en concreto.[58]

CUADRO N.º 13. *Correlación entre los géneros y los grados de incidencia A, B y C*

Género	Total obras	%	Pro-medio	A obras	%	B obras	%	C obras	%
Poesía	229	27,75	20,88	22	16,92	16	10,81	191	34,91
Novela	520	63,03	68,63	89	68,46	119	80,40	312	57,03
Teatro	76	9,21	10,47	19	14,01	13	8,78	44	8,04
Total	825	100,00		130	15,75	148	17,93	547	66,30

Se observará que la poesía con 229 títulos representa el 27,75 % del total de las obras de los autores de la nómina; la novela, el 63,03 % con 520 títulos y el teatro con 76 títulos, el 9,21 %. En teoría habría que suponer que esta misma relación ha de encontrarse también para cada una de las categorías de incidencia establecidas. Una disparidad grave

58. Varios parecen ser los factores influyentes en la generalización referida. A título de hipótesis, podrían sugerirse tres. La notoria existencia de algunos poetas en franca oposición política al régimen, contra quienes la administración censoria actuaba implacablemente. Los problemas con que tropezaban ciertas editoriales especializadas al intentar la publicación de los grandes poetas del exilio o el lanzamiento de poetas noveles con una clara actitud crítica frente a la sociedad española o al régimen. Y, por último, el probable vacío dejado por el exilio poético originado por la guerra civil. Los grandes nombres de la «generación del 27», muertos o exiliados, fueron sistemáticamente vetados.

podría revelar hechos nuevos. A propósito de la poesía, y en apoyo a las observaciones hechas más arriba, obsérvese que ésta supera en creces su porcentaje en la categoría C con relación al promedio que le hubiera correspondido (20,88 %) e incluso supera su peso específico con relación al total de títulos de la nómina (27,75 %). La posición de la producción poética se hace todavía más esclarecedora al comparar el alto número de obras sin ninguna incidencia (categoría C) con el bajo número de títulos en las categorías A y B: 16,92 % y 10,81 % respectivamente, muy por debajo del propio promedio y más aún del porcentaje como género. Todo ello tiende a confirmar que frente a la opinión comúnmente aceptada, la poesía fue, sin embargo, mucho menos reprimida que los otros géneros.

La producción novelística fue mucho más duramente castigada. El mero hecho de que la novela —así como el teatro— ofrezca un porcentaje para la categoría C por debajo de su promedio y por debajo también de su porcentaje como género indica que todo el peso de la incidencia censoria se dejó sentir en las categorías A y B. En esta última categoría el género novelístico supera incluso en un 11,77 % su propio promedio. No debe extrañar esta manifiesta preferencia de los novelistas por la categoría intermedia B. La novela fue el género que mejor se prestó al soslayo de las imposiciones de la censura, ya fuera empleando tácticas de diversión, ya fuera aportando repetidamente modificaciones al texto original. Que en algunos casos se agotaran los recursos y la novela quedara inédita o temporalmente prohibida no viene sino a confirmar la preferencia de los autores por la categoría B.

En cuanto al teatro podría decirse que también es aplicable lo referente a la novela con la salvedad de que —por circunstancias del todo ajenas a nuestra voluntad— pudieron recogerse relativamente escasos datos sobre este género.

V. Criterios de censura

En su actuación y práctica la censura ha sumido en una total perplejidad tanto a los directamente afectados por sus actuaciones como a los que se han interesado, siquiera tangencialmente, por este tema. Se justificaba plenamente tratar de averiguar el orden presumible de los criterios esgrimidos por la censura a lo largo de varias décadas desde la personal experiencia de los propios escritores, primeros sujetos pacientes de semejante institución. Convenía configurar el cuadro de normas y la ponderación de las mismas a la luz del contacto asiduo o esporádico que los escritores habían tenido pese a que, en su actuación, los censores, encubiertos bajo un cómodo e irresponsable anonimato, habían podado sañudamente y con una absoluta imprevisión. La falta de un *corpus* de criterios objetivados y la ausencia de normas concretas de aplicación inclina a pensar que los ejecutores de la censura se han sentido obligados a acogerse a una divisa innominada que sólo a posteriori cabe ir recomponiendo. Las inconsecuencias y contradicciones en las que cayeron sólo se explican como prueba de la incertidumbre en su diaria confrontación con textos reprimibles. La naturaleza del delito político, moral e incluso literario de un texto no era fácil de fijar en un marco de normas. «La incapacidad, la injuria, la falsedad, el daño material, la negligencia culpable, la difamación, la misma deslealtad con la Patria, en la Prensa no es tan fácil precisarla en muchas ocasiones, aunque nos conste con evidencia que la hay.» [59]

59. El ministro G. Arias-Salgado, en la obra ya tantas veces citada, era muy consciente y perfectamente lúcido sobre la imposibilidad de evitar toda transgresión de las normas: «Ante los secretos de la gramática, la habilidad de la alusión, la sutileza de los recursos literarios, las ambivalencias de alguna figura retórica, las segundas intenciones que para el público son perfectamente inteligibles como primera, los trucos de la confección y titulación, el lugar del periódico al que se condena la nota, el comentario, la glosa, la información sugeridas por la autoridad —ardid conocido de los lectores—; ante el silencio que puede ser tan significativo, ante el mismo elogio, desmesurado *ex profeso*, la técnica judicial de los tribunales ordinarios puede resultar ineficaz e inadecuada en la mayoría de los casos», *passim*.

Sin temor a error y sintéticamente puede trazarse una divisoria entre criterios fijos y variables. Como es lógico, los primeros hacen referencia a la intocabilidad y respeto al sistema institucional implantado por el franquismo, sus principios ideológicos o sus presuntas fuentes de inspiración y las leyes que tendían a configurar una sociedad acorde con los mismos. Estos criterios de censura resistieron más que otros a la erosión del tiempo y fueron la piedra de toque hasta la desaparición física de Franco y la terminación del período de transición suarista.[60] El único supuesto margen de variación en estos criterios ha sido, a lo largo de los años, el que generaban las luchas intestinas de las fuerzas adictas al régimen y que quedaba de manifiesto en el relevo o la toma de puestos ministeriales por una u otra de las familias franquistas.

Los segundos —o criterios variables— estaban relacionados con una determinada manera de considerar la moral pública y eran transcripción literal de los principios imperantes en el integrismo católico. El franquismo no formuló ninguna nueva moral sino que hizo suyo el talante moral de la derecha tradicional española. La censura mantuvo, mientras fue posible, estos criterios hasta tanto fueron claramente desconsiderados por las clases medias tradicionales y abandonara la Iglesia la posición privilegiada que había ocupado.

Pese a las múltiples denominaciones que quiera atribuírseles, los criterios fijos o susceptibles de variación podrían reducirse a cuatro:

1. *Moral sexual* entendida como prohibición de la libertad de expresión que implicara, de alguna manera, un atentado al pudor y a las buenas costumbres en todo lo relacionado con el sexto mandamiento y, en estre-

60. En septiembre de 1976, en los albores de la transición, el mayor problema que se le planteaba al jefe de la Sección de Ordenación Editorial era compaginar la apertura exigida desde los estratos políticos con lo que, púdicamente, se denominaba «la normativa vigente». A diferencia de lo que había sido anteriormente la práctica corriente, el jefe de la censura se remitía constantemente a sus superiores para no caer en incuria administrativa. A este propósito, merece la pena señalarse el hecho de que mientras en varias librerías de Madrid se vendían y estaban expuestos libros de importación legalmente prohibidos —como fueron los de la editorial Ruedo Ibérico de París—, un censor especialista, procedente de la Escuela Diplomática, pasaba sus horas tratando de censurar lo que *de hecho* ya estaba en venta al público.

cha unión con dicha moral, abstención de referencias al aborto, homosexualidad y divorcio.

2. *Opiniones políticas* en el sentido en que se ha apuntado más arriba.

3. *Uso del lenguaje* considerado indecoroso, provocativo e impropio de los buenos modales por los que se ha de regir la conducta de las personas que se autodefinen como decentes.

4. Por último, la religión como institución y jerarquía, depositaria de todos los valores divinos y humanos e inspiradora de la conducta humana arquetípica.

CUADRO N.° 14. *Orden de criterios de censura.*
a) = moral sexual; *b)* = opiniones políticas; *c)* = uso del lenguaje; *d)* = religión

Criterios	Orden de criterios							
	1	%	2	%	3	%	4	%
a	7	9,72	22	30,55	35	48,61	5	6,94
b	61	84,72	7	9,72	4	5,55	4	5,55
c	1	1,38	8	11,11	9	12,50	54	75,00
d	3	4,16	35	48,61	24	33,33	9	12,50
Total	72		72		72		72	

En los resultados de la encuesta acerca del orden de los criterios de censura queda reflejada la opinión de los escritores en un momento dado, sin que pueda prejuzgarse nada de la evolución de los mismos. Es necesario insistir en este hecho antes de hacer algún comentario. En 1974, desaparecido ya Carrero Blanco, único personaje del régimen exento de interinidad y alrededor del cual podían haberse fraguado intentos de continuismo, el sistema político mostraba grietas por todos los flancos y ante el relajamiento al que se abocaba en el orden político, se imponía, cada vez con más urgencia, limitar la libertad de opinión política. En este contexto dado no tiene nada de extrañar la unanimidad con que los escritores indican como primer criterio de censura el relativo a la opinión política. En otros momentos de la historia del franquismo este criterio había sido importante sólo de manera implícita: ningún autor se había atrevido a involucrar su visión política en una obra de creación por medio de estratagemas de sintaxis o de estilo. En 1974 estábamos ya muy lejos de aquellos tiempos y, abrumado el gobierno de Arias por sus vacilaciones e inseguridad, no se lograba contener la inercia sociológica del país. Dejando de lado las 25 abstenciones a esta pregunta de la encuesta, equivalentes a un 25,77 % del total de encuestados, no asombra que un 84,72 % de las respuestas coincidan en atribuir la primacía de los criterios al que se ha mencionado. Ningún otro de los criterios obtiene en esta columna importancia semejante.

En segunda posición, en un consenso muy elevado, los escritores sitúan el criterio de la religión, entendiendo que en la sociedad española de aquel momento subsistía todavía el tabú intocable generado por 35 años de connivencia de intereses entre la Iglesia y la dictadura. El deslinde entre «religión» y «moral sexual» no parece haber quedado suficientemente claro. Es de temer que el 30,55 % de votos concedidos en esta columna a la moral sexual sea debido, en alguna medida, a la contaminación del criterio que ha obtenido aquí más puntos: la religión. A los autores consultados les pareció un tanto académica la distinción entre a) y d), pese a que se hizo todo lo posible para aclarar la diferencia de criterios insistiendo en que el uno podía darse sin el otro.

Esta opinión se ve reflejada en el puesto de orden atribuido en tercer lugar, ya que si bien va encabezado por el criterio de la moral sexual con 48,61 %, el criterio religión le sigue a la zaga, confirmándose otra vez el carácter poco estanco de ambos criterios.

En cambio, el resultado respecto al criterio del uso del lenguaje es un tanto sorprendente por la unanimidad reinante y por la contradicción que ello supone con una opinión generalmente extendida según la cual la pudibundez de la censura en materia de procacidad era legendaria. Sin embargo, lo que no ofrece dudas es la preferencia unánime de los escritores tanto respecto a éste como al primero de los criterios citados.

Imagen muy distinta, aunque no diametralmente opuesta a los resultados de la encuesta respecto al orden y clase de criterios, nos ofrecen tanto los materiales recogidos en el transcurso de las entrevistas como las contestaciones de aquellos autores que no se atuvieron al esquematismo del cuestionario en su respuesta por vía postal.

El principal de los criterios sacado a relucir por dichos autores es el de la arbitrariedad o imprevisibilidad de los criterios, toda vez que habían dejado bien sentado que la política y la moral habían sido el sustrato permanente, sólo sujetos a cambios por motivos puramente coyunturales. «Por lo común —comenta Caballero Bonald—, se trata de normas perfectamente arbitrarias, basadas en un atrofiado y palurdo concepto de la política, la moral sexual y la religión.»[61]

Para lo único que la censura y sus criterios han podido servir había sido para mantenerse en una posición de poder frente a los escritores y agentes de la cultura: «Como quiera que el actual régimen español carece de ideología y su única aspiración es la detentación indefinida y permanente del poder, sus criterios nunca han sido fijos ni basados en presupuestos ideológicos permanentes o lógicamente evolutivos. Ello hace que la censura española sea oportunista y carezca de cualquier matiz intelectual» (Ángel Crespo). La censura, pues, en sus manifestaciones se percibía únicamente como aparato represaliador y manifestación del poder político que, falto de coherencia ideológica oprime y reprime con el fin de afirmarse ante sus adversarios. Redundando sobre este tema García Brera afirmaba: «Incluso desde una óptica de defensa del sistema, los censores españoles no contribuyen a ello dado que carecen de capacidad para esa delicada tarea. Desde la óptica de la libertad creadora la censura se condena por sí sola.»

La arbitrariedad llegaba al colmo de su paroxismo cuando los responsables de la censura a nivel nacional o provincial se creían omnímodos y prepotentes como en el caso frecuente de escritores marginados, en alguna medida, del típico mundillo literario de las grandes urbes. En el caso de los escritores de provincia —señala Castroviejo— «los criterios son indefinibles y si los ha habido, nunca he logrado comprenderlos. Son arbitrarios. Dependerán sin duda de la tesitura mental del censor, aparte de que no cabe duda de que hay cosas intocables. Arbitrarios, pero variables según desde dónde se escriba».

No sólo un alejamiento respecto de las capitales del comercio literario, unido a la compleja estructura mental del

61. En adelante, de toda cita en la que no figure el lugar de referencia habrá de sobreentenderse que se trata de datos extraídos de los protocolos de entrevista y de la correspondencia que obra en nuestro poder.

censor de la Delegación Provincial, podía influir en el resultado final. A veces era también determinante el nombre y el peso comercial de la casa editorial que iba a publicar la obra: «Según el autor y el editor —escribe Daniel Sueiro—, la censura suele tener o no cierta prevención contra el manuscrito. De ahí que haya habido escritores que han cambiado de editor para soslayar la censura.»

Tan específicamente propia de la censura parece esta función represaliadora cuyo instrumento es la arbitrariedad, que un autor como José Hierro afirma que la censura sólo ha aflojado la cuerda en los terrenos que le son menos propios como el campo de la moral sexual: «No hay criterios, sólo hay gente que ejerce presión sobre el escritor y que mutila más de lo que quisiera. En este aperturismo [1974] se ha aflojado en lo sexual en vez de lo ideológico.»

Las causas del arbitrarismo hay quien cree haberlas descubierto en el exceso de celo por parte de los censores en defensa o justificación de la propia situación socio-económica. «La religión y lo sexual —afirma García Viñó— dependen en gran medida del propio censor. Pero hay que hacer constar que con toda probabilidad los censores se exceden siempre en su tarea y van más allá de lo prescrito. Es ésta una forma de defensa de la posición que ocupan como funcionarios.»

Este último argumento no estaba desprovisto de fundamento. El personal censor ha sido hasta su restricción o reintegración en otros servicios en 1977, personal contratado y pluriempleísta, no perteneciente al cuerpo de funcionarios.[62]

62. Unos de los argumentos esgrimidos en su día para impedir que fueran consultados los archivos de la censura —pese a la autorización en regla y por escrito de las máximas autoridades del MIT— fue, precisamente el de que los censores, o aquellos que en su día habían «informado», no tenían responsabilidad alguna puesto que, en su inmensa mayoría, era personal contratado. Sobre la pertenencia o no al cuerpo de censores de escritores conocidos se ha especulado mucho. De C. J. Cela se ha dicho que fue quien autorizó *Hijos de la ira* de D. Alonso. En todo caso lo cierto es que este escritor como otros fue censor de revistas durante algún tiempo aunque haya sido imposible hallar rastro de su nombre en los archivos. Otros conocidos autores como Fernando Díaz-Plaja no llegaron a ser censores aunque su candidatura figure entre los aspirantes a plazas de lectores. Por último, durante muchos años se le achacó a Emilio Romero su calidad de censor a hurtadillas. Sólo consta su nombramiento como censor de prensa en Alicante, siendo él mismo director del diario «Información» (nombramiento fechado el 20 de enero de 1944, oficio núm. 222-44).

No es de extrañar que esta situación inestable haya tenido algún peso en orden a que los censores operaran cuantitativamente de cara a sus jefes inmediatos, quitando algo de un texto pero no todo, una palabra de tres, una línea y no todo el párrafo. «La aplicación de los criterios de censura depende del "capricho español" de los censores y el miedo de éstos a ser, a su vez, censurados por sus superiores, si han tenido mano blanda o han errado. Es lo del alguacil alguacilado. De modo que los censores son al propio tiempo, verdugos y víctimas», según expresa el poeta Vicente Gaos.

De este modo cabría explicar esta extraña pero explicable completa falta de coordinación y coherencia en lo ideológico: «Los criterios, jamás los he llegado a conocer y siempre me han parecido contradictorios y arbitrarios. Y he llegado a suponer si tal confusión no obedecía al talante, idiosincrasia o humor circunstancial del individuo a quien tocara en suerte censurar un manuscrito. Otra explicación no se me alcanza. En resumen —escribe Ana María Matute— no se atienen a ningún criterio sino que son totalmente arbitrarios en 'su mayoría, aparte de unas directivas vagas y generales.»

Isaac Montero, en el célebre prólogo a su novela *Alrededor de un día de abril* equipara los censores, en su último reducto, a caníbales: «Les califico de caníbales. A mi entender es lo que les cuadra pues, ante todo, en sustancia es esa su aportación a la vida literaria. Estos insaciables sujetos han masticado, deglutido y eliminado —curiosamente, no digerían parece— personaje tras personaje. En esta extraña secta, imagino, los habrá con preferencia por el mordisco en carne de adúltera o de mantenida; otros, de ánimo más apocado, proclives a las parejas de novios, las viudas tentadas o las inquietas adolescentes. Todos ellos desde luego, a más de lo descrito, han ejercido de urbanistas, cambiando nombres de calles y topografías urbanas; de cirujanos, quitando pechos opulentos y robustas caderas donde los quería la naturaleza; de peluqueros, tiñendo al rubio en moreno [...] han practicado, en suma, actividades omnímodas que sólo le corresponden al escritor. No obstante, y porque pretendo un mínimo rigor en mis aseveraciones, insisto en que es la antropofagia su actividad favorita y constante; y caníbales, por ello, la calificación sustancial que merecen.»

Se podrían seguir aduciendo citas tanto de autores de renombre como de escritores menos encumbrados en las cimas de la fama literaria. De mucho mayor interés para este estudio es tratar de averiguar en qué medida fueron aplicados los criterios de censura en la práctica corriente.

Ya sabemos que durante la etapa correspondiente al mandato oscurantista del ministro Arias Salgado los funcionarios de censura se distinguieron por su actuación rígida y coherente en grandes líneas. La perfecta anuencia —ya tantas veces subrayada— entre los principios morales del régimen y aquellos que eran corolario de la doctrina moral católica fue tal que bastó que se aplicaran estos últimos para, de este modo, no salirse de los cauces rectores de la sociedad que se intentaba configurar. En aquella época los criterios se aplicaron a rajatabla y en caso de descuido u omisión las propias autoridades eclesiásticas velaban por su total cumplimiento. Autores claramente adscritos al régimen, e incluso sostenidos y promocionados por hombres prominentes del mismo, cayeron víctimas de la censura.[63] A esta perfecta ósmosis entre la censura civil y la eclesiástica se añadían los prejuicios mostrencos e inquinas de la derecha reaccionaria española y de la propia Iglesia hacia determinados autores. Así, el anticlericalismo decimonónico de un Galdós o de un Pío Baroja se sobreponía a los criterios aplicados normalmente a cualquier autor.[64]

La censura sobrepuso, a la hora de aplicar sus difusos criterios, normas de las que iban a depender una mayor o menor severidad en los dictámenes o, incluso, la total prohibición de algunas obras. Según fuera la notoriedad política del escritor, su visión historiográfica de la historia y la cul-

63. Esta específica situación histórica de la censura gubernativa, unida a la lucha soterrada de los clanes franquistas, hace que en España todo escritor pueda alardear de haber sido la víctima propiciatoria de la censura en algún momento: Camilo José Cela cuya novela *La colmena* quedó prohibida en España, pero que ha sido sin duda, posteriormente, el autor más tolerado de su generación; R. García Serrano, notorio escritor falangista pero cuya novela *La fiel infantería* fue secuestrada por orden de G. Arias-Salgado a instigación del arzobispo-primado de Toledo; lo mismo podría decirse de algunas de las obras de Pedro de Lorenzo, severísimo censor de obras ajenas o del periodista y escritor. M. Vázquez-Prada quien a raíz de la publicación de la serie «Los últimos coletazos de la censura» en «Diario-16», replicaba: «No fui censor», mientras desde su cargo como jefe del gabinete de prensa del Ministerio de la Secretaría General del Movimiento había censurado a trancas y barrancas. Si se quisiera llegar al *summum* del paroxismo en esta materia se tendría, incluso, que recitar una compungida jeremiada por las tachaduras de que fue objeto la obra de Manuel FRAGA IRIBARNE, *Estructura política de España* (expediente de censura 4165-70).

64. Véase la nota 7.

tura y, naturalmente, según fuera también su notoriedad literaria, la censura actuaba severa o blandamente.

La unanimidad de los escritores encuestados es casi completa respecto a la falta de uniformidad en la aplicación de los criterios. Sólo nueve de ellos afirman que haya habido tal uniformidad. El 74,22 % de los autores encuestados asevera lo contrario y sólo una porción relativamente pequeña se abstiene de emitir un juicio frente a la disyuntiva que les fue planteada.

CUADRO N.º 15. *Aplicación de los criterios de censura*

Criterios aplicados		Sí	%	No	%	Sin respuesta	%
Uniformemente	a)	9	9,27	72	74,22	16	16,49
Según notoriedad literaria	b)	65	67,01	10	10,30	22	22,68
Según posición política	c)	55	56,70	9	9,27	33	34,02

No ocurre lo mismo en cuanto a las abstenciones con relación a las demás preguntas en las que el nivel de abstención alcanza el 22,68 % para la eventualidad referida a la notoriedad literaria de un autor y el 34,02 % al abordarse la cuestión relativa a la posición política. Teniendo en cuenta estas salvedades, los autores consultados confieren a la notoriedad literaria de un escritor un elevado porcentaje de miramientos por parte de la censura (67,01 %). Respecto al papel que pueda jugar la posición política de un autor en la actitud adoptada por la censura, el consenso es satisfactorio (56,70 %), aunque el nivel de abstención haya subido visiblemente. En 1974, época en la que se realizó la encuesta, muchos escritores eran todavía extremadamente circunspectos a la hora de emitir un juicio en materia política.[65]

65. Tanto en las encuestas por vía postal como en las resultantes de una entrevista personal, se insistió denodadamente en el carácter estrictamente confidencial de los resultados de la encuesta. Para mayor tranquilidad de los encuestados —preocupación explicable en aquellos días— se aseguró que ninguno de los datos que se desprendieran de dicho estudio saldría a la luz pública con mención y datos de carácter personal. La hibernación forzada a que ha estado sometida esta encuesta por razones absolutamente ajenas a la política o a la censura hace completamente innecesarias, hoy, las precauciones de entonces.

Cierto comedimiento se observó igualmente en las respuestas a las preguntas relacionadas con la posible evolución de la práctica censoria a partir de la Ley de Prensa e Imprenta de 1966. Una de las razones de semejante prudencia fue acaso el simple hecho de que dichas cuestiones se plantearan después del verano de 1974 marcado por la primera larga enfermedad del dictador y por la secuela de luchas intestinas dentro y fuera del clan familiar.

CUADRO N.° 16. *Evolución de la censura desde la Ley de Prensa e Imprenta (1966)*

Sentido de la evolución	Sí	%	No	%	Sin respuesta	%
Más rigurosa	13	13,40	54	55,67	30	30,92
Suavización	50	51,54	19	19,58	28	28,86
El escritor es más precavido	23	23,71	39	40,20	35	36,08

Lo que llama la atención es el alto grado de abstención. Ello afecta no sólo a la totalidad de las respuestas sino también a algunas de ellas. En esencia, las respuestas coinciden en señalar que la censura ha dejado de tener el rigor de antaño (51,54 % opinan que se ha suavizado y 55,67 % niegan que haya sido más rigurosa). Con todo, el hecho de que el escritor español juzgue todavía en 1974 que la cautela y el soslayo son armas imprescindibles para salir bien parado del trance censorio (23,71 % asegura que es el autor quien se ha vuelto más precavido que antes) es un dato que debe tomarse en consideración. Máxime cuando es precisamente con relación a esta pregunta donde aparece el mayor número de abstenciones.

VI. Censura editorial

Si un estudio sobre los efectos de la censura gubernativa en España había quedado por hacer hasta ahora[66] y si una de las mayores dificultades para realizarlo consistía precisamente en el anonimato que ha encubierto toda actividad censoria y en el dificultoso acceso al conocimiento de los hechos, con mucha mayor razón todavía cabe decir que un estudio sobre las prácticas censorias de los editores o sus consejos de lectura y sobre la incidencia de éstos en la producción literaria española, pese a que no encubra dichas prácticas anonimato alguno, resulta nada menos que imposible. Sin embargo, los efectos de la censura editorial no deben pasarse por alto ya que si bien sus causas son un tanto oscuras, no puede ignorarse, empero, el importante papel que ha desempeñado este tipo de censura.

En efecto, el editor o el director literario de una empresa editora se encuentra en la difícil situación de ser juez y parte al mismo tiempo. Tiene que juzgar una obra por sus cualidades artísticas o literarias, pero sin perder de vista tampoco las consecuencias económicas que se derivarían de una publicación cuyo acceso al consumo legal implique, a los ojos de la institución censoria, complicidad en la difusión de materias delictivas.

Si bien en casi todo momento el editor practicó una censura previa a la censura oficial, desde la puesta en funcionamiento de la ley de Fraga, el editor o «lector» literario se convirtió, por la fuerza de las cosas, en censor *malgré lui*. En esta clase de censura no se han dado excepciones casi, contrariamente a lo que pudiera creerse. De ahí que, dado el recelo reinante entre los editores, nunca probablemente

66. En el momento de la redacción de estas páginas no se habían publicado todavía ni el libro de A. BENEYTO, *Censura y política en los escritores españoles*, Euros, Barcelona 1975, 292 págs., ni el trabajo de G. CISQUELLA, J. L. ERVITI, J. A. SOROLLA, *Diez años de represión cultural*, Barcelona 1977, 177 págs. Sobre ambos libros se podrían hacer muchos y fundados reparos, pero no es éste el lugar ni el momento. Reconozcamos que ambos han aportado determinada información.

se podrá averiguar el papel y la medida en que su actitud ha contribuido a paralizar o promocionar, podar o modificar determinadas obras.

De todas maneras hay que reconocer que la censura editorial tampoco fue —ni continúa siendo— una práctica exclusiva de un país como España donde no había libertad de prensa, propiamente hablando. Este tipo de censura existe igualmente en otras latitudes y en países donde se disfruta de una total libertad de expresión. Pero, en tales casos, esa censura resulta de una libérrima decisión de los editores para publicar cuanto les parece de acuerdo con la línea de compromisos ideológicos a los que se atienen o por los que han optado, sin que para ello intervenga la censura gubernativa, es decir, una legislación censoria. Que una entidad comercial —el editor—, que un partido político o ideología, que un poder financiero no den acogida a todas las producciones artísticas imaginables y hagan una selección de aquellas que mejor se acomodan a su propia visión del mundo, es normal. Lo anormal es que la selectividad en determinados tipos de postura tenga que hacerse mediatizada —dicho suavemente— por la censura oficial del Estado.

Un estudio, siquiera somero, del importante papel desempeñado por las editoriales en tanto que instituciones paracensoriales, queda por completo fuera del alcance y propósito de esta investigación. Sin embargo, a lo largo de las entrevistas sostenidas con los escritores, se han podido recoger no pocos datos que, a falta de otros mejores y pese a su número limitado, no por ello dejan de tener cierta significación y un claro valor testimonial:

— El manuscrito de Concha Alós, *Los enanos*, galardonado con el premio «Selección de Lengua Española» de la editorial Plaza & Janés en 1960, fue rechazado por Tomás Salvador, director literario a la sazón, por considerarlo de esencia antiespañola. La escritora, en vista de ello, lo presentó al premio Planeta y fue galardonado. La editorial Plaza & Janés, entonces, decidió publicarlo en su propia colección de premios haciendo caso omiso de los inconvenientes anteriormente apuntados.

— *La ciudad desierta* de Carlos de Arce, antes de aparecer en Puerto Rico —dicha novela se publicó luego en España, en 1973— fue rechazada por varios editores por tratar de forma algo impía el mundillo del empresariado teatral, en la tercera parte de la novela. También por indicación editorial tuvo que modificarse la óptica de la novela, situando la acción no sólo en el suburbio madrileño sino también en el mundo campesino para adulzorar, de este modo, determinados efectos críticos. Otra obra, *Una paloma en la tormenta,* fue rechazada por el editor por miedo a que no pasara por la censura.

— La novela de Miguel Buñuel *Un lugar para vivir,* que a tenor de los criterios aparentemente en vigor tendría que haber sufrido de la censura gubernativa, salió airosa debido probablemente al hecho de que el editor fuera Luis de Caralt, nada sospechoso a los ojos del régimen. Se publicó sin supresiones a pesar de que no fuera tan aséptica como otras obras que sí fueron víctimas del lápiz censorio.

— La revista «Cuadernos Hispanoamericanos» —siendo su director J. A. Maravall— consideró inoportuna la publicación de un poema de Caballero Bonald dedicado a Pablo Neruda. Por el contrario, en «Cuadernos» apareció íntegramente el cuento de Manuel-Ildefonso Gil, *Últimas cuentas,* presentado anteriormente por «Ínsula» a censura, pero devuelto completamente mutilado.

— *Historia de una parroquia* y *Algo más sobre los otros catalanes,* de Francisco Candel, fueron obras previamente censuradas por los editores en función de las dificultades que podía haber en censura. *Carta abierta a un empresario* fue rechazada por la editorial Guadiana por estimar inadmisibles las críticas contenidas contra el empresariado.

— Por consejo de sus editores, Masó Simó tuvo que retocar considerablemente el manuscrito de *La música y el recuerdo.*

— *Segunda compañía* de Juan Mollá fue juzgada impublicable por Destino. Fue presentada al premio Plaza & Janés. Mercedes Salisachs, directora literaria, suprimió innumerables pasajes antes de que fuera sometida a censura. Del mismo escritor, *Cuarenta vueltas al sol* fue rechazada por varios editores, entre ellos Alfaguara. Finalmente, el autor tuvo que consentir varias supresiones antes de que fuera presentada a censura.

— Tomás Salvador, alguacil alguacilado, reconoce en su respuesta a nuestra encuesta: «De todas formas creo que ustedes ignoran que mayor que la censura estatal es la editorial. Los editores sí que obligan a suprimir lo sospechoso, sobre todo en el caso de escritores medios o de poco carácter.» Su novela *El agitador,* título excesivamente chocante y que por lo visto podía inducir a error, tuvo que ir acompañada de una nota aclaratoria exigida por la editorial para que quedara bien patente el aspecto puramente novelístico de dicha obra y que entre otras cosas decía: «...y el autor cuyo anticomunismo es probado ha obedecido también a las reglas de la objetividad.» *Nosotros los Rivero,* de Dolores Medio, tras haber sido galardonada con el Nadal, fue censurada y corregida muy en contra de la voluntad de la escritora. Lo mismo ocurrió con *Bibiana. Funcionario público* fue traducida al ruso sin mutilación alguna, mientras que no ocurrió lo mismo con la versión norteamericana. En los EE.UU. hubo cortes.

— Antonio Tovar tuvo que efectuar algunas modificaciones al texto de *El tren y las cosas*, por exigencia del editor. El poema titulado «El Don Sinvi» en que se narra la vida de un curioso y viejo personaje del barrio de las putas de Orense, decía: «Vive en la calle de las putas» y terminaba: «...cuando se va mundo adelante el viejo barrio de las putas se marchita.» Putas se trocó en «puras».

— Debido muy probablemente al escrito de los 102 intelectuales sobre los sucesos de Asturias de 1963, la censura retuvo sistemáticamente las críticas literarias de Ricardo Doménech escritas para la revista «Triunfo». De acuerdo con el director de la publicación, José Ángel Ezcurra, cuñado de Villar Palasí y que mantenía una extraña y ambigua relación con el Ministerio de Información y Turismo, el escritor pudo continuar escribiendo durante casi un año pero firmando sus artículos con pseudónimo.

— García Viñó fue solicitado por el Patronato de la Universidad de Sevilla para publicar un libro en las ediciones de dicha institución. Escribió *El soborno de Caronte*, libro de recuerdos juveniles que fue rechazado por el propio Patronato, señalándole este último las condiciones bajo las cuales la obra ya en galeradas podía ser publicada: 1) omitir la crítica contra la sociedad hispalense, 2) no criticar al Opus Dei y 3) suprimir los nombres propios y alusiones demasiado claras a personas ligadas a la vida universitaria sevillana. El libro quedó en galeradas.

— En carta escrita y firmada por la secretaria de Carlos Barral a Ramón Carnicer, ésta le señalaba al escritor, siguiendo instrucciones del editor-poeta, los párrafos, frases y palabras que debían modificarse. Posteriormente, cuestionado a este propósito, Carlos Barral confesó no haberse percatado que se trataba, en cierta medida, de censura editorial.

Censura editorial o no, hay escritores que consideran el papel desempeñado por las empresas editoriales en el lanzamiento de determinados escritores y en la proscripción o recuperación de la generación de la «diáspora política» como el meollo del problema entre censura y literatura. «Quisiera saber —escribe Carlos de Arce— por qué algunos autores ensalzados y contestatarios en ciertos años, ahora están silenciados. Por qué se editan libros y libros de autores que nadie lee, ni conoce, para amontonarlos entre los libros de saldo. Quisiera saber por qué se fomenta una literatura de traducciones del siglo pasado, amén de las noveluchas de autores extranjeros casi desconocidos en sus países de origen. Por qué, colecciones de divulgación, como la Salvat, vuelven a editar *Hamlet*, *El Avaro* y obras por el estilo, de las que ya ruedan 300 ediciones o más por toda España. Por qué, de pronto García Márquez es maravilloso e Isaac Montero, por no decir Juan García, no merece ni un anuncio por parte de la misma empresa editora. Por qué un Lauro Olmo, escritor desde hace años, al publicar su 25 obra le llaman genio, lo encuadran políticamente y lo anulan en sus siguientes obras.»

Desde otro punto de vista, discurriendo sobre el problema de la autocensura y el intrínseco valor de la obra literaria, pero planteado en términos tales que vienen muy a propósito de la censura editorial, Ruiz Ayúcar, coronel de la Guardia Civil, ex combatiente de la División Azul, premio José Antonio, colaborador de «Pueblo», «Fuerza Nueva» y ex director de «El Español» —según rezaba su currículum en 1974—, minimiza el papel de la censura oficial y, dando por sobrentendido que la situación frente a la que se encuentra el escritor en España no difiere mucho *de hecho* de la existente en los demás países donde no hay censura estatal, escribe:

«[...] Se corre el peligro de considerar que la autocensura es únicamente la limitación que un escritor introduce en el trabajo para evitar dificultades con la censura oficial. Sin embargo, es también autocensura la que se hace por servir a un partido, a una ideología, incluso a una entidad comercial o a un grupo de amigos. Igual que cuando se habla de "prensa libre" se puede preguntar "libre, ¿de quién?", pues la dependencia de un partido o de un poder financiero no garantiza más libertad real que la independencia del Gobierno; no se pueden achacar todos los males en materia literaria a una censura oficial y olvidar los efectos de las "censuras particulares". Sería interesante una nueva ampliación del cuestionario en la que se estudiara la coincidencia de la autocensura derivada de compromisos ideológicos, profesionales o personales, separándola claramente de la debida a razones administrativas. Es la única forma de que esta encuesta dé un resultado sin falsear. Existen razones muy honorables que pueden mover a un escritor a no decir algo. Es una autocensura que pueda coincidir con la censura oficial o a razones opuestas. En el primer caso aparecerá en este cuestionario. En el segundo, no. Hay editoriales, periódicos y publicaciones que mantienen determinada línea ideológica o no quieren determinado tipo de posturas. ¿Se ha estudiado la autocensura que exigen en los escritores?»

Evidentemente, esta actitud previa ante la censura que el escritor se impone a sí mismo —autocensura—, así como cuanto imponen los poderes económicos no puede hacernos olvidar la existencia y las modalidades de la actuación censoria estatal, antes y después de la Ley de Prensa e Imprenta como condicionantes del acceso del producto literario al consumo legal, aprobándolo o reprobándolo total, expresa, tácita o parcialmente. Tampoco pueden ser pasadas por alto las implicaciones inherentes a la distribución comercial del producto literario, así como tampoco, la acción previsora de las editoriales, superpuesta, en el caso del régimen censorial, a las normas de selectividad corrientes que dan acogida o no a determinadas producciones artísticas. Por todo ello resulta falaz insinuar que la censura estatal no sería más que una faceta del problema, subsidiaria, en el caso de España, de la concentración del capital en la difusión literaria. Contrariamente a las apariencias, en España y por ahora, la concentración editorial no opera, como cabría esperar, de modo semejante al de otros capitales invertidos en los demás artículos de consumo: homogeneizando el gusto y estandarizando el producto. En los productos editoriales prevalece todavía la idea elitista de la «rareza» del producto y, por lo tanto, los editores más que adaptarse a los gustos del público o crear la necesidad de tales gustos, lo que hacen es someter a los lectores a sus propios criterios de elección.

Ahora bien, esta elección viene condicionada por lo que, de acuerdo con las normas vagamente establecidas, el editor sabe que puede o no puede escoger. En una sociedad sin trabas censorias y con un elevado índice de desarrollo económico los capitales invertidos en la industria cultural tenderían —tenderán y tienden— a la monopolización de esos medios de producción aumentando el tiraje de libros y disminuyendo el número de títulos o autores —competitivos entre sí, incluso— todo ello en función, claro está, de la rentabilidad económica y del grado de dominación monopolística ejercida sobre el mercado. En España, todos los datos de que disponemos indican que la industria literaria es todavía incipiente al no poder ejercerse sobre el consumo el control deseable por un lado y, por otro, al existir la tendencia a paliar la incapacidad económica con ediciones y reediciones de títulos seguros, de autores clásicos en la mayoría de casos.

La situación preindustrial en la que se encuentra la industria del libro en España ha acentuado todavía más el papel censor de las empresas editoriales puesto que la política editorial no ha dependido de condicionantes puramente comerciales —*marketing*— sino gubernativos —censura.

Independientemente de la censura a la que los editores han solido someter los manuscritos —práctica difícilmente comprobable— con anterioridad a la presentación a consulta voluntaria, el balance anual o periódico de los efectos de la censura estatal sobre la actividad editorial contribuiría grandemente al estudio de los últimos cuarenta años,[67] además de aclarar uno de los aspectos que ha impedido —alienado, cabría decir— el normal desarrollo de la cultura española y su dinámica. «En los compartimentos estancos que habíamos construido como defensa ante la cultura oficial —confiesa José María Castellet— no existía entonces, ni ha existido después, un debate público de las ideas, a causa de una rigurosa censura que, aun en sus momentos más tolerantes, impedía expresar hasta las últimas consecuencias todo pensamiento que pudiera derivar hacia planteamientos abiertamente democráticos o que resultaran, de un modo u otro, revolucionarios. Por otra parte la autocensura nos había llevado a crear un código semántico, apto únicamente para nosotros mismos, pero totalmente críptico para cualquier observador extranjero que se hubiera interesado por nuestras obras. Este código, hecho de sobreentendidos, de silencios o de símbolos informó la casi totalidad de la creación literaria y artística española de la larga posguerra, una posguerra que en muchos aspectos no ha terminado todavía.»[68]

Frente a la ausencia de un debate abierto, público y permanente sobre el pensamiento y la cultura, la recopilación de datos acerca de cuanto ha impedido de alguna manera la creación artística y literaria española hubiese sido de gran valor para calibrar el peso específico de estos condiciona-

67. En el estudio de Cisquella y colaboradores citado más arriba se aportan en apéndice algunos datos correspondientes a los años posteriores a la Ley de Prensa e Imprenta. Desgraciadamente se trata sólo de listas de títulos de obras por editorial, sin sistematización alguna y, por lo tanto, de poca utilidad.

68. Esta larga cita pertenece a la documentación remitida por J. M. Castellet a raíz de la encuesta. Se trata de un texto destinado a ser publicado en Italia. No hemos podido obtener mayores precisiones.

mientos. Nadie sabe lo que guardan los arcanos de las casas editoriales, pero nuestros propios sondeos inducen a creer que la mayor parte de los datos —dictámenes, supresiones, manuscritos, instancias, negociaciones, recursos, etc.— se han perdido para siempre. Por eso resultan de gran interés los escasos balances que algunas editoriales —o revistas, como el caso de «Índice»— han efectuado para poder hacerse una idea de la amplitud del problema.[69]

Como botón de muestra sirvan los datos que Edicions 62 pudo facilitar sobre los efectos de la censura para el período comprendido entre enero de 1971 y febrero de 1972. En total fueron presentados a consulta voluntaria 94 títulos, 64 en catalán y 30 en castellano. Once de los manuscritos catalanes pertenecían a la categoría de novelas o narración. Tres fueron prohibidos: J. M. Sontang, *Nifades;* Terenci Moix, *Siro o la increada consciència de la raça,* y Jaume Fuster, *De mica en mica s'omple la pica.* Los dos primeros se publicaron con supresiones después del correspondiente recurso, pero el tercero permaneció inédito. Ocho títulos correspondían a la categoría de «obras poéticas»: dos fueron publicados con supresiones y uno, *Malviatge* de Joan Brossa, fue prohibido. Doce obras de teatro, tres de las cuales fueron prohibidas: *Els mites de Bagot, Amagatalls per a 300 conills* y *Moltes variacions per a un coixí.* Otras tres piezas fueron editadas con importantes cortes. De las 32 obras de ensayo presentadas a censura, dos fueron completamente prohibidas y once sufrieron cortes de varia índole. De los 30 títulos castellanos, cuatro fueron prohibidos y otros cuatro mutilados considerablemente.

69. *El forcejeo con la censura. Guía incompleta desde el 1954 al 1969.* «Índice», noviembre-diciembre de 1971, pp. 5-16.

VII. La censura practicada

Uno de los mayores obstáculos con que se tropieza al querer abordar el tema de la censura —en España o en cualquier otro país donde ésta exista— consiste en que fácilmente se corre el riesgo de elucubrar sobre lugares comunes. Se sabe de antemano que la censura —como institución y como práctica— es inadmisible dentro del marco de valores de la sociedad burguesa. En las sociedades burguesas occidentales, la institución censoria constituye una intromisión intolerable del Estado y, por tanto, un atentado de lesa libertad contra el individuo y la colectividad. La censura coarta la potencia creadora del escritor y mediatiza autoritariamente el «producto» literario que llega hasta el lector.

Frente a este bien intencionado estado de ánimo —en la mayoría de casos— conviene que de una vez por todas se asiente definitivamente que la censura es un fenómeno universal, presente en todas las sociedades conocidas, aunque revista caracteres y peculiaridades distintas, según sean los resortes coercitivos que adoptan las fuerzas políticas dominantes. Esta idea heterodoxa —y, por ende, chocante— tampoco pretende servir de paliativo a las actuaciones censorias, sean éstas llevadas a cabo por el Estado o por grupos de presión económicos o ideológicos. De lo que se trata es de abandonar —guste o no— cualquier resabio romántico y situar la censura dentro de las coordenadas sociológicas que nos permitan aprehender y calibrar el fenómeno censorio en su totalidad y desde las cuales nuestra personal experiencia no pueda prefijar los límites. En el caso que nos ocupa —la censura en España— vamos a tener que partir de lo que fue, y en parte sigue siendo, la sociedad española donde se incrustó el régimen político franquista. Hablamos de incrustamiento porque la práctica censoria no ha sido la panacea del franquismo.[70] Hechas de entrada estas consideraciones,

70. Durante la época de la II República —por no hablar de otros períodos— se practicó la censura en todas sus facetas: periódicos, libros, espectáculos. Hemos tratado de abordar, sin embargo, lo que distinguió esta censura de la practicada durante el franquismo en *Apuntes*

con el objeto de desvanecer mistificaciones harto arraigadas, veamos a qué tipo de censura nos referimos y qué aporta al conocimiento del franquismo.

Al referirnos a la censura queremos designar única y exclusivamente la relativa a los libros impresos.[71] Aquí queda excluida la referente a cualquier otro tipo de publicación —revistas, periódicos, panfletos, propaganda, etc.—, así como la ejercida sobre cualquier otro medio de comunicación que no sea el *impreso* —conferencia, discurso, emisión radiofónica o televisiva, producción cinematográfica, etc. Se puede todavía concretar más puesto que sólo nos referiremos a la literatura de creación impresa, es decir, poesía, novela y teatro.

Uno de los problemas de difícil planteamiento y de solución casi imposible es el de la relación entre valor literario y censura, concebida, por lo general, en los siguientes términos: cuanto mayor sea la incidencia de la censura menor será el valor «artístico» de la producción literaria.

Conviene que nos detengamos a deshacer este entuerto. La relación causal entre censura y valor artístico de la obra literaria resulta casi imposible de establecer. Lo que debiera ser una hipótesis sugestiva no puede convertirse en un artículo de fe. Lo único perceptible, definible e incluso cuantificable es la actuación del aparato censorio sobre los textos. La incidencia de aquél sobre éstos es una apreciación

---

sobre la censura teatral bajo la II República (de aparición próxima en «Historia-16»).

71. «[...] Artículo 1.º   A efectos de lo dispuesto en la Ley de Prensa e Imprenta, son publicaciones unitarias aquellas que se editan en su totalidad de una sola vez, en uno o en varios volúmenes, fascículos o entregas y con un contenido normalmente homogéneo. Las publicaciones unitarias comprenden los libros, folletos, hojas sueltas, carteles y otros impresos análogos.
Artículo 2.º   Se entiende por libro toda publicación unitaria que conste como mínimo de 50 páginas sin contar las cubiertas. Dicho número de páginas se refiere a un solo volumen o al conjunto de fascículos o entregas que componen una misma obra.
Artículo 3.º   Se entiende por folleto toda publicación unitaria que sin ser parte integrante de un libro consta de más de cuatro páginas y de menos de 50.
Artículo 4.º   Se entiende por hoja suelta toda publicación unitaria que no exceda de cuatro páginas. Se considerarán incluidas dentro de este concepto las tarjetas postales, estampas, mapas y grabados que se editaren separadamente, calcomanías y recortables.» Decreto 743/1966, de 31 de marzo (Información y Turismo), por el que se regulan los requisitos formales y clases de los impresos.

cualitativa que está, precisamente, por demostrar. En la inmensa mayoría de los casos, aducir semejante prueba —la del rebajamiento del valor artístico de la obra por obra y gracia de la acción censoria— equivaldría a trocar un futurible en hecho histórico. De ahí que se pueden traer a colación centenares de ejemplos de obras que, pese a todas las trabas impuestas por un organismo censor —civil o eclesiástico—, han accedido a la cumbre del encomio. Y ello no tanto debido a lo que algunos puedan considerar como el indiscutible «valor intrínseco» sino, al contrario, al hecho de que los méritos de una obra son múltiples y, en todo caso, excesivamente heterogéneos como para que la explicación de su insignificancia pueda —sin error— atribuirse a la censura. *A contrario*, hay quien argüirá —asentando como premisas la conclusión anterior— que los devaneos con la censura han sido un acicate para el escritor, ya que es la oblicuidad o *écart*, precisamente, lo que hace posible establecer la distinción entre un simple texto y un texto «literario»: *«la cohérence —non pas logique mais fonctionnelle est à côté de la richesse et du caractère non conceptuel de l'imaginaire, un des trois éléments constitutifs de la valeur esthétique»*, explicitación goldmaniana del *écart* que podría artesonar la idea de que la censura —a la vista de lo que caracteriza a las obras de creación de las otras escrituras— ha podido servir para agudizar el ingenio y aumentar la necesaria dosis de fabulación.[72]

Para un gran número de escritores la censura estatal no ha tenido —o no tiene— mayor importancia que las demás limitaciones impuestas por cualquiera de los condicionamientos insoslayables del mundo exterior y las propias estructuras mentales del individuo. «El escritor —confesaba Buero Vallejo—, como cualquier otro ser humano, no es ni enteramente libre ni rigurosamente determinado, ya que siempre goza de un margen —cierto margen— de libertad. En las peores circunstancias siempre es posible no sólo una literatura grande y auténtica, sino combativa, crítica y sincera; aunque en circunstancias muy estrechas pueda ser excepcional. Excepcional, mas no imposible, según acreditan ejemplos anteriores de la historia.»

72. L. GOLDMANN, *Sociologie de la littérature. Recherches récentes et discussions* (Bruxelles: Institut de Sociologie, 1970), pp. 214-215; reproducido en *Structures mentales et création culturelle* (París: Union Générale d'Éditions, 1974), pp. 12-13.

En resumen, de lo anteriormente expuesto cabe colegir que no hay nexo causal evidente entre literatura y censura, y que, cuando esta última se da, nos encontramos ante la forma más aguda de presión del aparato económico, social y político cuya tendencia es —siempre y donde sea— la de controlar todo *medium* de comunicación. En este sentido, por tanto, el libro en tanto que producto final de un proceso de creación no escapa tampoco a la ley general según la cual, sea cual fuera la información inicial, ésta tiende a desaparecer en la medida en que es mediatizada por una variedad de agentes: censores, consejeros literarios, etc.

Desde esta perspectiva, el caso de la censura en España no es sino el de una deliberada actuación del Estado —un Estado fascista— con vistas a impedir la difusión de valores simbólicos y semióticos juzgados contrarios a aquellos que las fuerzas políticas en el poder estiman subyacentes a la cultura y, por ende, únicamente admisibles.[73]

Este intento de *apropiación del capital semiótico* —correlativo al del capital económico— se pone de manifiesto de tres formas: 1) las fuerzas políticas hegemónicas ejercen un monopolio absoluto invocando para ello la ignorancia, el atraso y la inmadurez de los pueblos —como se observa en las dictaduras fascistas y tercermundistas—; 2) en otra longitud ideológica de onda, se subordina el lujo burgués de la libertad de expresión a la liquidación del poder político y económico de la burguesía por las masas trabajadoras y se es-

73. Del opúsculo para uso interno de censores hallado en los Archivos de Alcalá, *Normas generales confeccionadas por la Delegación Provincial de Huesca para las Delegaciones Comarcales dependientes de la misma regulando sus actividades de propaganda* de enero de 1944, extraemos del preámbulo lo siguiente: «Nuestras actividades derivadas de las funciones a desarrollar deben estar encaminadas como decía el Caudillo [...] a establecer el imperio de la verdad y divulgar al mismo tiempo la gran obra de reconstrucción nacional que el Nuevo Estado ha emprendido. Es preciso difundir la cultura para el pueblo por medio de todos los medios [*sic*] de difusión a nuestro alcance, orientándolo de esta forma en las buenas costumbres, en el sano concepto de nuestros ideales que inspiraron el Movimiento Nacional, y propagando la sana y tradicional cultura española, así como la doctrina cristiana [...]. Nuestra labor ha de ir encauzada a destruir todo aquello que pudiera ser dañino y perjudicial para nuestra moral y para todos los conceptos antes mencionados.» En 1960, por sólo citar un ejemplo, se censuraba una obra de tanto valor científico como *Los judíos en la España Moderna*, de Julio CARO BAROJA, porque, al parecer, en la obra se emitían juicios injuriosos contra España e, incluso, «parecen injuriosos para la actual situación política española», según el censor.

pera hasta el día en que se implante la sociedad socialista, y 3) el disfrute de las presuntas libertades formales es *conditio sine qua non* para el acrecentamiento de las libertades reales. En los dos primeros casos la intervención de las fuerzas políticas hegemónicas es palmaria. Pero es en este último caso donde se da una falaz relación entre libertad formal y real que nos impide percatarnos del carácter universal de la censura. Exigir mayores libertades formales es una estrategia justificable en los casos de intervención brutal por parte del Estado. Ahora bien: la conquista de dichas libertades no supone necesariamente progreso de las libertades reales. La razón de esta contradicción aparente estriba en que se ha perdido de vista que la libertad de expresión del escritor no es un acto solitario entre el escritor y su pluma, sino que toda obra se realiza con plenitud en el acto de lectura. Por tanto, éste es el resultado de un acto de creación mediatizado por un medio concreto de comunicación social: el libro, en su expresión material última. Nadie ignora hoy día la enorme concentración del capital invertido en la difusión literaria y, por lo mismo, las técnicas de control abocadas a una masificación consumista de los productos literarios. Éste es el marco desde el cual tiene sentido hablar del ejercicio de la libertad real. Pasar por alto estos condicionamientos reales es hacer una peligrosa abstracción del mundo inmediato y propiciar la deshumanización de la cultura literaria.[74]

No es del todo erróneo suponer que —correlativamente o no a la evolución del franquismo— hayan existido criterios o normas a los que debían ceñirse los funcionarios de censura, casi todos ellos bajo contrato y no pertenecientes al escalafón.[75] Esta plantilla de censores tiene, como cualquier otro cuerpo burocrático del Estado, una tarea que cumplir

74. Sobre este tema ha ofrecido Enrique GASTÓN en *Sociología del consumo literario*, Barcelona, 1974, un enjundioso capítulo sobre masificación y técnicas de control, acentuando el hecho de que el consumo de las formas literarias es una manifestación del poder.

75. El lector habrá comprendido ya que el autor de este trabajo ha sido el único ciudadano español que ha tenido acceso a los archivos de la censura: los custodiados en los sótanos del MIT y los depositados ya en los Archivos de la Administración Civil. En septiembre de 1976 me comprometí a omitir el nombre de los censores porque no tenía más remedio que aceptar esa condición. Se consideró incluso que desde el punto de vista político e histórico era conveniente que pudiera efectuar dicha consulta para completar mis informaciones. Durante el lapso de tiempo transcurrido entre mi consulta de documentos en los archivos

y ha de recibir las directrices que le señalen pautas y cauces por donde orientar su actividad.

A pesar de esto, lo primero que salta a la vista es la absoluta falta de coherencia en el tratamiento al que la producción literaria española ha sido sometida por la censura. En ningún otro cuerpo del Estado se echa tanto de ver la falta de normas o criterios objetivados como en los funcionarios del Servicio de Orientación Bibliográfica, o, en la no menos púdica, aunque más tecnocrática denominación última: Servicio de Ordenación Editorial. Quizás esto sea debido a que recubre un campo de actividad de inmensas proporciones, ya que si bien se limita al libro impreso —objeto material—, sin embargo, el texto está inserto en un marco de símbolos, signos y señales de carácter universal. El campo de actividad de la censura, pues, afecta a la funcionalidad misma de los signos, lo que equivale a decir que atañe a la totalidad de las funciones del lenguaje y del pensamiento que se formaliza. La actividad censora, cerniéndose sobre los textos, afecta, en cambio, mucho más que lo meramente impreso. De ahí también que la relación entre censores y es-

---

del MIT y el momento en que se me autorizó la consulta en Alcalá, se efectuó el traslado de varios centenares de cajas correspondientes a los expedientes de los años 1964, 1965, 1966, 1967, 1968 y 1969. En Alcalá pude comprobar que los expedientes habían sido despojados de toda documentación antes de ser trasladados, salvo la referente al dictamen y al manuscrito o galeradas de la obra. A últimos de agosto de 1977 informé al ministro Pío Cabanillas, aporté las pruebas del expurgo y aún es hora de que se averigüe a dónde han ido a parar los documentos de 61.401 expedientes que acompañaban a las resoluciones dictaminadoras. Esta desaparición nada sospechosa me autoriza a romper mi compromiso. Sobre los «lectores» puede decirse que hay una época «gloriosa» y otra «trivial» (esta última parece iniciarse con el ministerio de Fraga). A la primera época pertenecen Vázquez-Prada, Juan Ramón Masoliver, Martín de Riquer, Manuel Marañón, Guillermo Alonso del Real, David Jato, P. G. de Canales, Emilio Romero Gómez, Pedro Fernández Herrón, Leopoldo Panero, Carlos Ollero, Román Perpiñá, José Antonio Maravall, Barón de Torres, José María Peña, Enrique Conde, José María Yebra, Duque de Maqueda, José Rumeu de Armas, Luis Miralles de Imperial, Guillermo Petersen, José María Claver, Leopoldo Izu, Miguel Siguán, Angel Sobejano Rodríguez, Pedro de Lorenzo, Juan Beneyto y otros muchos. Los censores de la época «trivial» —así etiquetada por no figurar en nómina ningún personaje a la altura del «currículum» académico de los anteriores— no merecen citación: salvo algunos conocidos como A. Barbadillo, Faustino Sánchez Marín, Álvaro Turienzo, P. Vázquez, Francisco Aguirre, Castrillo y alguno más; se trata del tipo cavernícola y «pluriempleísta» que tanto ha propagado el franquismo. Acaso, una excepción de talla: Ricardo de la Cierva. Véase Apéndice 2.

critores diste mucho de asemejarse a la que otros funcionarios mantienen con su clientela específica. Se trata —como ya hemos apuntado antes— de un deliberado intento del Estado por filtrar y mediatizar no sólo la información y connotaciones que el libro —novela, poesía o teatro— contenga, sino también la difusión de valores estéticos juzgados contrarios al difuso proyecto franquista de sociedad.

Los criterios *de hecho* aplicados por la censura —a la vista de los innumerables textos censurados de que disponemos— han variado en función de factores de orden coyuntural internos o externos.[76] Pero, desde un principio —según el testimonio de Dionisio Ridruejo—, la censura se atuvo a las directrices vigentes en la censura eclesiástica. Básicamente, se partió de las normas establecidas en el Índice romano. La aplicación de tales normas fue establecida por un grupo de dignatarios eclesiásticos que se reunía al margen del propio Servicio de Propaganda, según D. Ridruejo.[77]

Dada la simbiosis casi perfecta entre los intereses de la Iglesia y del Estado en aquella época de consolidación del

76. A decir verdad, aunque a veces la influencia de los factores coyunturales parece evidente, resulta poco menos que imposible fijarla. Véanse, sino, estas opiniones y casos: 1. «No creo que haya un criterio fijo, hablando en general —respondía Lauro Olmo a nuestra encuesta de 1974—. Son normas, salvo las intocables en todo régimen de las características del nuestro, que no expresan claramente lo que se puede y no se puede hacer. Según las circunstancias se abre o se cierra la mano. También se tiene muy en cuenta el nombre y la trayectoria del escritor. A veces se ha ejercido una especie de veto sobre el nombre [...]. Puede decirse que el censor casi no existe. Cuando el caso lo requiere, entra en juego todo el engranaje.» 2. Un caso evidente lo constituye el telegrama urgente recibido por los jefes provinciales de Prensa el 15-10-1940: «Esta Jefatura cuidará muy especialmente de que ningún periódico de su demarcación publique información alguna referente al asunto Companys, recomendando a la censura vigile con toda atención esta consigna.» Pero, ¿cómo interpretar la intervención de las galeradas con un discurso de Franco en el Ayuntamiento de Granada el 11-5-1953? ¿A qué kafkiana urdimbre obedece la orden del ministro secretario general a tenor de la cual «esa Sección de Información y Censura impedirá por todos los medios que se haga la menor alusión a un próximo discurso del Sr. Ministro, de tal modo que ni en radio ni en prensa aparezca nada que pueda significar anuncio del mencionado discurso antes de que sea pronunciado, si llega a pronunciarse»? Discursos de Arrese censurados, declaraciones de Ullastres intervenidas, *Un millón de muertos* publicado sin un rasguño, el centenario de B. P. Galdós silenciado...!

77. «Una junta superior, más o menos secreta y con abundante participación eclesiástica establecía normas y confeccionaba listas de exclusiones. Eran decisiones inapelables.» Estas declaraciones hechas por Dionisio Ridruejo y publicadas por Antonio Beneyto en *Censura y políti-*

111

levantamiento franquista, no tiene nada de extraño que el nuevo régimen reconociera la supremacía de la Iglesia en materia de moral y dogmática, supremacía que establece, por otra parte, la misma doctrina católica vigente en aquel momento, sobre la cual el nuevo régimen fundamentó buena parte de su ideología política y de su ordenamiento social y económico. De modo que, en un principio, los criterios aplicados por la censura tendieron a proteger a ambas instituciones, recíproca y solidariamente, contra el enemigo común: el secularismo foráneo, fuera éste «rojo» o «liberal». Los criterios que pautaron la actuación censorial pueden resumirse como sigue:

a) criterios implícitos y explícitos del Índice romano;
b) crítica a la ideología o práctica del régimen;
c) moralidad pública;
d) choque con los supuestos de la historiografía nacionalista;
e) crítica del orden civil;
f) apología de ideologías no autoritarias o marxistas;
g) en principio, prohibición de cualquier obra de autor hostil al régimen.

En el marco de ese neoultramontanismo hay que situar las aventuras de que fueron víctimas *La quinta soledad* de Pedro Lorenzo —publicada a mediados de 1943 y secuestrada a los seis días— y *La fiel infantería* de R. García Serrano —entre otros escritores—, novela objeto de secuestro y reprobación en virtud de un decreto del arzobispo de Toledo, Enrique Plá y Deniel, decreto basado en el convenio de 7 de junio de 1941 entre la Santa Sede y el Gobierno español, según el cual quedaban vigentes las disposiciones contenidas en los cuatro primeros artículos del Concordato de 1851: el Estado debía dispensar apoyo a los obispos para impedir

---

ca en los escritores españoles, Euros, Barcelona, 1975, son, en esencia, las mismas que nos había relatado D. R. en la encuesta referida en las notas anteriores. Sin embargo, a la vista de la documentación consultada en los archivos de Alcalá referente a los años 1937 y siguientes, creemos que D. R. se equivocaba. Lo que él quería indicar, sin duda, era el grado de identificación en los criterios entre la censura estatal —cinematográfica, teatral o de impresos— y los criterios de la Iglesia, puesto que aquélla se subordinaba ampliamente a ésta.

la publicación o difusión de aquellas obras que pusieran en peligro —a juicio del Ordinario— la fe o las buenas costumbres. Tal era el caso de *La fiel infantería,* pese a haber pasado por censura y haberle sido concedido el premio José Antonio Primo de Rivera por un jurado presidido por Gabriel Arias Salgado y del que también formaba parte Juan Aparicio, director general de Prensa.[78] Por último, el caso *a posteriori* interesante de C. J. Cela, cuya novela *La colmena* quedó prohibida en España por el dictamen vinculante del asesor religioso y tuvo que publicarse en Argentina en 1951. Interesante es el caso de C. J. Cela, ya que, posteriormente —antes y después de la Ley de Prensa del ministro Fraga—, este notable escritor se beneficiará, en censura, de una clemencia inusitada gracias a su red de amistades y a su notoriedad personal, como atestiguan numerosos dictámenes y documentos encontrados en los archivos de la censura.[79]

En realidad, hasta la mitad de la década de los años cin-

78. José María MARTÍNEZ CACHERO, en *La novela española entre 1939 y 1969,* Castalia, Madrid, 1973, pp. 94-107 (obra posteriormente ampliada hasta 1975), ha demostrado ser el único estudioso de la literatura española contemporánea que haya tenido a mano documentos procedentes de los archivos de la censura, aunque dicho autor no indique en ningún momento la procedencia de los mismos. A mí no me fue posible dar con la referida documentación en los Archivos de la Administración Civil de Alcalá de Henares. Sólo hallé la orden firmada por G. Arias-Salgado, según la cual debía procederse a la recogida inmediata de la primera edición de *La fiel infantería,* y debía asimismo prohibirse la segunda edición de la obra en tanto en cuanto no se hicieran en ella las correcciones adecuadas «por la Superioridad». Dicha orden está fechada el 10 de enero de 1944, y es anterior, por tanto, a la publicación del decreto del arzobispado de Toledo en el «Boletín Eclesiástico». Respecto a Pedro de Lorenzo, si bien no figura su nombre en la nómina del personal afecto a la Sección de Inspección de Libros (Censura), ejerció como censor. En 1952 todavía «informaba» a Pérez Embid sobre el estudio de Ricardo GULLÓN, *La poesía de Luis Cernuaa,* escribiendo: «Numerosas alusiones a poemas prohibidos, exaltación de un autor que se mostró comunista en la Antología de 1934, de Gerardo Diego, que ha combatido públicamente al Régimen y continúa en el exilio manifiestamente hostil. No se trata de tachaduras como las aconsejables en las páginas 2, 20, 24, 26, 27, 29, 30, 37 y 38, sino del problema de resolver sobre la apología de una figura y una temática declaradamente enemiga de los principios religiosos: es blasfematorio; morales: es uranista, y políticos: es rojo.»

La obra sobre Luis Cernuda fue prohibida, pero Pérez Embid manifestó en carta al jefe del Servicio que el juicio del lector tenía que versar sobre el contenido del libro de Ricardo Gullón y no sobre «la personalidad del sujeto aludido». La obra fue autorizada con modificaciones en las páginas mencionadas.

79. Con fecha 4 de mayo de 1965 escribía Carlos Robles Piquer a

cuenta el régimen franquista supo aglutinar en torno de sí a la grande y pequeña burguesía, satisfecha de la victoria nacionalista sobre los «rojos». El cerco internacional de los años cuarenta había facilitado el apiñamiento exacerbadamente nacionalista de estas dos capas sociales en torno al nuevo régimen. Una severísima represión saldaba cuentas con aquellos que por sus actos u omisiones graves hubiesen contribuido a la subversión roja desde 1934, castigaba los escasos movimientos huelguísticos y los disturbios estudiantiles, y se ejercía a través de la Policía y mandos locales de la Falange un ceñido control de las opiniones en el ámbito personal incluso. De ahí que la censura, en la práctica, sólo tuviera que enfrentarse con los aspectos que infringían, posiblemente, la moral pública y el dogma católico.[80]

Ahora bien: a mediados de la década de los años cincuen-

Camilo José Cela: «Querido Camilo: uno de mis primeros trabajos (naturalmente, grato) al llegar aquí ha sido el de leer tus *Nuevas Escenas Matritenses* o, por lo menos, el de leer páginas debidamente señaladas por quienes las habían leído primero. De la susodicha lectura llego a la conclusión de que procede suprimir el final de la primera línea y el comienzo de la segunda en la página 14, así como la línea 22 y la primera mitad de la 23 en la página 56. Otras frases y otras palabras muy abundantes en el libro no dejarán de llamar la atención y me temo que tengamos algún disgusto, por ejemplo, a cuenta del capítulo III, que comprende las páginas 17 a 22. No cabe duda de que haces un uso demasiado abundante del sustantivo, por el que tanto te has interesado en el seno de la Real Academia, y no puedo menos de opinar que este uso excesivo no beneficiará a tu obra. En la seguridad de que comprenderás mi punto de vista, te envío un cordial abrazo. Tu buen amigo, Carlos Robles Piquer.»

80. Las famosas «conferencias cuaresmales» en fábricas y salas públicas, las «misiones» organizadas para convertir a los españoles, acaso sean la mejor ilustración del espíritu que animaba a los dirigentes y ejecutantes de la censura. Por otra parte este mismo espíritu trató de imponerse en todas las escalas incluso de la jerarquía política, de modo que ésta fuera claramente condicionada por aquél. Prueba de todo ello fue, por ejemplo, el intento del «asesor nacional de religión y moral del SEU» de destitución de uno de los autores de una obra estrenada en el Teatro Español en mayo de 1944, *La ciudad lejana* de Julián AYESTA y Alberto CRESPO: «Dado que [...]Alberto Crespo ocupa un cargo directivo en el SEU —la dirección de la revista «Haz»— desde la que reiteradamente da muestras de su irreligiosidad, falta de respeto hacia el dogma católico e indiferencia rayana en la impiedad, hechos todos extraordinariamente peligrosos para la juventud [...] me veo en la estricta necesidad (a la que me obliga mi jerarquía dentro del SEU) de rogarte gestiones de la superioridad el cese del camarada Alberto Crespo en el delicado puesto que ostenta actualmente, por estimar su permanencia atentatoria contra los principios católicos en que se asienta la educación de la juventud.»

ta se pone de manifiesto un primer deterioro dentro del espectro de fuerzas políticas y sociales sobre las que el franquismo se sustenta y cuyo resultado concreto es el de facilitar, dentro del estrecho marco político del régimen, cierta posibilidad de «divergencia»: Don Juan se ha acercado al régimen apoyándose en grupos y personalidades colaboracionistas con la ilusión de ver restaurada la monarquía en España, por un lado, y, por otro, en la Universidad, mundo aparte, feudo de la pequeña y gran burguesía, donde la política está más tolerada, empiezan a surgir grupos y revistas en las que se debaten los problemas sociales y políticos. El acercamiento de don Juan hacia el régimen es causa de fricciones entre los franquistas a quienes, precisamente, no se les puede tachar de deslealtad al régimen. La democratización interior universitaria puso de manifiesto —puertas afuera— la pluralidad de tendencias existentes dentro de lo que luego se denominó el Movimiento —monárquicos de diverso tinte, falangistas, carlistas, opusdeístas, etc.— y no pudo evitarse que, además de las derechas desfalangizadas, intentaran también salir a la palestra otras tendencias políticas.

El aparato censorial no era capaz —ni estaba preparado— para discernir los sutiles matices del minipluralismo del régimen. A partir de este momento desaparece la única base, hasta entonces segura, de criterios aplicables por los censores. A medida que la «diversidad de pareceres» fue haciéndose mayor, menor fue el campo de aplicación válido hasta entonces, y la censura —sin criterios— sólo tuvo fuerza siendo arbitraria. Sin embargo, este arbitrarismo quedó perfectamente jerarquizado. Hasta el momento actual se aplica a tres niveles distintos. En el primer nivel se encuentran los simples «lectores», que desbrozan el grueso de las obras. Se trata, por lo general, de funcionarios con bagaje cultural muy deficiente si se exceptúa la «gloriosa» época de los primeros años de la postguerra.[81] En el segundo nivel se encuentran los dictaminadores, con quienes el escritor o el editor suele

81. A lo dicho en notas anteriores podría todavía añadirse que en septiembre de 1976, el subdirector de Cultura Popular, Joaquín de Entrambasaguas, estaba procediendo a una reorganización del servicio de lectorado consistente en la eliminación del personal incompetente y su reemplazo por licenciados, técnicos o administrativos del Ministerio. En aquel entonces se esperaba poder colocar a esos «contratados» en alguno de los nuevos servicios que se iban a crear —ya se han creado— en la Presidencia.

discutir o negociar en la medida de lo posible. Este interlocutor suele ser, en Madrid, el jefe de Ordenación Editorial y el delegado provincial en las provincias. Dentro de la arbitrariedad que preside las negociaciones queda algún espacio libre en la forma de consignas muy genéricas del tipo: «ejército intocable», «la religión forma parte del Estado español», «Principios Fundamentales del Movimiento», «intocabilidad de las personas allegadas al régimen», etc.[82] En el tercer nivel se encuentran los responsables efectivos de la política censorial, que tiran y aflojan a merced de los cambios o conflictos internos del régimen valiéndose, incluso, de su posición para influirlos. Rara vez le es dado al escritor negociar a dicho nivel. Para conseguirlo hace falta disponer de una buena red de amistades y gozar de cierta notoriedad personal.

Para remediar esta situación se preparó durante años y fue promulgada el 18 de marzo de 1966 la Ley de Prensa e Imprenta, inspirada toda ella en el artículo 12 del Fuero de los Españoles, que proclama que «todo español podrá expresar libremente sus ideas mientras no atenten a los principios fundamentales del Estado»; es decir, en 1966 se trató de dar cuerpo legal al pluralismo interno del propio régimen. Así se desprende del discurso del ministro Fraga en defensa del texto de la ley ante las Cortes, en el que afirmaba: «La ley [...] define claramente los límites jurídicos de la libertad, establece el secuestro sólo en los casos de presunto delito, crea un completo sistema de recursos y, en mi opinión, proporciona las bases adecuadas para una verdadera aplicación

---

82. F. Sánchez Marín y A. Barbadillo han sido las dos figuras contra las que autores y editores han tenido que bregar, a este segundo nivel apuntado. Por lo que se refiere al primero de ellos, su función fue extremadamente importante porque le cupo aplicar la Ley de Prensa e Imprenta cuya vaguedad le obligaba a un asombroso nominalismo por un lado y, por otro, a un liberalismo verbal inusitado hasta entonces. Su actuación cabría caracterizarla con aquello de que «del dicho al hecho va un trecho». A. Barbadillo ha sido siempre mucho más circunspecto. Pocos serán los que puedan aportar un testimonio referente a su opinión personal sobre censura. Se ha remitido siempre a la «superioridad» y ha entendido que —con independencia de su opinión personal— su misión consistía en llamar la atención de sus superiores sobre los posibles aspectos delictuosos discernibles en las obras. En realidad, como un tecnócrata, se ha curado en sano, lavándose siempre las manos. Aplicaba a rajatabla la legislación vigente, lo cual le permitía condenar generosamente.

de una realista libertad de prensa que no vaya ni en contra de nuestra tradición, ni en contra de nuestro presente, ni en contra de nuestro futuro [...]. Creo que nuestro país, después de un cuarto de siglo de paz y después de una larga experiencia política, está en condiciones de lograr una auténtica libertad de prensa efectiva y responsable, en la cual haya conformidad entre las normas y las realidades.»[83] Las normas —no se olvide— eran las siete Leyes Fundamentales, y la realidad, la que hemos tratado de esbozar. Quedaba fuera de los ámbitos de la ley la realidad de aquellos cuyos valores morales, estéticos o políticos no se ajustaban ni a la tradición ni al presente ni al futuro entrevisto por el régimen.

Quedaron derogadas las leyes de Imprenta de 26 de junio de 1883, la orden de 29 de abril de 1938 referente a los trámites previos a la publicación de libros, el decreto de 23 de septiembre de 1941 sobre autorización para la publicación de obras, la orden de 23 de marzo de 1946 sobre censura previa, el decreto de 11 de julio de 1957 por el que se regulaba el requisito de pie de imprenta en las publicaciones periódicas o unitarias y, finalmente, la orden de 21 de julio de 1959 por la que se establecía el número de orden del Registro de Publicaciones para libros editados en España o importados del exterior. Desde entonces hasta 1975, diecinueve decretos y una orden han regulado, establecido, reglamentado, determinado, dictado, conferido, dispuesto y refundido un complejísimo sistema de libertad de prensa e imprenta, que al igual que el Decálogo, se resume en dos: libertad de expresión y acatamiento de la ley. Este aparente liberalismo de los enunciados quedó limitado nada menos que por el respeto a la verdad y a la moral, el acatamiento a la ley de Principios Fundamentales, las exigencias de la defensa nacional, de la seguridad del Estado y del mantenimiento del orden público interior y de la paz exterior, y para colmo, el debido respeto a las instituciones y a las personas en la crítica de la acción política y administrativa.[84]

83. Discurso de M. Fraga Iribarne en la sesión del día 15 de marzo de 1966, incluido en el volumen *Prensa e Imprenta* de la colección «Textos Legales» del «Boletín Oficial del Estado», con el picante detalle de una nota donde se advierte que se trata de un «texto revisado».
84. La ley Antilibelo de 1 de abril de 1977 ha derogado el artículo 2 de la ley de Prensa e Imprenta y el artículo 175 bis del Código Penal. Sin embargo, resulta inquietante tener que constatar la vaguedad de la

En el discurso ante el Pleno de las Cortes en defensa del dictamen sobre el proyecto de ley se insistió en no confundir la libertad de expresión con la libertad de prensa e imprenta, ya que si la primera era un derecho individual e inalienable del hombre, la segunda, en cambio, era sólo uno de los usos que podían hacerse de un medio de difusión de ideas, de una técnica, y caía, por tanto, dentro del marco y de las previsiones que contempla cualquier ley reguladora de la comunicación con la colectividad. Como ejemplos palmarios de similitud en lo tocante a las limitaciones a las que debía subordinarse la transmisión de la palabra escrita se hacía resaltar el parentesco de la nueva ley de prensa e imprenta con la Declaración Universal de Derechos del Hombre de las Naciones Unidas, del Consejo de Europa, etc.

La nueva ley suprimía la consulta previa y obligatoria, salvo en los estados de excepción y de guerra expresamente previstos en las leyes, especialmente en la Ley de Orden Público de 30 de julio de 1959. En su lugar, la consulta voluntaria, no obligatoria a todas luces, pero a la que recurrieron la inmensa mayoría de escritores, temerosos de ser víctimas de alguna imprudencia. Pero, además, esta nueva modalidad censoria obligó a los editores a vigilar —pero, sobre todo, a expurgar— mucho más que antes los manuscritos, ya que, en el caso nada hipotético de que alguna personalidad o institución del régimen considerara que lo publicado había infringido de algún modo la ley, el editor era subsidiariamente cómplice del delito cometido.[85] Los editores tuvieron inclinación a excederse en celo. De suerte que fueron ellos quienes, a ojo de buen cubero, tuvieron que prever, en colaboración forzosa o libre con los propios autores, cuáles serían los criterios. Por otra parte, la nueva ley de Prensa atribuía

nueva legislación: «La Administración sólo podrá decretar el secuestro administrativo de aquellos impresos [...] que sean contrarios a la unidad de España, que constituyan demérito o menoscabo de la Institución Monárquica o de las personas de la familia real, que de cualquier forma atenten al prestigio institucional y al respeto, ante la opinión pública, de las fuerzas armadas.»

85. En 1972, José Ángel Valente y, subsidiariamente, su editor, fueron procesados ante el Tribunal de la Región Militar de Canarias, a causa de un breve texto que el ejército consideró injurioso. Se trataba de un cuento titulado *El uniforme del general* incluido en el libro *Número trece*. El editor fue condenado y el poeta —residente en Suiza— lo fue en rebeldía.

a la Administración —la censura— la potestad de sancionar toda transgresión imaginable independientemente de las causas a que dichas infracciones pudieran dar lugar ante los tribunales. No sólo, pues, pudo la censura administrar previamente su propia justicia —ordenando secuestros, imponiendo multas, suspendiendo licencias...—, sino que, para colmo, se le ofreció al fiscal del Tribunal Especial para delitos de prensa e imprenta un puesto de trabajo a media jornada en la Sección de Ordenación Editorial, para que, desde su despacho de las tardes como censor, se enviara a sí mismo como fiscal denuncias adecuadamente formuladas.[86]

En resumen, la Ley de Prensa e Imprenta fue un montaje jurídico que hizo posible la aparición de las divergencias políticas que se ajustaban a la tradición, al presente y al futuro entrevisto por el propio régimen y, al mismo tiempo, mantenía cerradas las puertas a cualquier veleidad política de signo opuesto. Sólo en la medida en que la base sociológica del franquismo se fue estrechando, y en la medida asimismo en que los tránsfugas fueron engrosando las filas de los discrepantes políticos, la censura, por pura inercia, no tuvo más remedio que cambiar de método y aplicar criterios cada vez más amplios.[87] Sólo el simple y cómodo nominalismo en que paró la nueva ley explica —entre muchos— el extrañísimo caso de *La muerte de Honorio*, del venezolano Miguel Otero Silva, novela destinada a la exportación, retenida por censura desde 1968, reiteradamente presentada a

86. No es impensable que una de las graves razones para expoliar la documentación de las cajas trasladadas a los archivos de Alcalá haya sido —entre muchas— la de eliminar pruebas documentales de la excesiva confusión de poderes durante la época franquista.

87. Pío Cabanillas, una semana antes de su defenestración política de 1974, me entregaba el texto de su *Pregón del Día del Libro* pronunciado en Barcelona, subrayando con lápiz de carbón lo siguiente: «Pero no nos engañemos. Sin dejarse llevar por temores apocalípticos ni caer en el misticismo del desarrollo, debe preverse que el grado conflictivo de la sociedad española crecerá al lograr los niveles económicos del mundo industrializado. De ahí que no sea hoy posible un nuevo *consensus* social, sino en una sociedad que acepte en lo cultural y en lo político, la simultaneidad de las relaciones de autoridad con las relaciones de conflicto. Por eso es indispensable que la sociedad permita cierto grado de inquietud, ligado a la permanente búsqueda del equilibrio y rechace la fórmula simple de que la menor alteración deba ser tratada siempre como desorden [...]. Pero no podemos quedarnos en un simple y cómodo nominalismo, sino que hemos de dotar a estas palabras de contenido auténtico, si no queremos una vez más conformarnos con la superficialidad fácil de las declaraciones verbales.»

reconsideración y que, por fin, fue autorizada en marzo de 1976 por el ministro Martín Gamero en persona, invocando para ello nada menos que el artículo primero de la ley, según el cual había desaparecido la censura. Se había tardado diez años en darle auténtico contenido a la tramoya jurídica de Fraga Iribarne.

La única manera de percatarnos de lo que ha sido la censura real, la censura practicada, es detenernos a examinar algunas de las negociaciones a las que el sometimiento de los manuscritos dio lugar. Claro está que no todos los escritores españoles, víctimas implacables de la censura, han tenido la fuerza de voluntad para encararse con la Administración. Sin embargo, la arbitrariedad censoria llevada a límites extremos puede darle al escritor sólo preocupado por salvar su obra la fuerza de voluntad necesaria para librar batalla a campo abierto. Cuando un censor, en un arrebato de petulancia, decide amputar las palabras esdrújulas de un texto porque le parecen y siempre le han parecido malsonantes, semejante aberración prosódica calma venganza al cielo. Tal fue el caso ocurrido a Isaac Montero.[88]

Pero hubo muchos casos más. La más completa y, documentalmente, exhaustiva negociación que jamás haya llegado hasta nuestras manos es la originada por la defensa de

---

88. Isaac Montero ha contado en el prólogo a la edición a cuenta y riesgo de autor de *Alrededor de un día de abril*, titulado «Relatos y consideraciones en torno a las diversas artes y libertades existentes hoy día», el singular diálogo mantenido con un censor en 1964 —sin duda se trataba de la defensa del manuscrito de *Una cuestión privada*, premio «Sésamo» de novela corta— en el transcurso del cual se sitúa este pasaje antológico:

«Insólito, no —dijo—. Insólito, no, evidentemente. —El hombre me contemplaba. Supongo que no esperaba ni mi aprobación ni mi rechazo. En fin de cuentas, toda persona necesita hablar con los demás. O quizá aquello, repito, formaba parte de su ritual. Y sin embargo, lo que me pasó por la cabeza en ese instante me llevó a responderle:
»—Y, ¿por qué no insólito?
»—Hombre, insólito es una palabra demasiado rotunda. Mejor desacostumbrado, por ejemplo.
»—Son sinónimos —respondí—. No cambia en nada el sentido de la frase.
»—Sí cambia; claro que cambia. Insólito es una palabra esdrújula. ¿No se da usted cuenta?
»—Sí, desde luego.
»—Los esdrújulos siempre proporcionan un matiz malsonante, agresivo. ¿No se da cuenta? Sí, hombre, usted lo sabe mejor que yo. El problema no está en lo que digamos, sino en la forma.»

la novela *Un mundo para todos*, de Miguel Buñuel. Tras haber dictaminado la entonces denominada Inspección de Libros la supresión de algunos pasajes en 54 folios, el escritor logró salvar buena parte de las supresiones exigidas rebatiendo línea a línea y palabra por palabra las aprehensiones de los censores frente al texto en un alucinante alarde de sofística.[89]

De semejante envergadura han sido también las negociaciones emprendidas por Francisco Candel, uno de los escritores que cuenta en su haber con el historial más voluminoso —sin género de duda— de relaciones con la administración censoria: secuestros, silencios administrativos, restricciones especiales, supresiones y cortes de importancia a todo lo largo y ancho de su obra. Su predilección por determinados asuntos y temas, su interés por los grupos sociales marginados o silenciados en el universo literario español y el tratamiento deliberadamente «proletario», directo y rectilíneo en vez del acostumbrado uso oblicuo, elíptico, elusivo, todo ello ha sido causa de un sinfín de resistencias y embrollos en los que dicho escritor se ha visto envuelto continuamente. En octubre de 1976, en el registro alfabético de autores de la Sección de Ordenación Editorial figuraba todavía una nota en la parte superior de la ficha correspondiente a Francisco Candel en la que podía leerse: «Ojo, cualquier entrada de este señor, que pase inmediatamente al jefe (Sr. Sánchez Marín).» Impresionante es el recurso de 50 folios en defensa de las tachaduras en 110 de las 300 páginas del original del *Diario para los que creen en la gente,* presentado a censura el día 2 de mayo de 1973 por la editorial Plaza y Janés y del que nos ocuparemos próximamente en otro lugar.

Vamos a tomar dos muestras, ambas altamente significativas de la práctica censoria. La primera será de Isaac Montero, ya que las negociaciones originadas por la consulta de su novela *Alrededor de un día de abril* fueron una puesta a prueba y desafío a la entonces recién promulgada ley de Prensa e Imprenta de 1966. La consulta del expediente completo de esta novela en los archivos de la censura nos ha corroborado nuestro punto de vista, según el cual los únicos criterios inmutables han sido los referentes a la moral y al dogma en la perspectiva que hemos apuntado antes: la única discrepancia posible se reducía a la ortodoxia dogmá-

---

89. Sobre la novela de este escritor véase pp. 195 y ss.

tica y moral. La novela en cuestión no planteó reserva alguna a los censores en el campo de las ideas políticas y, sin embargo, condujo al novel autor al Tribunal de Orden Público —tribunal, dicho sea de paso, especialmente creado para el enjuiciamiento de delitos políticos. El segundo botón de muestra se basará en la documentación hallada en los mismos archivos referente a la obra de Alfonso Sastre, autor politizado por excelencia, uno de los escasos escritores que haya escrito como si no hubiera censura y que jamás ha emprendido defensa alguna de sus escritos ante censura. El caso de este escritor pondrá de manifiesto cómo, en 1966, se condenaba al silencio *La tragicomedia de la Sangre y la Ceniza o Diálogos de Miguel Servet* a causa de su transparencia política, pero invocando para su denegación no criterios políticos, sino las «ofensas al dogma católico con escarnio y mofa».[40]

90. De entre los 61.401 expedientes expurgados después de octubre de 1976, en el MIT, con anterioridad a su traslado a Alcalá, hay que considerar como salvados los referentes a Isaac Montero y Alfonso Sastre —números 632-66, 3.253-66 y 3.074-66, respectivamente. Tenemos en nuestro poder una transcripción mecanografiada de la casi totalidad de dichos documentos. He aquí su relación, en cuanto a Isaac Montero se refiere: 1) Informe no fechado y con firma ilegible. Comienza con «La hija de una familia burguesa» y termina con «que otro lector revise los puntos señalados». 2) Recurso interpuesto por Isaac Montero, cinco folios, con fecha 31 de marzo de 1966. 3) Carta del director general al fiscal del Tribunal Supremo de fecha de 30 de septiembre, acompañada de varias fotocopias referentes al caso. 4) Nuevo informe con firma ilegible: «Violenta crítica de la burguesía...» 5) Ratificación de la denegación en revisión con referencias a los demás informes —seis en total—, fechada el 21 de abril de 1966. 6) Extracto de los informes de los diversos lectores. 7) Extracto de las resoluciones de la Administración. 8) Carta del subdirector general, Alejandro Muñoz Alonso al jefe de Sección pidiendo los antecedentes del libro. 9) Historial, fechado el 21 de enero de 1969 y firmado por A. Barbadillo. 10) Información diversa sobre la marcha y gestiones cerca del Tribunal Supremo. 11) Sumario 225-66 del Juzgado de Orden Público, rollo núm. 903 de 1966, sentencia núm. 144. 12) Recurso de casación números 17-67 y sentencia dictada el 14 de diciembre de 1968. 13) Carta del teniente fiscal del Tribunal Supremo, don Leonardo Ruiz, al director general de Información. 14) Copia de la carta dirigida al excelentísimo señor don Pedro Cantero Cuadrado, presidente de la Comisión Episcopal sobre Medios de Comunicación Social. 15) Recortes del «Heraldo de México» y de «Il Giorno». 16) Ejemplar de la edición a cuenta de autor y banda publicitaria. 17) Documento titulado: «Copias de los informes sobre esta obra», con ligeras supresiones de algunos pasajes de los informes originales y documento sobre jurisprudencia en materia de atentados a la moral desde el 3-10-1887 hasta el 7-7-1926.

En 1965, la editorial Plaza y Janés convino con Isaac Montero en la publicación del manuscrito de *Alrededor de un día de abril* en una de sus colecciones. La firma del contrato quedó postergada —como era usual— hasta que el Servicio de Orientación Bibliográfica hubiera remitido la correspondiente papeleta. A principios de 1966 el editor sometió a «consulta previa y obligatoria» el texto de la novela. Todavía estaban en vigor las prescripciones anteriores a la ley de Prensa e Imprenta. El día 9 de marzo de 1966 apareció en el «Boletín Oficial del Estado» el texto de la nueva ley y el día 31 del mismo mes aparecieron los trece decretos por los que se regulan y dictan las normas de aplicación. El día 4 de abril aparece en el mismo «Boletín Oficial del Estado» una retahíla de órdenes que dan el retoque final y hacen operacionales los setenta y dos artículos, disposiciones finales y transitorias de la nueva ley. El 15 de abril recibe el autor de la novela una carta en la que el editor le comunica que *Alrededor de un día de abril* ha sido prohibida en su totalidad por la censura y que sólo queda el recurso al director general de Información.

La novela ha sido rechazada por su anticlericalismo, obscenidad y por su despiadada crítica de la burguesía. Las tachaduras —71 sobre 350 folios— no son cuantitativamente importantes, pero «afectan —según el autor— al retrato de un sacerdote, personaje clave en la novela, y la descripción de unas relaciones eróticas entre otros de los personajes protagonistas».[91] Conviene hacer hincapié en la actitud adoptada por el jefe del Servicio, Sánchez Marín, el funcionario de mayor longevidad como censor: «Ante mis primeras palabras de réplica: todo eso es absolutamente opinable —cuenta Isaac Montero en el prólogo a la edición de su novela publicada a cuenta de autor—, el señor Sánchez Marín pone en movimiento su más potente maquinaria de gentilezas, caballerosidad, comprensión y amplitud de criterios. Él mismo se apresura a proclamar su personal estimación de que el escritor posee un insobornable derecho a unas libertades expresivas que no han de ser limitadas por puertas excesivamente estrechas ni interpretaciones rigurosas; que, por lo demás, yo debo tener en cuenta que acabo de escu-

91. Véase el prólogo a la edición de autor antes aludido, página 13 de la copia mecanografiada del manuscrito, que es la única que tenemos a mano.

char el más duro de los informes emitidos; que, en su opinión, mostrar críticamente la conducta de un sacerdote no es hacer anticlericalismo; que ni siquiera el anticlericalismo atenta contra la sustancia de la fe; que la crítica de la burguesía resulta, incluso, ineludible, pues la burguesía se presenta plagada de incontestables lacras que pueden y deben ser juzgadas con dureza; que, en fin, la consideración de lo obsceno y lo pornográfico, cuando el arte media, es una tarea dificultosa en verdad.»[92] Semejante actitud y monólogo hubieran sido sostenibles y coherentes en cualquier otra parte menos en el propio despacho del jefe de Orientación Bibliográfica y en presencia de un autor a quien le ha sido denegada la publicación de una novela por un dictamen basado en razonamientos contrarios y contradictorios a los sustentados allí mismo por el jefe del Servicio. Ante tales alardes de aperturismo y comprensión se produce en la mente del escritor una suerte de desdoblamiento esquizofrénico y acata, libremente, realizar la revisión del manuscrito para someterlo a consulta voluntaria de acuerdo con la recién instaurada ley de Prensa e Imprenta. El autor acepta convertirse en «lector suspicaz» que detecte y enmiende lo que ha podido motivar la prohibición de la obra. Isaac Montero —como tantos otros escritores— acepta «lo que es propio del que delira: asumir una personalidad que no le corresponde, para, desde ella, enjuiciar el mundo o una parcela del mundo; en este caso, mi propia novela».[93]

Durante cierto tiempo el escritor efectuará la poda y los injertos aconsejados hasta que se percate de la absurdidad. Dejará, entonces, de respetar los «consejos» y remitirá el texto original. Para los censores, a estas alturas, la novela ha dejado de ser anticlerical y se ha convertido en un texto obsceno. En resumen —como ya es sabido— la obra fue publicada a cuenta del autor y dio lugar a la apertura de un expediente denunciario ante el TOP, que, en 1976, aún quedaba pendiente, pero tan en vía muerta que ni siquiera el propio escritor pensaba que fuese algún día desenterrado.

En los archivos de la censura figura un voluminoso expediente a cuenta de Isaac Montero. En él, seis censores tratan de demostrar que hay en la novela «una violenta crítica de la burguesía española y americana y del clero, especialmen-

92. *Ibid.*
93. *Ibid.*

te del español». Uno de los anónimos censores añade: «[...] hay ligeras alusiones de crítica negativa a la política española en las páginas 7 a 8, 12 y 172, de las que el autor podría prescindir fácilmente y que no caracterizan la obra. El lenguaje de la novela es premeditadamente grosero (páginas 20, 105, 205, 207, 241). No se retrocede ante los comentarios más obscenos (página 21) ni ante escenas francamente inmorales (páginas 173, 228, 259, 276, 281), el uso de anticonceptivos (páginas 22, 264, 276, 278) y el recurso al aborto (páginas 22, 44, 54, 48 y 291) no son rechazados, y si lo son es por razones no válidas. Los ataques al clero se encuentran en las páginas 10, 12, 24, 30, 43, 44, de 46 a 48, 49, 50, 102, 107, 108, de 183 a 185, de 324 a 325. Son durísimos y de mal gusto. He señalado en el texto, aparte de las páginas citadas, lo que contribuye a dejar patente el porqué de mi juicio negativo acerca de esta novela, cuyo tono descreído e inmoral la hacen, a mi juicio de ver, impublicable. No deberá autorizarse.»

«Hay —escribe otro censor— un sinfín de frases y situaciones eróticas que inciden en lo obsceno, con pérdida absoluta del sentido del pecado [...]. Presenta una forma de catolicismo español falsa e inadmisible [...]; queriendo criticar un catolicismo aburguesado que puede admitir crítica, cae en el sarcasmo y la burla de las verdades fundamentales.»

La connivencia con la Iglesia queda patente en una carta dirigida a monseñor Pedro Cantero Cuadrado, arzobispo de Zaragoza y presidente de la Comisión Episcopal sobre Medios de Comunicación Social, en la cual se comunica la denuncia presentada al Ministerio Fiscal, y se señala que cabe advertir en la obra una intención general de hostilizar a la Iglesia y de ridiculizar al clero.

Por último, en dicho expediente figura un detallado informe —anónimo también— en el que se reproducen nueve citas de la novela no coincidentes con ninguna de las páginas citadas por los cinco «lectores» anteriores, a saber: las páginas 53, 63, 70, 81, 81-82, 84, 85, 143 y 145, y según dicho jurisconsulto, en estas citas «se dan los requisitos legales para la existencia del delito tipificado en el artículo 209 del Código Penal común, en relación con el artículo 213 de dicho Cuerpo legal». A continuación se reproduce el texto de ambos artículos y la jurisprudencia en materia de ofensas a la Iglesia católica comprendida entre el 3-10-1887 y el 7-7-1926.

Cinco citas más, extraídas de las páginas 19, 26, 33, 38,

38-39, inciden en el artículo 252 del Código Penal, ya que encierran el propósito de perjudicar el crédito de la autoridad del Estado, ya que dichas frases están dirigidas a órganos de la Administración y al mismo Gobierno.

Como colofón, el informante descubre, incluso, un ultraje a la nación española y escribe: «El ultraje a la nación española queda claramente expresado en la frase de la página 55, en la que se dice: "Ni aun los periódicos de este domesticado país, cuando escriban mirando a nuestra moneda." Esta frase es subsumible en el ap. 4 del art. 251 del tan repetido Cuerpo legal, que dice: "Realizar o proyectar un atentado contra la seguridad del Estado, perjudicar su crédito, prestigio o autoridad o lesionar los intereses u ofender la dignidad de la nación española." En síntesis, el libro incide en los art. 209, 213, 251 y 252 del Código Penal común. Debe ser enviado a los Tribunales de Justicia en virtud de lo dispuesto en el art. 64 de la vigente Ley de Prensa e Imprenta. Madrid, 27 de julio de 1966.»

Una novela fundamentalmente rechazable por su posible anticlericalismo, obscenidad y erotismo se ha convertido con el paso del tiempo y con la multiplicación de «lecturas» en hostil al régimen e, incluso, en crimen de lesa patria. La graduación, tanto cualitativa como cuantitativa de los delitos en que el autor parece haber incurrido pone de manifiesto la endeblez o la falta de criterios de los responsables de censura. En 1966, los criterios de orden moral habían diáfanamente dejado de tener el peso y el acato que el régimen les había acordado en la década de los años cuarenta. El recurso a la jurisprudencia en materia de ofensas a la Iglesia —jurisprudencia que hay que buscar en la historia— es sólo un medio de intimidación. Lo grave en el caso de Isaac Montero es su desenfadado descaro al sólo querer presentar la obra a depósito haciendo caso omiso de la «consulta voluntaria». En julio de 1966 se incoa un sumario por supuesto delito de propaganda ilegal y escándalo público: ni ofensas a la Iglesia ni merma al crédito de la autoridad del Estado ni —por supuesto— ultraje a la nación española. El TOP dicta sentencia con fecha 31 de diciembre de 1966 por la que se condena al procesado como responsable, en concepto de autor, de un delito de propaganda ilegal, pero absolviéndole por delito de escándalo público, ya que el libro «no ha producido ni ha podido producir ofensas al pudor ni a las buenas costumbres». Es decir, el criterio de salvaguardia de la moral pública esgrimido por la censura resulta estar desprovisto de fundamento y queda, eso sí, la posibilidad de que en la novela se haya vertido algún concepto delictuoso de propaganda ilegal. Estamos al cabo de la calle. Una novela se deniega no por los conceptos de todo orden vertidos en ella, sino porque cualquier escrito puede —en la España de ese momento— convertirse formalmente en delito de propaganda ilegal. La falta de rigor en las formulaciones jurídicas conduce fatalmente a un irenismo sin fronteras. Y esto es un acto de voluntad política, una posibilidad de coerción calculada, es decir, arbitrariedad.

Cuando la editorial Aguilar, en 1966 también, presenta a consulta voluntaria el manuscrito para la edición de las *Obras completas* del teatro de Alfonso Sastre, éste tiene ya en su haber un largo historial político como escritor comprometido y es, además, un «conocido» de la Dirección General de Cinematografía y Teatro.[94]

Sastre se había señalado ya en 1945 con la fundación de Arte Nuevo a propósito del cual dirá más tarde que «surgió como una forma, quizá tumultuosa y confusa, de decir "no" a lo que nos rodea».[95] En esta primera época se consolida

94. El director general de Teatro y Cinematografía fue debidamente consultado antes de que se diese el definitivo *placet* a la edición de las obras completas de este dramaturgo: «Contesto a tu nota relativa a las manifestaciones con que Alfonso Sastre prologa la edición de sus O. C.; en cuanto a las que hace sobre las circunstancias o cuestiones suscitadas con la censura, en la etapa anterior a la presente, nada puedo contradecir ni ratificar, puesto que en realidad las desconozco y sus aseveraciones no permiten, por sus mismas características, una comprobación fehaciente y documental de su contenido: son inciertas, y por tanto entiendo que deben suprimirse las manifestaciones del señor Alfonso Sastre relativas a mi oposición [...].» El director general de Teatro se refería —entre otros muchos casos— al de la prohibición de *Por la noche* en el teatro María Guerrero. La comprobación fehaciente y documental de las aseveraciones de Alfonso Sastre hubiese podido hacerse con la simple consulta del expediente.

95. Respuesta de Alfonso Sastre a Ricardo Doménech, recogida por F. Ruiz Ramón en *Historia del teatro español. Siglo XX*, Madrid, Ediciones Cátedra, 1975, pág. 385. Curiosa la historia de este libro —dicho sea de paso. La primera edición, publicada por Alianza Editorial, fue denunciada al ser presentada a depósito en virtud del artículo 64 de la ley de Prensa e Imprenta, que estipula lo relativo a «la responsabilidad penal y medidas previas y gubernativas». Según los lectores, hay párrafos que «constituyen un evidente deseo de menospreciar la España del Movimiento» y, además, en el texto se «manifiesta un notable parcialismo, resaltando a los autores que no cuadran dentro de las directrices políticas del Régimen».

una idea del teatro como instrumento de agitación y transformación de la sociedad. Más tarde, en 1950, funda con José María de Quinto el movimiento TAS (Teatro de Agitación Social), por el que trata de llevar la agitación —la toma de conciencia— a todas las esferas de la vida social española desde un teatro concebido sobre todo como un arte social en el que no importa tanto la perfección artística como la purificación social a la que la obra sirve, es decir, su proyección política.

La labor de Sastre en la vanguardia del teatro ha sido incansable: fundación del Grupo de Teatro Realista, organización de los Coloquios de Santander sobre problemas actuales del teatro en España y publicación de sus libros *Drama y sociedad*, *Anatomía del realismo* y numerosos artículos.

Inicialmente fueron denegadas por censura cinco de las diez piezas teatrales que debían figurar en el tomo. Las prohibidas fueron las siguientes: *El círculo de la tiza*, *El cubo de la basura*, *Por la noche*, *Uranio* y *La Tragicomedia de la Sangre y la Ceniza*.

Los censores examinaron el volumen separando claramente tres aspectos: *a*) el prólogo de Domingo Pérez-Minik; *b*) la presentación de cada una de las obras donde Alfonso Sastre trata de dar noticia de los avatares sufridos hasta su inclusión en ese primer tomo de *Obras completas*, y *c*) el texto de las obras.

En el prólogo se tacharon las palabras y frases que pudieran dar a entender que el dramaturgo había sido, en algún momento, víctima de la censura: «[...] ese dramaturgo español desplazado, provocador (e inmolado)»,[96] «[...] (sin que nos ocupemos, por ahora, de la censura oficial), *La Sangre y la Ceniza*, obra no editada ni representada todavía (que hasta hoy no se pudo representar en España)», «(Alfonso Sastre no pudo conseguir el honor de la asistencia o reprobación pública)». También fueron suprimidas las frases que implicaran un desvío de la historiografía oficial, crítica velada de la situación social presente o pasada y cualquier apreciación que indujera a enlodar las supuestas primigenias virtudes del pueblo español: «([...] de nuestro fanatismo tra-

96. Al igual que en el caso de Isaac Montero podríamos ofrecer aquí la relación de documentos desaparecidos del expediente de Alfonso Sastre, pero creemos que dicha relación no es necesaria para avalar la autenticidad de los datos que utilizamos.

dicional, de nuestra evolución histórica cojitranca)», «(frenética imposición religiosa, siempre constituida para disfrutar de unos privilegios adquiridos, hasta la revelación de la libertad y el restablecimiento de una justicia disputada)», «(una de sus mayores preocupaciones fue el encontrar una tragedia digna de ese pueblo que no la tuvo nunca)», «(originada por cierto clima opresor)», «(con la opresión de todas las minorías, sin juego y sin diálogo, sin lucha de contrarios, la "tragedia" no pudo nacer nunca)», «(de una metafísica inicial Alfonso Sastre fue pasando a una revolución concreta de raíz política; hay una época en sus dramas en que se trata de buscar a los responsables de los crímenes sociales contemporáneos)», «(pero parece que estamos condenados a hablar de nosotros mismos escondida la cabeza bajo el ala)». Éstos son algunos de los cortes del prólogo, todos ellos referidos a *La Tragicomedia de la Sangre y la Ceniza*.

En la presentación a cada una de las obras escritas por Alfonso Sastre hay frecuentes alusiones a la censura de teatro, a conversaciones con funcionarios de la Dirección General de Cinematografía y Teatro y a otras incidencias. Estos pasajes, «subrayados en los folios doblados por el ángulo superior derecho y separados por medio de un papel», fueron examinados por la Dirección General de Teatro.

En el prólogo a *Escuadras hacia la muerte* se censuró: «En el año 1953, como queda dicho, fue estrenada por el Teatro Popular Universitario, en el teatro María Guerrero de Madrid. A la tercera representación la obra fue prohibida por la censura bajo la presión, por lo que pareció, pues nunca se me dieron explicaciones, de algunas importantes protestas de origen militar. El mismo año, sin embargo, se autorizó la publicación de la obra en la colección Escélicer. En 1955 presenté un recurso en la Dirección General de Cinematografía y Teatro; esa Dirección General envió la obra al Estado Mayor del Ejército; la devolvió con un oficio condenatorio que comprendía cinco puntos; este oficio me fue leído en la Dirección General, con lo que quedaba cerrada toda posibilidad de resurrección pública del drama.»

No es éste el lugar más oportuno para publicar todo lo que la censura amputó a las notas de entrada. En la mayoría de los casos la censura evitó que se fuera demasiado explícito y concreto: se suprimió la mención de prohibiciones en cuanto a la publicación, representación o adaptación de las obras, así como citar nombres y apellidos —o rango—

de los funcionarios con quienes se sostuvieron entrevistas.[97]

El informe censorio que más información nos ofrece acerca de la aplicación de criterios es, sin género de duda, el correspondiente a *La Tragicomedia de la Sangre o Diálogos de Miguel Servet*, pieza inédita y sin estrenar hasta 1977.[98] El primer lector no le hizo muchos reparos. Salvo la alusión al prepucio de san Colodrón, estima que, habiendo sido ya denegada en 1965, con la supresión de dicho pasaje podría autorizarse incluida en el tomo de las *Obras completas*. El lector señala, sin embargo, un posible peligro: «Como Alfonso Sastre suele emplear lenguaje moderno, figuras y metáforas actuales, y está inscrito en el izquierdismo español, en el socialismo de algunos de sus colegas de profesión pueden resultar equívocos e intencionados algunos conceptos de tipo político.»

El segundo dictamen es una auténtica *pièce de résistance*. El lector hace un análisis incontrovertible de la significación política de la pieza con tal lucidez de juicio que cabe legítimamente preguntarse cómo fue posible concluir en una rotunda denegación tras haber producido semejante informe. Véase integralmente reproducido para regocijo de malquerientes:

«La obra referenciada es una pieza teatral que tiene por héroe a Miguel Servet, célebre humanista y médico español del siglo XVI, descubridor de la circulación pulmonar de la sangre, que fue durísimamente perseguido por la Iglesia católica romana a través de la Inquisición francesa por sus opiniones sobre el dogma de la Santísima Trinidad expresadas en *De Trinitatis erroribus* (1531) y *Dialogorum de Trinitate* (1532), y condenado a morir a fuego lento acusado de herejía por Juan Calvino basándose en la geografía de Ptolomeo. La obra que nos ocupa pretende ser, y lo es, un alegato contra el autoritarismo y sistemas totalitarios de gobierno, contra los Estados policíacos, contra la intransigencia y la intolerancia religiosa, contra el sistema tiránico y dictatorial de gobierno, contra la persecución de los ciudadanos por los gobernantes que no comulgan con sus ideas religiosas o culturales, contra el absolutismo religioso y la teocracia, contra la censura literaria y sus secuelas de registros para secuestros de libros,

97. A este tipo de aseveración ni documental ni fehacientemente comprobable hace referencia en su carta el director general de Cinematografía y Teatro. Véase nota 94.

98. Si no nos falla la memoria, fue estrenada en Barcelona en enero de 1977. No faltaron las amenazas de atentado, llegándose incluso a la fehaciente comprobación de las mismas.

contra el sistema de comisarios y brigadas políticas; en definitiva, contra los sistemas de ausencia de libertades civiles y políticas. La ambientación de la obra para la crítica de los sistemas expresados se hace a base de presentar a actores figurantes con uniformes del ejército nazi o fascista, con vestuario del Ku-Klux-Klan, así como una orquestación a base de música nazi, de la Semana Santa, etc. Las figuras centrales son Miguel Servet, el héroe, prototipo del hombre inteligente o humano adelantado de la ciencia, en tradición liberal y progresivo, y Juan Calvino, el tirano y dictador, cínico, policíaco y pleno de intransigencia. La obra es publicable con las supresiones en rojo de las páginas 10, 22, 23, 35 y 36, 72, 73, 74, 79, 94, 113 y 114, 135, 136, 137 y 138, 146, 150 y 152, claramente ridiculizadoras o injuriosas para la Iglesia católica, algunos de sus dogmas (aunque el que hable sea un hereje), para algunas clases del Estado como la Policía y el Ejército, las injurias contra los cuales son perseguibles de oficio. Es necesario tener en cuenta que la injuria no sólo se comete manifiestamente, sino por medio de alegorías, sistema aquí empleado. En muchos momentos la injuria es manifiesta. La intención de injuriar se desprende del hecho de que el protagonista Miguel Servet es el héroe, al que se ensalza o queda elogiado en definitiva y que es él, o ante él, con su consentimiento, ante quien se vierten las injurias. Al final aparecen confusamente o a veces claramente una mezcla de elogio al socialismo y al anarquismo. (Nota: la opinión de un religioso no sería desaconsejable.) Se propone la denegación por ofensas al dogma católico con escarnio y mofa.»

Especial atención merecen los motivos aducidos por el lector para proponer la denegación pura y simple de la obra. Mientras en su informe insiste en el alcance político de la pieza —llegando, incluso, a esbozar un inventario perspicaz de las características del «autoritarismo y sistemas totalitarios de gobierno»—, se contenta, al final de su informe, con remitirse a las ofensas hechas contra el «dogma» con escarnio y mofa. Sorprende, a decir verdad, que habiendo podido constatar también injurias contra la Policía y el Ejército —«perseguibles de oficio»—, pilares básicos para el sustentamiento del régimen totalitario contra el que se dirige el alegato de Alfonso Sastre —son palabras casi textuales del lector—, sorprende, repetimos, que se quiera hacer pagar los platos rotos de la denegación al cuidado con que el Estado vigila las ofensas proferidas contra el dogma católico. Otra incongruencia notable en el informe estriba en que, por un lado, la obra sería publicable si se practicase un determinado número de supresiones, y por otro, se propone su denegación, hecho caso omiso de tales cortes —hay que suponer. Nadie puede sustraerse a la impresión —a la certeza habría que decir— de que la censura ha tratado de asestar un golpe amagando el brazo. Los verdaderos obstáculos con que se tropieza la autorización de la obra son la personalidad de Alfonso Sastre y, sobre todo, la transparencia política de su *Tragicomedia*, certeramente apuntada por el lector. Todo lo demás son subterfugios para escabullir el bulto. Éstas han sido siempre las estratagemas empleadas por una censura incapaz de dotarse de claros criterios en el movedizo terreno de la literatura de creación. En la ensayística y en los estudios sobre historia se han aplicado, a rajatabla, criterios consecuentes con la historiografía nacionalista y cuya ortodoxia supervisaban R. de la Cierva y colaboradores.

A la vista de los cortes impuestos a la obra queda claro que a la censura le preocupó principalmente la ridiculización hecha de la Policía —y, por extensión, la del Ejército— y no tanto lo que sobre la Trinidad y el Concilio de Nicea pudiera ponerse en boca de un hereje.

Veamos las tachaduras:

En la página 10 se suprime «agentes de Policía [...]; «[...] que son, a mi modo de ver, propios de hijos de puta». En la página 22: «[...] bajo el patrocinio del Santo Oficio (que no lo es sino diabólico y triste, y oficio de tinieblas) rastrean sin cesar la existencia de hermanos nuestros, que son sometidos en los sótanos de la organización provincial de seguridad a bárbaras e inhumanas torturas, con lo que se trata de desarticular por el terror nuestras organizaciones.» En la página 23: «[...] hijo de Satanás», vituperio lanzado contra un obispo. Y también suprimidos los dos textos siguientes: «[...] cuando Münster cayó no fueron lo peor los fusilamientos en masa, sino los detalles macabros, la tortura eléctrica, la caza del hombre como festejo y las mil maravillas del terror blanco» y «[...] a Juan de Leyden nos le arrancaron las carnes a pedazos con tenazas al rojo vivo, y él [...]». En la página 35: el adjetivo «inmundo», referido al Concilio de Nicea; «perro de tres cabezas», tachado tres veces casi consecutivas, atribuido a la Trinidad, y luego las siguientes líneas y palabras: «[...] es sólo un modo de imaginar un concepto arbitrario que sólo encierra en su seno la mentira, y que es (yo opino con mis escasas luces) la horrenda expresión de un vacío teológico que algunos ignorantes (revestidos de una autoridad muy discutible) tratan de

colmar con los monstruos de una imaginación enferma [...],
creadora de especies monstruosas [...], seres truncados [...]
como abortos [...], imágenes amarillas [...], espectrales [...],
nacidas en el fango de la calentura [...] entre sudores de
muerte. Trata de explicarle en qué consiste ese delirio teológico [...], esa figura que seguramente surgió en el peor
momento de una terrible pesadilla.» En la página 36, frases
como: hablo de «esa espantable ficción que llaman la Santa
Trinidad», odio esa figura «por ser contraria a toda dignidad», etc. En la página 59, la frase «pues somos policías»,
en el contexto siguiente: «Algo así es, y la misma palabra lo
dice, pues somos policías.» En la página 72 se suprimen dos
pasajes truculentos relacionados con la comunión eucarís-
tica: «[...] a modo de aperitivo o postre de aquella Santa
Cena a los apóstoles y ser devorado o ingerido por ellos (ni
menos por nosotros, la posteridad), lo que sería un rito ya
vampiresco, ya teofágico y muy contrario, digo yo, a todas
las dignidades y [...] la manducación de pan es eso, manducación de pan, aunque la celebración produzca (que sí los
produce) saludables efectos espirituales y Jesucristo, al hacerse eso en su memoria, revive y se presenta o representa
en nuestro interior, y sentimos entonces su misericordiosa
compañía, que tanto nos falta en este valle.» En la página
73, aposiciones insignificantes como: «la pata de la mesa,
la nariz del notario, la nube roja, la aguja de la torre, las
rocas o el tórpido cangrejo». La página 74 está completamente tachada, y en la 75 se tacha el texto hasta el final de la
escena primera de la primera parte. En las páginas 94 y 95
se suprime el texto de una copla: «Veinticinco calabozos /
tiene la cárcel de Utrera; / veinticuatro llevo andados. / El
más sombrío me queda. / Tan, tan, llaman a la puerta. / Tan,
tan, tan, tan, quién será / serán los guardias civiles / que
te vienen a arrestar. / Veinticuatro calabozos [...].» En la
página 113, los dos textos siguientes: «[...] en ella verás el
descubrimiento, para mí, de muchísimos errores como el
que cometió Jerónimo (en Isaías 7-14) al traducir por virgen
lo que realmente debe traducirse por muchacha, y ten en
cuenta que el pasaje, además, no se refiere "proféticamente",
como muchos pretenden, a la madre de Jesús, sino, como
siempre, a personajes de aquella actualidad; en este caso, a
la mujer de Ezequías y nada más que a ella.» Y al final
de la misma página: «*magnae meritricis filios*». También se
suprime un texto, copla o letanía en latín en la página 114:

«*bestiam bestiarum celeratissimam meretricem impruden-tissimam draco ille magnus serpens antiquus diabolus et sa-tanas seductor orbis terrarum*». Todas las tachaduras de las páginas siguientes hasta el final de la obra afectan a textos donde se han vertido conceptos —según la fórmula consa-grada— injuriosos para un cuerpo del Estado: la Policía. En la página 135: «[...] compañía de cuchillo, sección de destri-padores, pelotón de puñaleros.» En la página siguiente:

«Centinela núm. 1: A la orden, con el permiso de usía, mi sargento.

»Sargento (malhumorado): Desembucha ya de una vez, pedazo de animal; y te lo paso esta vez, pero a la próxima te doblo la imaginaria, por cernícalo.

»Centinela núm. 1: ¿He incurrido en falta, mi sargento?

»Sargento: No repliques, que te la cargas, eh, que te lo estoy diciendo, no te lo repito.

»Centinela núm. 1: Ah, ya, perdone mi sargento, me equi-voqué en el tratamiento, le di el usía sin darme cuenta.

»Sargento: Encima te burlas. ¿Conque el usía te parece demasiado para mí? Está bien. Firmes, ar.

»Centinela núm. 1: (Se pone firme).

»Sargento: Sobre el terreno, paso ligero, ar.

»Centinela núm. 1: (Hace paso gimnástico).

»Sargento (campechano se dirige a Miguel): Es gente bru-ta, de poca altura, sabes, y no hay más remedio que pulirlos de vez en cuando.

»Miguel: Seguro que ha cometido algún error poco con-forme con la ordenanza, ¿no es así?, señor sargento o sar-gento mío, o como se diga, que no estoy muy versado en tratamientos militares.

»Centinela núm. 2: Claro, como que ha dicho permiso en vez de permisión; figúrese, panda de analfabetos, es muy difícil desasnarlos, créame.»

En la página 138, el siguiente diálogo: «[...] y tú cabes-tro, párate; alto, ar. ¿Qué es lo que querías? Yo nada mi sargento, orinar. ¡Atención! ¡Presenten armas!» En la pági-na 145, la frase: «Detened a ése, que no se escape, es un comunista» y las palabras «cantaor» y «saeta» en una acota-ción al margen, en el siguiente contexto: «Desde un palco, del otro lado, un "cantaor" se arranca con una "saeta" y el cor-tejo se detiene y la música calla para escucharla. No me mientes ahora al monstruo de tres cabezas»; en la página 146, y en la 150: «Se trata, camaradas, de construir un nuevo mundo y sobran las estatuas, donde no corra sangre ni hayamos de recoger tanta ceniza, pero sobran, decimos, las estatuas: de lo que fueron hombres enteros, verdaderos, ¿para qué tanta estatua? Donde se estudie y se trabaje rompamos las estatuas ¡viva el hombre y viva el socialismo! La representación ha terminado. Buenas noches.» En la página 152, la palabra «brava» está suprimida en la frase: «La brava huelga de las minas.» Al final se ha tachado también una especie de poemilla: «Cuando la guerra terminó / marché al exilio con mi gente; / será por cuatro o cinco años, / y hace ya cinco que van veinte, / pero el exilio se acabó.»

Quizás, a primera vista, pueda parecer superflua y enojosa, incluso, la reproducción completa de las tachaduras efectuadas por el lápiz rojo —en realidad azul casi siempre— de los censores. En muchos casos, semejante reproducción significa el reinjerto de algo amputado y que, de otro modo, se habría perdido para siempre. Estos dos ejemplos —Isaac Montero y Alfonso Sastre— han servido para poner de relieve una de las facetas más sutiles del engranaje del sistema autoritario franquista: se ha dicho que más que un sistema de pensamiento elaborado, más que una ideología proyectada hacia el futuro es una mentalidad difusa, un modo de sentir o pensar orientado hacia el pasado, determinada interpretación del pasado.[99] La piedra angular de la policía del régimen franquista ha sido —según algunos— la fidelidad a una determinada concepción de los valores tradicionales y la entereza en rechazar o frenar cualquier atisbo de evolución con tal de no caer en estados de «decadencia» superados gracias a la guerra civil. Mientras tales valores sirvieron al mantenimiento de posiciones de privilegio e influencia, el franquismo se afirmaba negando su contrario, es decir, no tanto imponiendo una concepción propia de lo que había que hacer, sino más bien tratando de evitar a toda costa que cualquier otra ideología o fuerza política contraria pudiera destacarse. La censura fue —y en parte es todavía— la réplica exacta casi del juego político franquista: la censura es fun-

99. Véase a este propósito Juan José Ruiz Rico, *El papel político de la Iglesia Católica en la España de Franco (1936-1971)*, (Madrid: Editorial Tecnos, 1977) y A. Sáez Alba, *La A. C. N. de P.*, (París: Ruedo Ibérico, 1974).

damentalmente arbitraria porque representa la vertiente «administrativa» de un determinado modo de sentir los valores de la cultura española, cuyo paradigma, en un principio, se fijó en las normas de la moral y principios del dogma católicos. Ahora bien: el incumplimiento —obvio— de las primeras y la adaptación de los segundos a los tiempos modernos produjeron un extrañamiento fatal para el régimen. La censura tuvo que evolucionar a medida que lo hacía la sociedad española, si bien mantuvo como eventual aparato represaliador todo el caduco arsenal jurídico que el franquismo había ido acumulando desde sus orígenes.

VIII. Análisis cuantitativo (1955-1976)

La documentación perteneciente a la Sección de Ordenación Editorial —Lectorado y Registro de publicaciones unitarias—, amontonada en los sótanos del actual Ministerio de Cultura, y la depositada ya en los Archivos de la Administración Civil de Alcalá de Henares encierran una ingente información de incalculable valor histórico para los estudiosos de la cultura bajo el franquismo. No es exagerado afirmar que la documentación aludida es única en su género, puesto que, aparte del obvio interés que tiene para el estudio de la censura de libros, constituye el legado más variado y completo que, casi intacto, pueda hallarse en el mundo occidental sobre las más verosímiles facetas de la intervención totalitaria del Estado en la más mínima de las manifestaciones de la comunicación social.[100]

100. En junio de 1977 fuimos autorizados a consultar los fondos del MIT depositados en los Archivos de la Administración Civil de Alcalá de Henares. La gran sorpresa fue encontrar allí miles de cajas pertenecientes a la época del falangismo exultante de Pamplona, Burgos y Salamanca. La obsesión jerárquica y verticalista de aquellos años hizo confluir en la Vicesecretaría de Educación Popular la gama más completa de signos, señales y símbolos que haga distinguir al hombre del simio —lingüísticos, fónicos, cromáticos, pictóricos, arquitectónicos, etc. Nada escapó al control perspicaz de aquel grupo de hombres que Laín Entralgo, paradójicamente, ha denominado el *ghetto* al revés: bolsas de peladillas, envases, envolturas, etiquetas, portasellos, anuncios comerciales, bordados a mano de insignias, esculturas, monumentos, adornos arquitectónicos, planos urbanísticos, correspondencia con el extranjero, textos telegráficos, resúmenes de conferencias, partituras, canciones, vestidos, coreografía, gestos y ademanes, puesta en escena, libretos, textos radiofónicos, guiones de rodaje, películas, boletines informativos de agencias de prensa, etc. A este cribado añádansele las correspondientes operaciones de control realizado —durante años— por las Delegaciones Provinciales o Comarcales de la Vicesecretaría de Educación Popular: un alud de información sobre el cual basar la historia, no sólo cultural, sino social y política de nuestro país. El estudioso de la diplomacia franquista encontrará en los archivos de la censura la explicación de innumerables incógnitas releyendo las consignas de la Oficina Diplomática de Prensa transmitidas a las redacciones de periódicos por la Dirección General de Prensa y Propaganda. El revés de estas consignas impuestas, la coerción y los escarceos, lo hallará en miles de galeradas

Hasta fecha muy reciente se conservaba en los sótanos del antiguo Ministerio de Información y Turismo la documentación aneja a los expedientes de libros desde 1963 hasta la actualidad. En Alcalá habían sido depositados, bajo la definitiva custodia de la Comisaría Nacional de Archivos —por falta de espacio en el MIT—, los legajos de fecha anterior. Afortunadamente, este último fondo de archivo, en manos ya de un cuerpo profesional de archiveros, no podrá ser objeto de expurgos semejantes a los que buena parte de la documentación oficial, en poder del aparato burocrático franquista, ha sido sometida en los últimos tiempos. No sólo se había destruido durante estos últimos cuarenta años —como era notorio— la documentación del Ministerio de Hacienda que sobrepasaba el fatídico límite de los cinco años de antigüedad, sino que, como se ha hecho público en la prensa de los últimos años, también se ha destruido o hecho desaparecer documentación oficial de algún Gobierno Civil, e incluso de la propia Dirección General de Seguridad.

En previsión de nuevos expurgos u ocultaciones, conviene sacar a la luz pública un avance de los datos que todavía encierran los archivos de la extinguida Sección de Ordenación Editorial del antiguo MIT.

El catálogo de tarjetas de entrada a consulta previa, consulta voluntaria o a depósito [101] constaba, en el momento de

---

intervenidas, religiosamente recortadas, pegadas y archivadas. A través de las tachaduras de prensa, de las consignas, de la censura de discursos y de los «arreglos» de las retransmisiones se perciben claramente los signos de la lucha por el poder. Inexplicablemente, ni falangistas, ni propagandistas, ni opusdeístas, ni ministros, ni siquiera el mismo Franco, se vieron librados de la censura.

101. Sin pretender ser exhaustivo y para mejor ayudar al lector poco familiarizado con el funcionamiento de la censura, he aquí un esquema razonado de las incidencias del aparato censor sobre los manuscritos o galeradas, válido para el período que nos ocupa:

ANTES DE LA LEY DE PRENSA E IMPRENTA DE 1966

Consulta previa (y obligatoria):
1. Autorización pura y simple.
2. Autorización condicionada: *a)* Supresiones.
  b) Tachaduras.
  c) Modificaciones.

3. Denegación: *a)* Denuncia/sin denuncia.
  b) Inclusión en «lista negra» de autores.

nuestra consulta, de un total de 212.487 fichas comprendidas entre el 3 de enero de 1955 y el 23 de febrero de 1976 —última fecha de la puesta al día del fichero. En dichas tarjetas figuraba al dorso la «resolución administrativa firme», o, dicho con otras palabras, el dictamen definitivo de la censura. Tener a mano semejante información significaba disponer de suficientes datos como para poder esbozar la evolución *de hecho* de la censura a través de la *práctica censoria* durante veintiún años consecutivos.[102]

Después de la ley de Prensa e Imprenta de 1966

Consulta voluntaria o Depósito previo:
1. Autorización pura y simple.
2. Autorización condicionada: *a*) Supresiones.
                                           b) Tachaduras.
                                           c) Modificaciones.

3. Autorizada: *a*) Denuncia.
                                           b) Secuestro.
                                           c) Sanción administrativa.
4. Desaconsejada en consulta. (Véase 2a, b, c.)
5. Prohibida en depósito. (Véase 3a, b, c.)

En ningún texto legislativo se menciona la existencia de la «lista negra de autores». Como ya se sabe se trata de un veto a un autor o a la mención de su nombre. En la época de Arias-Salgado solía ser una orden interna difícil de rastrear, pero existente. En épocas posteriores sólo se ha podido observar su práctica a través de las tachaduras, a todas luces innecesarias con relación al contenido del texto. Véase mi artículo *Sobre censura. Algunos aspectos marginales*, «Ruedo Ibérico», 49-50, pp. 137-138. El depósito legal era, y es, la obligación a la que estaban sometidos los editores antes de proceder a la difusión de cualquier impreso. Sin embargo, la inmensa mayoría de editores procuraron siempre que las galeradas o los manuscritos pasaran «previamente» por la consulta voluntario donde la obra podía ser desaconsejada completamente o desaconsejados sólo determinados pasajes que convenía limar antes de que, puesta en circulación, pudiera ser objeto de secuestro o denuncia.
    102. Si los documentos que con nuestros propios ojos hemos podido ver en los archivos de Alcalá llegan a conservarse, será posible sobrepasar con creces el período acotado en este trabajo y remontarse hasta la época de la misma República. A título de muestra (para el período anterior a 1955): 1) en 1944, en un oficio firmado por P. G. de Canales, secretario nacional de Propaganda, se hace mención a las fichas de obras prohibidas (fichero rojo), compuesto por 2.708 paquetes y un fichero de obras prohibidas y reservadas para eruditos (fichero azul) de 1.252 paquetes, y 2) en 1954, el entonces secretario general de Información, G. Alonso del Real, ordenaba la elaboración, a la mayor brevedad posible, de un estudio estadístico, tanto de la labor del lectorado como de los datos enviados por las Delegaciones Provinciales en el cual debían constar el total de expedientes resueltos, total y porcentaje de denega-

Para la investigación que realizábamos sobre censura y literatura de creación —novela, poesía y teatro—, la extracción de datos del fichero planteaba problemas, puesto que no había clasificación de las entradas por géneros de obra. Entremezclados —por riguroso orden de llegada— se sucedían los géneros más dispares.

En base al mero enunciado del título de las obras resultaba imposible o muy arriesgado inducir el género al cual pertenecían. No hubo más remedio que extraer del fichero los datos de todas aquellas obras que en alguna medida habían sido víctimas de la censura. De entre las 212.487 fichas del catálogo se extrajeron los datos correspondientes a los meses de enero, abril y diciembre de cada año, sin discriminación alguna en cuanto al género. Evidentemente, sólo las tarjetas en cuyo dorso faltaba la anotación «autorizada» ofrecían algún dato de interés, puesto que únicamente las obras que habían sufrido algún percance —aunque en última instancia hubiesen sido autorizadas— comportaban anotaciones del tipo: «tachaduras»; «modificaciones»; «autorizada con reserva»; «denegada, pero autorizada en reconsideración»; «secuestro»; «denuncia», etc. Al dorso figuraba también el número de «lectores» (censores) que había informado sobre la obra, omitiéndose por regla general el nombre del mismo. En su lugar se hacía constar el número que internamente tenía asignado cada censor: «Lector núm. 2, 19, 23 ...» Acotaciones del tipo «Archívese sin tramitar», «Se anula depósito a petición editorial», «Pasa a la superioridad» o «Véase oficio» eran inequívoco indicio de que la obra había pasado por momentos muy críticos, y que se imponía la consulta del expediente.[103]

---

ciones, total de aprobaciones con tachaduras o modificaciones, clasificación de obras por género y, dentro de cada género, porcentaje de aprobaciones y denegaciones. Se comprenderá fácilmente que la conservación de dichos materiales, si no han desaparecido, es imprescindible, dada la riqueza de datos que pueden encerrar para futuros estudiosos.

103. Por lo general, los expedientes conflictivos de mayor actualidad en otoño de 1976 estaban todos en «poder de la Superioridad». Así, en aquellos días, Seix y Barral había presentado a depósito *Si te dicen que caí*, de Juan Marsé, y *Señas de identidad*, de Juan Goytisolo. Desgraciadamente, en dichos expedientes al ser consultados no figuraba documentación alguna, salvo las tachaduras que censura había exigido antes de que pasaran en revisión a manos de la Superioridad. Sin embargo, en casos de poca actualidad en aquel momento, como Francisco Candel, Manuel de Pedrolo o Isaac Montero de 1966, o Alfonso Sastre, tenían

En un principio, la elección de los tres meses en cuestión obedeció a la creencia de que de este modo iban a extraerse datos de los meses «literarios» por antonomasia, ya que en diciembre y enero se concurría en los certámenes novelísticos —Nadal y Planeta: las dos grandes empresas editoriales del país—, y en abril se celebraba la multitudinaria Feria del Libro en Barcelona, emporio del mundo librero en la península. De hecho, este supuesto no ha podido ser corroborado por ninguno de los elementos de comparación obtenidos en el transcurso de esta investigación.

La cala del mes de abril —únicos datos que se presentan en este trabajo— arroja un total de 18.531 fichas de entrada, de entre las cuales 2.561 fueron, en cierta medida, víctimas del rigor censorio, es decir, un 7,2 % de la producción editorial española, sin distinción de géneros, comprendida entre enero de 1955 y el 30 de abril de 1976. Habida cuenta de la ley de los grandes números, habrá que convenir que, por de pronto, la información destilada de esta importante cantidad de obras es harto representativa de los estragos infligidos por la censura a toda clase de obra, la obra de creación inclusive.

En lugar de enzarzarnos en una interminable y muy hipotética disquisición sobre el supuesto aproximado porcentaje de las publicaciones literarias en relación con las demás, en base a las estadísticas internacionales sobre la materia,[104] preferimos dejar las cosas donde están, y señalar que, si bien fue imposible dilucidar con certeza el género literario al que pertenecía la mayoría de las obras, sin embargo, la tabulación de cerca de 10.000 fichas sobre un total de 62.385, examinadas una a una, ofrece cierta base para emitir un juicio sobre la materia.

Una primera impresión es que el grueso de las obras con supresiones pertenece a la categoría novela rosa o de aventuras. Una casa editorial como Bruguera, por ejemplo, ha

---

expedientes repletos y extensísimos que hemos utilizado, evidentemente, a fondo.

104. Enrique GASTÓN en su *Sociología del consumo literario*, siguiendo a Robert Escarpit, elucubra sobre el porcentaje de las publicaciones literarias en relación con el de las demás obras impresas, estimando que este porcentaje aproximado sería para todo el mundo de un 22,8 %. Con respecto a España, señala que en 1962 debió superarse el 25 %. La endeblez de semejantes estadísticas es tan grande —como él mismo reconoce— que hemos renunciado a estimar por este u otros procedimientos el porcentaje que correspondería a la literatura de creación.

sometido con regularidad a consulta una veintena de noveluchas por semana durante años. Este género, subliterario y barato, fue duramente censurado, hasta tanto fueron relajándose los criterios morales que habían primado en censura. En contrapartida, no fue perceptible en este género callejero el recrudecimiento de la censura ideológica. Dentro de la categoría de obras de creación parece como si la poesía hubiera sido más duramente castigada que la novela y el teatro. Esta sorprendente —aunque infundada— impresión se explica entre otros muchos motivos por el carácter asociativo, directamente aprehensible de la lírica. Las supresiones en poesía, empero, han solido ser más catastróficas que en los otros géneros, ya que un poema difícilmente admite enmiendas. La más mínima poda ha significado la supresión completa del poema.

Las enmiendas y correcciones al texto fueron más factibles e importantes, cuantitativamente, en la novela. Impresionísticamente hablando, las denegaciones parecen haber afectado por partes iguales a la novela, poesía y ensayo —aunque esta última categoría quedara fuera de nuestro propósito inicial.

Los secuestros han sido, a decir verdad, mínimos, si bien bajo resoluciones como «Se anula el expediente», «Devolución a la editorial», «Depósito aplazado», etc., se esconde la amenaza de un secuestro. A partir de 1966 la aplicación del silencio administrativo sirvió también para encubrir posibles secuestros. Sin embargo, resultó difícil computar el número de secuestros, salvo en los casos en que éstos habían sido previos, es decir, ordenados por los propios servicios del Ministerio.[105] En las tarjetas figuraban sólo las resoluciones y diligencias de la Administración y no, por tanto, lo que denuncias de personas o instituciones ajenas a la censura hubiesen podido deparar al manuscrito presentado a consulta voluntaria o al ejemplar entregado a depósito legal. Así, sufrieron secuestro administrativo previo, con denuncia por parte de la censura, obras tales como *La estrategia sindical*, de Alfonso C. Comín, y *Pensamiento político 1962-1969* de J. M.ª Gil-Robles.

105. El Decreto de 31 de marzo de 1966 regula lo referente al secuestro previo administrativo de publicaciones unitarias: «Art. 7.º Cuando se trate de publicaciones unitarias, la obligación y la facultad de ordenar el secuestro con carácter previo a las medidas judiciales [...] corresponderán al director general [...].»

En esta cala de los meses de abril se encuentran también obras a las que en primer lugar les fue aplicado el silencio administrativo, pero que a continuación fueron secuestradas, aunque este secuestro, por olvido, no haya sido consignado en las fichas. En casos como éstos sólo la fortuita consulta de los expedientes permitió determinadas averiguaciones. Así, de Eliseo Bayo se publicó bajo silencio administrativo *El miedo, la levadura y los muertos*, obra de la que fueron intervenidos 985 ejemplares almacenados en la editorial, además de 1 en Alicante, 2 en Almería, 2 en Burgos, 2 en Cáceres, 1 en Huelva, 1 en Madrid, 2 en Murcia, 11 en San Sebastián, 1 en Tarragona, 2 en Tenerife, 20 en Valencia y 4 en Vizcaya. Éste no fue, evidentemente, el único secuestro durante este período. Pero ha sido uno de los pocos casos en que se ha podido, fortuitamente, consignar un secuestro que no figuraba en la correspondiente tarjeta. Un sucedáneo de secuestro fue también la denegación de una obra para su difusión en el territorio nacional y, en contrapartida, su autorización para la exportación. En este caso cayeron algunos autores latinoamericanos: Julio Cortázar, *Último round*, tomos I y II; *La muerte de Artemio Cruz*, de Carlos Fuentes, etcétera. Otras obras se libraron del secuestro, pero su difusión quedó reducida a un mínimo y determinado número de ejemplares: de Ángel Flores y Silva Cáceres, *La novela hispanoamericana actual*, obra de la que sólo se autorizaron 200 ejemplares. La misma suerte corrieron *Quince novelas hispanoamericanas* y *Homenaje a Miguel Ángel Asturias*, de Guillermo Adema y Raúl Leiva, respectivamente. Lo mismo ocurrió, asimismo, con *Obra dramática de Federico García Lorca*, de Cédric Bussette. De Delfín Carbonell Picazo fueron autorizados 300 ejemplares para la exportación de *El pez fuera del agua*, y en cambio fue «denegada para la crítica de libros en la prensa española (6-7-1973)», y así sucesivamente, un número considerable de ensayos de crítica literaria.

En 1971 aparecen dos nuevas categorías en la gama de dictámenes emitidos por censura, categorías al parecer no previstas en las normas de aplicación de la Ley de Prensa e Imprenta, y que probablemente tendían a poner freno a los secuestros y denegaciones. Se trata de las «Denuncias sin secuestro previo» y las «Autorizaciones con reparos». Funcionarios del MIT dieron a entender que con estas dos nuevas modalidades podía salvarse la distancia, cada vez mayor, entre las exigencias de la evolución política que experimentaba la sociedad española y el irrecusable sometimiento a la «normativa vigente», supuesta piedra angular de toda la actividad censoria.

CUADRO N.º 17. *Antes de la Ley de Prensa. Total obras presentadas. Autorizadas «con supresiones» o «modificaciones»*

Abril del año	Total obras presentadas	Autorizadas con supresiones	%	Autorizadas con modificaciones
1955	516	26	5,0	3
1956	583	57	9,7	—
1957	499	27	5,4	—
1958	461	36	7,8	—
1959	526	22	4,1	—
1960	632	43	6,8	4
1961	706	20	2,8	3
1962	570	47	8,2	2
1963	548	39	7,1	2
1964	711	35	4,9	3
1965	955	94	9,8	3

Como podrá observarse, han sido agrupados en un mismo cuadro los títulos que con anterioridad a la Ley de Fraga fueron objeto de supresiones o modificaciones, antes de ser autorizados. Por lo que respecta a estos últimos, hay que aclarar que, además de no ofrecer valor alguno significativo, tampoco fue posible averiguar demasiado el significado atribuido a esta denominación. Según diversas informaciones recogidas, se utilizó para designar —en la mayoría de los casos— cambios de título y añadidos de varia índole, exigidos por la censura: notas a pie de página, prólogos *in extremis*, epílogos, advertencias preliminares del editor, bandas anunciadoras, etc. Bajo la rúbrica «con supresiones» quedaron vagamente catalogados los cortes y las modificaciones o enmiendas al texto original. El 6,5 % de los manuscritos presentados a consulta obligatoria durante los meses de abril, de la década comprendida entre 1955 y 1965, fueron víctimas de las tijeras censoras. A este dato, de por sí elocuente y válido para *toda* la producción editorial española, habría que añadir el agravante de que el escritor español, antes de la Ley de Prensa, practicaba la autocensura intemperadamente, superando con creces a su congénere *anno* 1966.

CUADRO N.º 18. *Después de la Ley de Prensa. Total obras presentadas. Autorizadas «con supresiones» o «modificaciones»*

Abril del año	Total obras presentadas	Autorizadas con supresiones	%	Autorizadas con modificaciones
1966	698	43	6,1	—
1967	1006	116	11,5	—
1968	911	145	15,9	—
1969	839	103	12,2	—
1970	1241	147	11,8	—
1971	1205	104	8,6	—
1972	1280	120	9,3	—
1973	1155	84	7,2	—
1974	1238	52	4,2	—
1975	1446	21	1,4	—
1976	Ver Cuadro núm. 23			

A la vista de los datos que arroja este cuadro, podría pensarse que abril de 1966 fue un mes de censura benigna, e incluso que la puesta en aplicación de la nueva Ley de Prensa tuvo efectos benéficos inesperados, en contradicción con lo que después se ha ido afirmando. Estadísticamente hablando, y con relación a los datos del año anterior —con relación al porcentaje de supresiones—, se nota un bajón del 3,7 %, aunque no igualará los niveles de «bajura» de 1964 y sobre todo de 1961 (4,9 % y 2,8 %, respectivamente). Frente a esta considerable disminución de supresiones conviene no olvidar que —acaso por cautela— el número absoluto de manuscritos presentados a censura había disminuido considerablemente respecto del año anterior. No es nada utópico partir del supuesto que fueran precisamente los géneros de obras más vulnerables ante la censura los que formaron el grueso de esta disminución del total absoluto, vista la completa incertidumbre que reinaba acerca de cómo sería aplicada la flamante Ley de Fraga.

Fuera lo que fuere, es obvio que se da un riguroso resarcimiento de la censura en 1966, que eleva a alturas porcentuales hasta entonces desconocidas las supresiones que han castigado los manuscritos de autores españoles, coincidiendo dichos porcentajes con el máximo apogeo del ministerio de Fraga Iribarne: 11,5 % y 15,9 % en 1967 y 1968, respectivamente. En 1969 se produce un descenso de 3,7 puntos con relación al año anterior, pero se mantiene el nivel de supresiones a una altura sostenida, si bien ya se manifiesta la tendencia hacia el brusco descenso del año 1974 y, finalmente, su extinción casi completa y definitiva en 1975. En enero de 1976 en las tarjetas de entrada figuraba tan sólo un caso de dos obras con tachaduras, y en abril del mismo año un sólo y único caso.

CUADRO N.º 19. *Diferencias porcentuales de año a año*

Abril del año	Incremento	Disminución
1955		
1956	4,7	
1957		4,3
1958	2,4	
1959		3,7
1960	2,7	
1961		4,0
1962	5,4	
1963		1,1
1964		2,2
1965	4,9	
1966		3,7
1967	5,4	
1968	4,4	
1969		3,7
1970		0,4
1971		3,2
1972	0,7	
1973		2,1
1974		3,0
1975		2,8

Para poderse hacer una idea más circunstanciada de la significación de estas diferencias porcentuales habría que seguir no sólo los meandros de la vida política, e incluso el estado de humor de algunos dirigentes, sino que también se tendría que disponer de una clasificación de las obras por género, para así poder decantar la exacta incidencia de la censura sobre la producción literaria, ya que, como hemos venido repitiendo, estos porcentajes se refieren al total de títulos presentados. No se puede atisbar siquiera cuál debió ser, en números redondos, la cantidad de obras pertenecientes a la categoría de «creación literaria».

El estudio de las «denegaciones» planteó problemas idénticos a los surgidos con respecto a las supresiones, aunque en este caso, por tratarse de un número relativamente reducido de obras, la extracción de datos bibliográficos fue mucho más cómoda, de modo que la lista que a continuación se ofrece, sin ser exhaustiva, resulta por lo menos esclarecedora por su concreción y por poner de manifiesto la preferencia de la censura en denegar principalmente obras de creación. A voleo, he aquí algunas de las obras denegadas: José Batlló, *La mesa puesta;* Germán Cid Justo, *Mis pobres versos;* Benvenuto Teracini, *Lengua libre y libertad lingüística,* obra de carácter estrictamente científico, con la siguiente anotación en la ficha: «pendiente del informe de la Policía»; M. Gutiérrez Carullo, *La llave de oro;* Günther Grass, *Els tambors metàlics* y *Anys de gos*; Miguel Maura, *Así cayó Alfonso XIII;* Alfonso Sastre, *La tragicomedia de la sangre y la ceniza o diálogos de Miguel Servet;* Carlos Hugo de Borbón Parma, *Príncipe para el futuro;* Domingo González, *Dios en huelga*; Carmen Ruiz Pacheco, *Historia del primero de mayo;* Carlos Puerto, *Che Guevara, el guerrillero romántico*; Joan Oliver (Pere Quart), *Allò que tal vegada s'esdevingué;* R. Gil Maties, *El hilo de púrpura,* novela en la que se habían suprimido 115 de las 350 páginas de texto; Olao Conforti, *Guadalajara, la primera gran batalla de la guerra civil española,* obra que trituró el experto en historia de la Secretaría General Técnica del MIT, Ricardo de la Cierva; Luis Martín Santos, *Prometeo, palabras para una tragedia,* obra al parecer todavía inédita; Pere Foix, *Apòstols i mercaders*; J. L. Cantero, *Circunvalación;* Julio Cortázar, *Último round;* José Donoso, *Este domingo;* Dionisio Ridruejo, *Preguntas y respuestas;* Luis Urteaga, *Los hijos del hombre;* Jacqueline Susann, *Una vez no basta,* denegada para el territorio nacional, aunque más tarde fuese autorizada la exportación de 10.000 ejemplares. Aproximadamente, la mitad de esas obras denegadas fueron también denunciadas a la autoridad judicial competente. (Cuadro núm. 20.)

Como se observará, las denegaciones han permanecido siempre a un nivel relativamente moderado, salvo las cuñas de los años 1956 y 1960. La primera tendría su explicación en los sucesos de febrero acaecidos en la Universidad madri-

Total obras presentadas y denegaciones

Abril del año	Total obras presentadas	Denegaciones	%
1955	516	11	2,1
1956	583	43	7,3
1957	499	20	4,0
1958	461	9	1,9
1959	526	31	5,8
1960	632	51	8,0
1961	706	15	2,1
1962	570	24	4,2
1963	548	10	1,8
1964	711	29	4,0
1965	955	30	3,0

leña, y que, además de encarcelamientos muy sonados, significaron el cese de Ruiz-Giménez como ministro de Educación Nacional y el de P. Laín Entralgo y Antonio Tovar como rectores de la Central y Salamanca, respectivamente. No sólo eso, claro está.

Por primera vez se ponía de manifiesto la incapacidad del régimen para asumir las discrepancias entre las corrientes políticas, nacidas en su propio seno. La segunda cuña coincide con meses de gran agitación política en toda España: detenciones, enfrentamiento entre comandos guerrilleros y la Guardia Civil, bombas en edificios públicos, ejecuciones al garrote vil, etc. Sin embargo, a partir de 1961, es perceptible la tendencia a la baja. Este descenso es, por otra parte, justificable si se tiene en cuenta la situación del escritor español en aquellos años: sabe cuáles son las fronteras que no debe traspasar, y como el uso crea la función, se autocensura implacablemente. Datos todavía inéditos —una encuesta a más de un centenar de escritores— revelan el carácter puramente reflejo de la práctica autocensoria, cuyo hábito opera inconscientemente con anterioridad al acto de la escritura. El escritor, en la esfera del inconsciente, escoge, determina, fija el tema y la estructura sin reparar en detalles, y sólo en contadas ocasiones se encuentra ante el dilema de la omisión forzosa de puntos de vista ideológicos contrarios a los preestablecidos. El escritor, para salvar el hiato existente entre ideología y creación estética, crea —de forma inconsciente en la mayoría de los casos— contraplanos (o elementos sacados de lo real) que posibilitan al lector la descodificación del significado final de la obra.

CUADRO N.º 21. *Después de la Ley de Prensa.*
Total obras presentadas y denegaciones

Abril del año	Total obras presentadas	Denegaciones	%
1966	698	18	2,5
1967	1006	22	2,1
1968	911	28	3,0
1969	839	33	3,9
1970	1241	64	5,1
1971	1205	47	3,9
1972	1280	46	3,5
1973	1155	39	3,3
1974	1238	23	1,8
1975	1446	12	0,8
1976	Véase Cuadro núm. 23		

La paulatina desaparición de las denegaciones salta a la vista a partir de 1966. Los dos momentos de mayor regresión coinciden con el relevo de Fraga y la gestión oscurantista de Sánchez Bella.

Pero esta tendencia observada tiene como contrapunto el aumento del desconcertante sistema del «silencio administrativo». Esta categoría de dictamen *por mutis* —que sólo existe en España, al parecer— surge tímidamente en 1966; bajo Sánchez Bella se aplica a 82 títulos; en 1975 a 113, pero en abril de 1976 ha entrado ya prácticamente en desuso. (Cuadro núm. 22.)

Se han sumado deliberadamente «silencios» y «denegaciones» porque se justifica desde varios puntos de vista. La posibilidad de recurso —por parte de la Administración— al silencio administrativo hay que interpretarla, por un lado, como válvula y solución de escape a las contradicciones entre la normativa vigente y la inexorable evolución de la realidad sociológica del país, y, por otro, como solución inhibitoria, es decir, como abandono del autor o editor a su pro-

CUADRO N.º 22. *Silencio administrativo (Sa) y denegaciones (De)*

Abril del año	Total obras presentadas	Silencio administrativo	Denega- ciones	Sa+De	%
1966	698	2	18	20	2,8
1967	1006	20	22	42	4,1
1968	911	21	28	49	5,3
1969	839	11	33	44	5,2
1970	1241	30	64	94	7,5
1971	1205	82	47	129	10,7
1972	1280	48	46	94	7,3
1973	1155	49	39	88	7,6
1974	1238	41	23	64	5,1
1975	1446	113	12	125	8,6

pia suerte, con todas las consecuencias que ello, *a posteriori*, pueda implicar. La aplicación del silencio, en no pocos casos, ha sido la forma de compromiso, que ha evitado a la censura tener que proceder a denuncias, denegaciones o secuestros, tras haber apurado todos los recursos de negociación. Es decir, el silencio administrativo ha sido a la vez instrumento de un posible aperturismo y amenaza persistente de un peligro. El escritor o el editor, suspendidos en el vacío, no podían prevalerse de ninguna perspicacia ante la inseguridad funcional del desconcertante silencio administrativo.

Éste no fue el único medio de la Administración para intimidar o escabullirse. El aumento de silencios administrativos va a la par con la aparición de dictámenes no previstos por la ley, tendentes a suavizar la dureza de la acción censoria: las «autorizaciones con reparos» y las «denuncias sin secuestro previo». Las primeras se sustituyen al excesivo uso de los silencios y son una fórmula más, desvinculada de los textos legales. A estas alturas, en abril de 1976 la autorización con reparos resulta ser una forma oblicua de abstención voluntaria por parte de la censura, fuera de todo marco legal, toda vez que se deja constancia de haber señalado determinadas objeciones —lo cual es deber del censor. Las segundas, las denuncias sin secuestro, marcan inconfundiblemente el primer paso de la vuelta a la normalidad, al dejar en manos de la justicia el examen de una posible infracción a las leyes. Así se accede, por fin, a veintiún años vista, al ruego formulado en 1955 por un grupo de escritores en el transcurso del Coloquio sobre Teatro celebrado en Santander.

CUADRO N.º 23. *Autorizaciones con reparos. Denuncias con secuestro previo y denuncias sin secuestro previo*

Abril del año	Autorizaciones con reparos	Denuncias con secuestro previo	Denuncias sin secuestro previo
1966	—	—	—
1967	—	—	—
1968	—	4	—
1969	—	—	—
1970	—	4	—
1971	1	2	1
1972	1	—	—
1973	8	1	1
1974	1	1	4
1975	18	6	4
1976	45	1	6

A modo de conclusión y resumen de cuanto se ha expuesto, se podría aventurar una periodización que caracterizara los distintos ministerios en cuyas manos estuvo el destino de la censura. Tomando como punto de arranque el año 1955, cabría considerar la etapa de Arias-Salgado como un momento de *rigidez total* en materia de censura, de un sabor integrista fuera de lo común y sobradamente conocido. La ausencia total de conflictos: pocas tachaduras, escasas denegaciones y prácticamente modificaciones insignificantes pone de manifiesto que la severidad censoria fue durante el período de Arias-Salgado una política sin ambigüedades, pero con previo aviso, y que, por tanto, ningún escritor se atrevió a ir más allá de lo que explícitamente estaba demarcado. Quienes, mejor que los propios censores, asumieron la ingrata o fascinante tarea de enderezar manuscritos demasiado imprudentes fueron los editores y sus consejeros de lectura.[106]

106. Acerca del papel censorio de los editores véase mi artículo ya citado *Sobre censura. Algunos aspectos marginales*, pp. 125-129. Los editores españoles han pretendido ayer —y con mayor facilidad hoy— haber sido víctimas de la censura. No pocos lo fueron, indudablemente. Los

La etapa de Fraga Iribarne, etapa de *apertura vigilada*, fue tumultuosa, como todo el mundo sabe, pero no sólo debido al conocido temperamento de dicho político, sino también a la falaz situación creada por la Ley de Prensa. Dicha ley fue más un objeto de prestigio y una fachada tranquilizadora hacia el mundo exterior que un marco de garantías para el ejercicio de la libertad creadora. Durante su mandato se tacharon manuscritos profusamente, y —según los datos de los meses de abril— fue ésta la principal y preferida actividad de sus censores, afectando al 8,7 % del total de obras presentadas de 1962 a 1969. El porcentaje de denegaciones (2,7 %) fue inferior al de la época de Sánchez Bella, como veremos. Bajo Fraga fue muy parcamente empleado el «silencio administrativo» (0,7 %). No tiene nada de extraño. El «silencio» era —y fue en los momentos de sinceros intentos de apertura en esta materia— el único asidero legal para poner en práctica una política de libertad de opinión o de gustos estéticos que dejara en manos del poder judicial la iniciativa frente a supuestas infracciones. Ahora bien, la imbricación u ósmosis de los tres clásicos y teóricos poderes era tal que una política censoria orientada en esta dirección no sólo hubiese sido suicida, sino que, además, hubiese carecido de sustento jurídico. El marco legal creado por la Ley de Prensa quedó reducido a un simple nominalismo, y el instrumento de liberalización que pudo ser el «silencio administrativo» sólo se utilizó para que colgara sobre la cabeza de los escritores una espada de Damocles, y de este modo continuar influyendo o impidiendo el pleno desarrollo de la producción literaria española.

El período de Sánchez Bella puede calificarse, con propiedad, de período de *retroceso*, aunque no tanto en relación

---

editores «comprometidos» se vieron en el aprieto de tener, *à contre-coeur*, que censurar en previsión a la censura previa. Y luego, con la Ley de Fraga, tuvieron que adelantarse a la misma censura para aplicar en las sesiones de lectura los supuestos criterios. Otros, sin embargo, podaron manuscritos o vetaron determinados autores en perfecta coincidencia ideológica con las ideas del régimen. Ello no tendría ninguna importancia en un régimen de libertad. Todo comerciante —todo editor— tiene perfecto derecho a vender lo que más se ajusta a su propia ideología al público de su elección. Lo grave en el caso español es que no se daba tal libertad de elección y que, por lo tanto, este tipo de editor impuso a su eventual público las mismas coerciones culturales que la censura, con agrado y ganancias.

con lo que había significado el de su predecesor, sino más bien por el rápido deterioro del franquismo y grupos políticos *adláteres* durante esos años. El contraste entre la política censoria mantenida y el ansia de libertad de expresión en los medios intelectuales y librescos acentuó el carácter periclitado de la institución censoria. Con relación a la etapa de Fraga las tachaduras bajaron casi de un punto (de 8,7 % a 7,8 %) pero aumentaron las denuncias (de 2,7 a 3,3 %). Sin embargo, fue importante el aumento de los «silencios», pasando de 0,7 % en la etapa de Fraga a 3,6 %. Hay que señalar que este porcentaje se acerca notablemente al nivel que se dará en los años siguientes, hasta su caída en desuso en 1976. Contrasta esta distorsión entre silencios y denuncias. Acaso ello explique, o quizá sea, un exponente del fracaso de la política de retroceso intentada por Sánchez Bella. Domina la impresión de que los «silencios» se aplicaron, *nolens volens*, para escapar a interminables negociaciones y al desprestigio que todo ello significaba.

CUADRO N.º 24. *Periodización de la incidencia censoria (1962-1975) según los meses de abril. Total obras presentadas, tachaduras, denegaciones, modificaciones, silencio administrativo*

Período	Total obras presentadas	Tachaduras	%	Denegaciones	%	Modificaciones	%	Silencio administrativo	%
1962-69 (Fraga Iribarne)	7.123	622	8,7	194	2,7	20	0,2	54	0,7
1970-73 (Sánchez-Bella)	5.780	455	7,8	196	3,3	20	0,3	209	3,6
1974-75 (Pío Cabanillas)	2.979	73	2,4	35	1,1	3	0,1	164	5,5
1976: Enero	1.227	2	—	1	—	1	—	3	—
Abril	360*	1	—	4	—	—	—	2	—

* El fichero de entradas no estaba completamente puesto al día.

El breve período de los años 1974 y 1975 es de una *apertura controlada*, dándose un gran aumento de los «silencios» (de 3,6 a 5,5 %) y alcanzando las denegaciones el inusitado nivel de 1,1 %. Se incrementa el uso de dictámenes no previstos por la ley, práctica que irá en aumento hasta la cuasi desaparición de la censura.

Con la desaparición de Franco y la evolución y consolidación democrática la censura ha desaparecido también virtualmente, aunque continúense dando casos de secuestro, según designios absolutamente inescrutables y hasta grotescos. Sin embargo, el poder coercitivo del Estado parece ahora tratar de ejercer su influencia o veto en un ámbito de mayor impacto que el de los libros: la prensa diaria o periódica. Una investigación reciente e inédita todavía ha revelado que durante el primer semestre del año 1977, en los albores de la democracia española, fueron secuestrados nueve periódicos o revistas, se incoaron siete expedientes por motivos muy dispares, cuatro revistas salieron a la calle con las necesarias supresiones, hubo seis procesos a periodistas o directores de publicación, se aplicaron nueve multas y se sobreseyeron cinco casos.[107]

107. Sacha J. WIJMER ha presentado una documentada y voluminosa tesina de licenciatura en el Instituto de Estudios Hispánicos de la Universidad de Amsterdam, inédita todavía, titulada: *La censura de prensa en España. Secuestros, denuncias y sanciones en la prensa periódica española tras la muerte de Franco*, Spaans Seminarium, Amsterdam, 1978, 164 páginas. Dicha investigación se ha basado en un rastreo sistemático de los principales periódicos y revistas españoles a partir de la muerte de Franco y en los resultados obtenidos por vía de encuesta entre más de treinta directores de periódicos o revistas.

Tercera parte:

CENSURA Y DICTÁMENES CENSORIOS.
DE 1939 HASTA 1976

Llegado el momento de pasar revista a los informes y dictámenes de la censura, no se nos oculta la dificultad de hacerlo sin una trabada y coherente tipología previa que diese razón de ser al paradójico comportamiento de la censura. Pero a medida que hemos profundizado en el tema y a la vista de la ingente cantidad de materiales, cada nuevo paso sólo ha servido para confirmarnos en la evidencia de que la censura ha actuado siempre como instrumento discrecional de represión u opresión, independientemente de que se basara también su actuación en unos supuestos mínimos e incuestionables que nadie se atrevía a poner en duda. Tanto es así que la censura gubernativa se caracterizará, con el paso del tiempo, por su actitud inhibitoria, inventando para ello, si fuera necesario, dictámenes no previstos por la ley (autorizaciones con reparos, denuncias sin secuestro previo) llegando incluso, en los últimos años del franquismo, a hacer prevalecer el silencio administrativo como instrumento legal o lo que es lo mismo: la inhibición legalizada.

1939

En los informes de los primeros años del franquismo se advierte el sumo grado de atención puesto en tamizar lo mejor posible la avalancha de obras presentadas por las editoriales a reedición, evitando toda alusión —en cualquier sentido— a las fuerzas armadas, juicios o ideas de raigambre anticlerical y procurando expurgar de las galeradas todo cuanto pudiera ser nocivo para un público lector presuntamente adolescente e indefenso. A este tipo de censura quedaron sometidas obras como la de Marañón, *Raíz y decoro de España*; de Jardiel Poncela, *Amor se escribe sin hache*; de Pío Baroja, *Agonías de nuestro tiempo, Los amores tardíos* y *Vidas sombrías*.[108] A este cribado se sobreponía la apo-

108. Sobre las obras aludidas de Gregorio Marañón, Jardiel Poncela y Pío Baroja, véase pp. 19 y ss.

logía de los regímenes democráticos o la defensa, pongamos por caso, del movimiento independentista en la historia de las naciones latinoamericanas [109] y, asimismo, la cita de nombres de autores contrarios a la ideología del régimen como ocurrió con el prólogo y notas de Alfonso Reyes al *Libro de Buen Amor* del Archipreste de Hita.[110]

1940

En estos años nadie osaba abordar en un manuscrito original un tema que lindara con la política, excepción hecha de quienes defendían o trataban de consolidar la historiografía del franquismo o de la Falange. Darío Fernández Flórez tras la lectura de las galeradas de la biografía del Ausente, *José Antonio* de Felipe Ximénez de Sandoval, escribe: «Comienza el autor advirtiendo que se trata de una biografía apasionada. Y lo es. Ahora bien, esta pasión, justa y sincera, conduce, no obstante, a encrucijadas de tipo de historia política, tan inmediata que acaso rocen demasiado violentamente sensibilidades y situaciones aún latentes. Me refiero concretamente a los casos Ledesma y Calvo Sotelo, entre otros. Advertido esto, no es a mí a quien incumbe juzgar la oportunidad de esta publicación, oportunidad que debe estar ligada a la alta dirección del Estado ya que todo el libro se apoya sobre la raíz misma del Movimiento.» La conocida biografía de José Antonio tuvo que sufrir correcciones y tachaduras que afectan a la imagen idílica que de las relaciones entre Ramiro Ledesma y José Antonio había que ofrecer al lector y también se silenció, entre otros aspectos biográficos, el relativo a la expulsión de José Antonio del Ejército por un consejo de guerra.[111]

Durante los años de la inmediata posguerra y hasta la aparición de la narrativa que abrirá el camino hacia un nue-

109. En la obra *El periquillo sarmiento* se suprimió el prólogo (págs. 1 y 2) y fueron tachadas las páginas 7, 9, 19, 20, 45, 55, 56, 58, 62, 63, 79, 86, 107, 108, 109, 116, 137, 195, 201, 212, 213, 225, 229 y 295 según consta en el expediente K-251 de fecha 28-2-1940.

110. El prólogo iba de la página VII a la XV, de acuerdo con la edición de Saturnino Calleja; se suprimía también la mención al nombre del autor de las notas, si bien éstas quedaban intactas.

111. En principio las tachaduras se referían a 29 páginas pero después de efectuada la consulta quedaron reducidas a 10, relacionadas, principalmente, con los dos temas que se han apuntado.

vo realismo social, la censura parece preocuparse mucho más, en sus dictámenes, de valoraciones literarias que de la evitación de los conceptos que antes hemos aludido como tipificantes de los primerísimos tiempos. Si bien se mira, esta actitud poco tiene que extrañar en un momento en que la literatura de creación es escasa, la ruptura con la tradición literaria anterior es total y la servidumbre histórica del momento apodíptica.[112] Una razón de más que puede aducirse para comprender esta actitud predominantemente crítico-literaria de la censura frente a la producción del momento es, sin duda de ningún género, la composición de la plantilla de censores de aquellos primeros años, compuesta toda ella por lectores de indiscutible bagaje intelectual y, en no pocos casos, dotados de un currículum académico nada despreciable.[113]

1942

Esta impresión la corrobora plenamente una revisión, superficial y limitada, incluso, de los escasos dictámenes de los años 40 en nuestro poder. Cuando Susana March somete, en 1942, a consulta previa su novela *Una alondra en la casa,* merece a los ojos del censor una dura crítica en la que no sólo se equipara dicha obra al género rosa y de imitación sino que también la tilda de necia y deficiente y, por lo tanto, propia de un autor principiante. Todo esto no obstó para que, sin que la obra fuera considerada inmoral, tuviera que publicarse con tachaduras en 16 de sus páginas.[114]

112. José M. Martínez Cachero, sostiene sorprendentemente en su *Historia de la novela española entre 1936 y 1975* que «sería grave injusticia y, también, gruesa ignorancia proclamar que los novelistas de la llamada generación del medio siglo partieron en su labor de un punto cero».

113. Véase la nota 75.

114. Expediente 3783-42. Censor: Sánchez del Corral. Informe: ¿Valor literario y artístico? Deficiente. Tachaduras: 32, 44, 46, 47, 48, 60, 62, 63, 67, 68, 69, 79, 93, 95, 96 y 97. Observaciones: «Es una obra del género rosa mas no de primera mano, sino de imitación, es decir, inferior en valor literario y superior en necedad y carencia de substancia. Los caracteres son absolutamente irreales y los personajes son movidos tan deficientemente que revelan a las claras un autor principiante en estas lides [...].»

Idénticos pruritos de crítica literaria muestran los informes sobre una de las novelas que, se quiera o no, hay que tomar en consideración a la hora de trazar una historia literaria de los últimos cuarenta años. Nos estamos refiriendo a *Nada* de Carmen Laforet. Si bien para uno de los censores esta novela ataca a la moral y al dogma, en lo que ambos lectores coinciden plenamente es en la ausencia total de valor literario. En este caso, lo asombroso fue que prevaleciera el criterio del segundo censor y que la obra se publicara sin tachaduras.[115]

Idénticas consideraciones se aplicaron también a la novela de Ramón Ledesma Miranda, *Antes del mediodía*, autor contemporáneo de Juan Antonio Zunzunegui y cuya producción se adscribe a la generación de transición entre la guerra y la primera posguerra: «Por temperamento y formación —escribe J. Corrales Egea refiriéndose a los autores de esta generación—, se trata de novelistas apegados a un género de novela que podríamos calificar de tradicional o clásico, acomodado a los principios que venían rigiendo desde hacía más de un siglo la gran novela descriptiva, psicológica, que narra cosas, que desarrolla un argumento, etc.» [116]

En total discrepancia de juicio con el emitido por el autor arriba citado, el censor de este manuscrito achaca a la novela su falta de profundidad en el estudio psicológico y el abuso de tópicos vulgares y filosofía barata. La novela se publicó con numerosas tachaduras que obligaron a su autor a rehacer parte del manuscrito, teniendo incluso que añadir un capítulo completamente nuevo.[117]

115. Expediente 318-45. «Segundo informe. ¿Ataca al dogma o la moral? No. ¿Al régimen? No. ¿Tiene valor documental o literario? No. Novela insulsa, sin estilo ni valor literario alguno. Se reduce a describir cómo pasó un año en Barcelona en casa de sus tíos una chica universitaria sin peripecias de relieve. Creo que no hay inconveniente en su autorización.»
116. *La novela española actual*, Madrid, 1971, p. 37.
117. Expediente 1.333-45. «Censor: Andrés de Lucas. ¿Ataca al dogma o la moral? No, con las correcciones indicadas. Novela en que se describen las reacciones de un muchacho ante las realidades de la vida, especialmente ante su primer amor fracasado. No hay en la novela gran finura ni el estudio psicológico es de gran profundidad. La obra está llena de unos cuantos conceptos de filosofía barata y de unos cuantos tópicos manidos y vulgares. En su primitiva edición no podría autorizarse pero, hechas las correcciones que ya propone el autor y además las que

Siete años más tarde, en 1952, los responsables de la censura habían abandonado por completo la ambición de remodelamiento y casi activa intromisión en la producción literaria del país. No sólo habían influido en este cambio de actitud los sucesivos abandonos en dicha función motivada por su provisionalidad sino que desde hacía ya muchos años se había dejado sentir la impronta moral del supremo artífice de los servicios de censura: G. Arias-Salgado, cuya peregrina mezcolanza de autoritarismo civil y doctrina moral católica había dado a luz una bizantina teología de la información que arredraba al teólogo más avieso.[118] A un personal censor relativamente culto e ilustrado había sucedido ya la especie mojigata y cavernícola entregada a la salvación moral de los indefensos lectores. Bajo este caparazón se escudó en adelante la censura para ejercer con ardid su función represaliadora. Aunque, inequívocamente, fueran otros los motivos que la censura tenía —de orden político, por ejemplo— para castigar severamente los manuscritos, sin embargo, adujo, siempre que fue posible, argumentos de defensa de la moral cristiana o ataque velado a las instituciones eclesiásticas o a sus ministros. Se llegó incluso a penalizar la falta de apologetismo por parte de los escritores en materia de moral. A la vista del informe sobre *La noria* de Luis Romero, premio Nadal de 1952, los lectores están obsesionados por el carácter fuerte, crudo, desenfadado, descarnado (son calificativos empleados) de la obra en la que, además, «únicamente tres capítulos exponen vidas de personas honorables». Sin llegar a ser gravemente inmoral, de publicarse, podría ser francamente perjudicial para lectores jóvenes o de escasa

---

se indican con lápiz rojo en las páginas 101, 113, 136, 152, 174, 179, 196, 256 a 260, 286, 294, 324, 330, 331, 342, 353 y 358, creo que no hay inconveniente en que se tolere su autorización.» Las correcciones ya propuestas por el autor a las que se hace referencia, versaban sobre modificaciones tendentes a hacer reconocible la obra primitiva: un total de veinte páginas. Además, se suprimió también el dibujo original de la portada arropando convenientemente los senos de una estilizada figura femenina que contemplaba el interior de la habitación, triste y melancólica.

118. Nos referimos al libro de G. Arias-Salgado publicado por el MIT en 1957 y demás artículos de este ministro citados en la nota 5.

formación por lo que se recomienda a menudo la lectura de los manuscritos por censores eclesiásticos adscritos a la plantilla.

Apreciaciones de orden puramente político prevalecieron en la inicial suspensión del estudio de R. Gullón sobre *La poesía de Luis Cernuda* —también en este mismo año—, prohibición que dio lugar a un pequeño roce entre los ejecutantes de la censura y el director general. Tanto el lector del manuscrito, el conocido escritor y consejero personal del ministro de Cultura, Pedro de Lorenzo, como el jefe de Ordenación Bibliográfica coincidían en que autorizar un libro que versaba sobre un autor exiliado que había combatido públicamente al régimen era un acto de apología contra la España de entonces y era incurrir en publicidad de libros prohibidos. Pérez Embid, director general a la sazón, se inquirió con sorprendente equidad sobre si las razones que habían abogado en contra de la publicación eran las ideas vertidas por el autor del ensayo o bien la figura del poeta abordado en su estudio.[119] Ante estos requerimientos Pedro de Lorenzo reincide con mayor ahínco todavía que en su primer informe si cabe, señalando que el problema ni siquiera quedaría resuelto con algunas tachaduras ya que se trata de una figura —Cernuda— y una temática blasfematoria, homosexual y roja.[120] Afortunadamente, el superior jerárquico inmediato del censor reconoció que el ensayo en litigio era de puro carácter técnico y que, por lo tanto, con las supresiones señaladas se evitaba el sentido apologético implícito a lo largo de toda la obra.

119. «[...] Ahora bien, lo que necesito es una nota concreta acerca del contenido del libro de Ricardo Gullón, material sobre la cual ha de versar el juicio del lector y no sobre la personalidad del sujeto aludido. Luego, esas razones de segundo grado pueden y deben pesar también, pero en segundo lugar. Lo que me interesa saber concretamente es si lo escrito por Ricardo Gullón plantea o no dificultades por tratarse de una antología de la figura humana de Cernuda o bien de su concepción del mundo o de su actitud política o, por el contrario, se limita a ser un estudio técnico de sus recursos líricos y de su lenguaje poético.»

120. «Segundo informe: Numerosas alusiones a poemas prohibidos, exaltación de un autor que se manifestó comunista en la Antología de 1934 de G. Diego, que ha combatido públicamente al Régimen y continúa en el exilio manifiestamente hostil. No se trata de tachaduras como las aconsejables en las páginas 2, 20, 24, 25, 26, 27, 28, 30, 37 y 38, sino del problema de resolver sobre la apología de una figura y una temática declaradamente enemiga de los principios religiosos [...] es blasfematorio [...] es uranista [...] es rojo. Madrid, 11-6-1952, Pedro de Lorenzo.»

Como muy a menudo ocurrió con la censura, las tachaduras eran pura humareda: se reducían a ligeras alusiones a su condición de exiliado, al hecho de la guerra civil como causa de esta situación y a alguna sibilina y lejana alusión a los placeres prohibidos, «*Impresión de Destierro* alcanza audiencia más amplia que las composiciones de *Los Placeres Prohibidos*, no es de intento como le sucede a Alberti».

1953

En 1953 prohíbe la censura la novela *Luciérnagas*, de Ana María Matute y el poema de Miguel Labordeta «Metalírica», inédito todavía según parece.

A la novela de Ana M. Matute no le faltan méritos literarios de acuerdo con los términos del dictamen emitido por el censor: «Literariamente, la novela constituye una valiosa aportación. La enorme fuerza descriptiva que ha sabido imprimir la autora destaca de forma brillantísima a lo largo de toda la obra, escasa en diálogos pero muy rica en análisis.» Sin embargo, la novela es en su conjunto repudiable porque presenta un panorama de los primeros años de la posguerra en los que el ánimo de los personajes está dominado por sentimientos de amargura y decepción tales que suponen la negación tácita de los valores humanos y religiosos sobre los que trató de cimentarse una justificación del Movimiento Nacional.[121] La novela permanece inédita. El manuscrito fue donado por la autora a una biblioteca estadounidense. Es probable que una obra puesta en entredicho en 1953 no reúna hoy día méritos especiales para ser publicada. La erosión del tiempo, los rumbos seguidos por la novelística y la ausencia de censura acaso no justifiquen dicha aparición. No obstante, se sigue ignorando y se ignorará el impacto que este manuscrito pudo haber causado tanto en el campo literario así como su influencia en la evolución ulterior de la novelística española.

«Metalírica» fue un poema destinado a aparecer en el número cuatro de la revista poética «El pájaro de paja», compuesto de poesías escritas casi todas ellas en 1951. Si el cripticismo es una de las características del género de poesía practicada por Miguel Labordeta, a esta inicial dificultad para el desconocedor de su obra hay que añadirle la desa-

121. Véase lo dicho ya en las pp. 79 y ss.

forada intervención del censor que sólo consigue incrementar el hermetismo.[122] La censura debió atenerse, según se aprecia en las tachaduras, al carácter evocador de algunas palabras sueltas en los poemas. Todos los cortes contienen un vocablo de los que pudieran pertenecer a la serie de palabras con las que se contraviene la buena moral, pero sin que su uso por Miguel Labordeta parezca rechazable en el plano moral: «[...] cómo sueñan / de meriendas de emisiones de música de baile de exámenes al tacto / de enfermedades sexuales de lívidas siestas de cefalópodos rebuznos líricos / de intermedias ocupaciones entre hombre e incendiar las muñecas cero / que en sus nidos centella cuelgan al cabo de la calle: "adquirida" / y sin embargo en lo que el macho aullúa eternidad fatal / crimen ahora mesándose los líquidos del corazón tardío para qué / [...]» («Improvisación con ardor lento.»)

En otros versos el censor presumiblemente atisbó indicios de crítica social y de indefectible mofa de los valores fundamentales. En el poema titulado «La escasa merienda de los tigres» quedó suprimido: «[...] Pasarían los largos horizontes con sus mensajeros de incógnito / y en mi reloj de barro y el patio de butacas ya vacío / y allí estaré yo así como en mi económica tumba de tercera / porque todo habría sido vanohermosoiracundo / tras el sueño de los destinos perdidos / y la sagrada sangre del individuo y tal / con sus salarios de no te menees y el cruel es todo / ¡ah!... esta tía tan loca y tan hermosa que es la vida y es la muerte / y es lo de más allá y es la monda [...]!»

1954

En 1954 la censura prohibió la novela *Un paso más,* de Rosa M. Cajal, galardonada con el premio «Elisenda de Moncada». De acuerdo con la puesta en escena ya clásica de la censura, se comunicaba verbalmente a la editorial que

122. *Metalírica* consta de diecisiete folios de poemas escritos durante los años 1951 y 1952. Pasaron sin tachaduras «Un así lírico apenas» (1951), «Leonino Dimanche» (1951), «No de amor pero sí» (1952), «Viernes con argumento» (1951), «Balada para niños de treinta años (a lo sumo)» (1952). Sufrieron las tachaduras del rigor censorio en mayor o menor medida: «Improvisación con ardor lento» (1951), «Cefalopedia» (1951), «La escasa merienda de los tigres» (1951) y «No estoy de buenas» (1952).

pese a grandes esfuerzos y amplitud de miras la obra quedaba irremediablemente prohibida sin dejar de omitir que el motivo, «confidencialmente hablando», se debía a la inmoralidad general que impregnaba la novela. Advertida la autora, ésta se ponía inmediatamente en contacto directo con los responsables de censura. Se le leía el correspondiente informe en el que la novela se consideraba altamente inmoral. El jefe de censura procedía entonces a sugerir las enmiendas que habrían de limar muchas de las asperezas y prometía indulgencia en caso de demanda de revisión.[123] La escritora ante estos ardides no tenía más remedio que someterse a las exigencias censorias cambiando para ello si era necesario la psicología del personaje de tal manera que entre las razones que primitivamente habían motivado el arrepentimiento de algunos de sus actos, algunas de ellas coincidieran con lo que por contrición y propósito de enmienda se entiende en la doctrina cristiana.

1955

Otra novelista prometedora pero cuya carrera literaria quedó truncada en parte por la censura, fue Elena Soriano. En 1955 publica por cuenta propia su trilogía *Mujer y Hombre*, relatos feministas que tuvieron la desgracia de salir a la luz antes de tiempo. La primera novela de la serie, *La playa de los locos*, no pudo ser distribuida por haberle sido denegada la autorización. Dicha obra se convirtió en una edición no venal, sometida a régimen de obsequio entre amigos.[124]

123. «[...] He realizado las primeras gestiones —escribía Rosa M. Cajal a su editor— y, desde luego, el informe no puede ser peor. La tachan de "biografía de adulterio" con una serie de "alicientes" a cual más fuerte. En vista de ello me han aconsejado que pida la revisión añadiendo algún párrafo, que lime lo "fuerte" y que por lo que he deducido, creo que el que adjunto, es el más adecuado. Le ruego que lo inserte en el original [...]. Procuraré solucionarlo cuanto antes y si fuera imposible les mandaría otra novela, ya censurada, para eliminar todas las dificultades. Lo sentiría, pues podrían aducirse razones distintas al no publicarse la del premio, después del revuelo que hubo. Censuran la obra en general, sobre todo el argumento [...].»
124. Veintiún años más tarde, el 11 de febrero de 1976, desaparecido ya Franco y a raíz de la adaptación televisada de una de sus novelas, dicha escritora solicitó autorización para poner a la venta los 1.000 ejemplares que obraban en su poder. Se accedió al ruego pese a que epígrafes y pies de imprenta no se ajustaban a las normas vigentes dado el nú-

La censura adoptó a la hora de exigir modificaciones o componendas, actitudes diversas según se tratara de obras de difusión normal, es decir, cuando la edición contaba un número corriente de ejemplares, situado entre los mil y los tres mil volúmenes. Pero en el caso de una obra de gran difusión actuaba con extremada precaución. Así, por ejemplo, al presentar la editorial Juventud, en 1956, una demanda de reedición de la novela de André Maurois, *El instinto de la felicidad*, la misma obra, autorizada ya con anterioridad, fue denegada para una tirada de 8.000 ejemplares ya que en tal caso —escribía el censor —«juzgo que la presente obra no es autorizable, pues en ella la vida y las incidencias de los tres personajes principales y, sobre todo, el marido, se desarrolla completamente al margen de la moral buscando únicamente una solución humana y "prudente": el silencio a las inmoralidades e irregularidades de la familia protagonista. Podría decir que la tesis de la novela es la felicidad a precio de lo que sea». Contribuir a la difusión, aunque sólo fuera por omisión pasiva, de semejante tema era pedir peras al olmo.

Asombra el celo y empecinamiento de los lectores en su tarea. Así, un primer censor propuso la denegación pura y simple de *Ficciones* de Jorge Luis Borges por estar toda la obra «informada por un espíritu librepensador y teosófico». El segundo censor —si bien no aconseja la publicación de la obra— insiste, en cambio, en la necesidad de algunas tachaduras de las que, a fin de cuentas, sólo se practicó una al comienzo del primer relato donde Borges pone en boca de Bioy Casares la referencia a uno de los heresiarcas de Uqbar que había declarado que los espejos y *la cópula* eran abominables.[125]

---

mero de años transcurridos desde el momento de su impresión y el de su autorización.

125. El censor, ignorando la sutil ironía de J. L. Borges, escribe: «Son reflexiones del autor tras la lectura de documentos y libros raros, preferentemente cabalísticos, astrológicos, mitológicos y, mejor aún, cosmogónicos en los que incrédulos y heresiarcas se sienten demiurgos y se lanzan a fabricar sus mundos o a revelarnos sus misterios. Al pensar por cuenta propia el autor formula alegremente las hipótesis más paradójicas que presenta como tesis inconcusas cultivando en la expresión (al menos en la traducción) un lenguaje hermético a tono con lo esotérico de los temas, lo que hace que éstos sean para los lectores no iniciados en las

En 1956 sufre un serio desastre el manuscrito de Manuel Arce, *Testamento en la montaña*, novela en la que el autor había ya tratado de esquivar cualquier tropiezo con la censura autocensurándose profusamente hasta convertir la actuación de un guerrillero del «maquis» en un bandido de montes y caminos. «Me quedaba el mínimo consuelo —diría más tarde el escritor—,[126] haciendo esta pequeña trampa, de que alguien, cuando leyese *Testamento en la montaña*, tuviera que preguntarse cómo y en virtud de qué proceso psicológico o de qué tensiones sociales puede un maestro de escuela convertirse en un bandido de monte y con metralleta.» La novela con supresiones en catorce páginas quedaba impublicable, sin ilación posible en muchos casos. El editor —Destino— insinuó el regateo personal del escritor ante el Ministerio, pero según su experiencia era preferible inclinarse a la conformación, solución segura ésta y sin pérdida de tiempo.

Manuel Arce, gracias a relaciones personales, pudo arreglar una entrevista con el director general del momento, Florentino Pérez Embid. Revisó personalmente las galeradas. Bastó suprimir una línea, dos palabras y modificar un párrafo sobre la muerte de un cura para que la «Inspección de libros» extendiera la tarjeta de autorización de la obra.

1957

Especial mención merecen las dificultades con que tropezó la novela de Francisco Candel, *Donde la ciudad cambia su nombre*, cuya realidad novelística extrae el autor —como es habitual en él— de su inmediato contorno vivencial, uno de los suburbios de Barcelona. La novela en cuestión fue autorizada en marzo de 1957 con cortes de relativa poca importancia en seis de sus páginas. Sin embargo, tanto ésta

---

metafísicas agnósticas el laberinto de los laberintos. Un libro así caerá de las manos de los no estudiosos en tales materias y juzgo que ningún daño mayor podrá hacer ya a cabezas ya tocadas de fantasmagorías alegóricas y alocadas. Con todo y por llevar estos escritos el sello de la teosofía —como todas las obras de esta editorial— si por criterio de la superioridad se autorizara la publicación —lo cual yo no propongo— juzgo indispensable se practiquen las tachaduras [...].»

126. *Prosa novelesca actual* (II), (Madrid: Universidad Internacional «Menéndez y Pelayo», 1969), pp. 38 y ss.

como su anterior novela *Hay una juventud que aguarda* dieron lugar a sendos expedientes judiciales que, con el tiempo, fueron sobreseídos.[127] La distribución y venta de la novela aludida en primer lugar originaron varios incidentes por parte de personas que se consideraban inmiscuidas en el relato novelesco. La obra fue secuestrada y sólo autorizados para venta en el extranjero los ejemplares devueltos al editor. Se convino que en caso de reimpresión deberían modificarse los nombres de personas y determinadas situaciones. En esta operación de criba intervino el Gobierno Civil de Barcelona por tratarse de referencias que habían perturbado, en su día, el orden público.[128] La obra, que en su primera versión autorizada había salido casi indemne —sólo seis páginas de tachaduras—, en reedición tuvo cortes en las páginas 24, 68, 115-124, 130, 134, 141, 178, 198, 199, 202, 219, 220, 225, 235, 255, 256, 271, 272, 283, 294 y 295.

Casi simultáneamente al mentado secuestro la censura trituraba alegremente *Las olas*, de Virginia Woolf, sin reparar en la cuantía de los cortes: treinta páginas en total repartidas a todo lo largo de la novela. Como de costumbre fueron varios los lectores. «Un engendro que no puede publicarse», afirmaba uno de ellos.

1958

Los camiones, de Jorge Ferrer-Vidal, es una de esas novelas que por haber permanecido inédita jamás podrá saberse si su desaparición,[129] ha sido una pérdida o no para la no-

127. «La novela se ambienta entre tipos que viven en una barriada de casas baratas "Eduardo Aunós", en el suburbio barcelonés. Gente bronca, fácil a la riña, viviendo en medios inmorales, entre los que viven algunas familias de gitanos, que son los personajes principales de la novela. Se hacen tachaduras en las páginas 40, 64, 128, 129, 219, 220. Autorizada con tachaduras. Madrid, 25 de marzo de 1957. Fdo.: Conde Gargollo.»

128. En junio de 1958 al tramitar la reimpresión de la obra incautada, el jefe de la Delegación del MIT en Barcelona comunicaba a Madrid «que el criterio de esta Delegación, junto con el del Gobierno Civil de esta provincia, es que las modificaciones que en dicho libro se han hecho son suficientes. No obstante, existen algunos pasajes demasiado crudos, pero que no constituyen un problema particular, sino general.»

129. El manuscrito de esta novela —por razones inexplicables— se extravió, lo cual ha impedido su posterior publicación. El ejemplar pre-

velística española de la posguerra. Trata de la huida de una familia y otros personajes que caen en manos de los republicanos, quienes al final aplastan a los fugitivos con cinco camiones. Según informan los censores la lectura se hace penosísima, «pues son tan archirrealistas sus descripciones, ora de las hediondas diarreas del niño moribundo, ora de los manejos del tuberculoso en sus propios esputos, ora de los reiterativos escarceos incestuosos del padre del narrador con su cuñada, etc., que provocan incesantemente la náusea moral y física en el espíritu y en el estómago mejor templado. El diálogo de cuya crudeza dan fe nuestras tachaduras es impublicable.» El elevado número de tachaduras, amén del resoluto consejo de prohibir la novela, la han sepultado hasta que el propio autor u otros la exhumen. Los personajes de la obra eran tan indignos y mezquinos que casi podía justificarse el tratamiento de que son objeto por parte de los milicianos en la acción novelística.[130]

Una novelista tan asidua con su público como Ana M. Matute en aquellos años, tenía necesariamente que topar a cada ocasión con los funcionarios de censura. *Los hijos muertos* publicada en 1958 y ganadora del Premio Nacional de Literatura al año siguiente, pasó por las manos de tres censores. Cortes en diecinueve de sus páginas bastaron para concederle el visto bueno. Las supresiones no fueron, en realidad, de fondo sino de forma: «Entiende este lector que [las tachaduras] podrían suprimirse o sustituirse por puntos suspensivos, pues aunque reflejan un modo de hablar corriente de los personajes, no son imprescindibles.»

---

sentado a consulta obligatoria se halla en los Archivos de la Administración Pública de Alcalá de Henares (Exp. 2.892-58).

130. Otro censor escribía a propósito de esta novela en su informe: «Aunque el autor advierte que cualquier parecido es pura casualidad, se ve claramente que la acción tiene lugar en el Movimiento Nacional y en un pueblo español. Cuenta las peripecias de una familia de las llamadas fascistas que huye de la muerte y es por fin encontrada por los milicianos que les dan vil muerte. Pero ni el lenguaje usado ni la familia prototipo ni el cura que se suma a esos fugitivos ni el fondo ni el modo de referir los hechos es edificante, antes al contrario, es desagradable y desmoralizador. La familia elegida es tan desalmada y degenerada que casi el autor justifica la muerte que le dan los energúmenos, y el sacerdote es un hombre gordo que siempre está pendiente de su vientre, en fin, un repugnante. No puede publicarse. C. de Pablo Muñoz.»

Un autor llegado muy tarde a la actividad literaria, Ángel M. de Lera, encontró dificultades casi insalvables para publicar su tercera novela, *La boda*. El interés del expediente de esta novela radica en los tres informes que lo acompañan. Por primera vez nos encontramos ante opiniones diametralmente opuestas sobre una misma obra y aunque, a la hora de la verdad, prevalecieron los consejos del lector más exigente, ello no impide levantar acta de un relajamiento en cuanto a la vigilancia o, si se prefiere, la aparición de un relativismo inusitado en materia de buenas costumbres. Esta nueva postura es tanto mayor cuanto más contrasta con las opiniones y conclusiones a que llegan otros tantos censores a propósito de una misma obra. Compárense las tres diferentes lecturas:

1.er lector: Dramón de ambiente rural. La lucha de un pueblo rijoso contra unos novios. Ambiente y lenguaje sucios y groseros. Sexualidad rayana en la animalidad. No debe publicarse.

2.º lector: Drama en torno a un emigrante viudo y rico, en un ambiente de hostilidad por su boda. Grosera, pero en el aspecto moral relativamente correcta. Puede autorizarse.

3.er lector: Ambiente general de incultura, relajación y brutalidad. Realismo repulsivo. No debe publicarse.

El primero de los censores reacciona de forma un tanto primaria y convulsiva. Su informe carece de perspectiva y le falta un mínimo de síntesis o de abstracción con respecto al texto. Sus «consejos» salen enhebrados a sus personales reacciones provocadas por la lectura del manuscrito.[131] Abundan

---

131. «Sucio dramón de ambiente rural. La lucha de un pueblo salvajemente rijoso contra unos novios en su noche de bodas que termina con la muerte del promotor y asesinato del recién casado. El fondo y el ambiente son tan sucios y groseros como el lenguaje. El conato de seducción del novio por su cuñada, los mozos y mozas enloquecidos de ardor genésico hasta la animalidad, el degenerado asesino conocido por el infamante apodo del «Escaso» y hasta la escena final (el alucinante acto sexual al que se entrega el marido —y en el que fallece— con los riñones partidos una hora antes por la navaja del «Escaso»), toda la obra es de una morbosidad repugnante. Señalamos con tachaduras mu-

en su escrito calificativos rebosantes de carga emocional como «sucio», «salvajemente rijoso», «enloquecidos de ardor genésico hasta la animalidad», «degenerado», «infamante», «alucinante», «repugnante».

El autor del segundo informe [132] considera la obra autorizable. No indica ninguna página que deba suprimirse y resume el tema de la novela de manera serena y parca en palabras: la historia dramática de un emigrante viudo y rico y la reacción hostil de un pueblo. Lo importante es señalar que para este lector el saldo final —moralmente hablando— es positivo pese a lo grosero de las formas.

El tercer lector [133] observa que la revulsión sólo se debe a la crudeza del realismo con que se describe el medio donde se desarrolla la acción. El resultado final de todo este trasiego de consejos desembocó en treinta y cinco páginas de tachaduras. ¿Habrán significado merma alguna para el significado, la comprensión o para el valor literario de la novela? Lo grave, realmente, es que la obra artística concebida por un escritor haya tenido que llegar hasta el público mediatizada por los «consejos de lectura» de quienes ni sabían ni podían aportar crítica alguna y cuya única preocupación estribaba en la ejemplaridad moral del «asunto» tratado en el relato.

Al rigor censorio y a la obsesión moralizante e incluso teológica tampoco escaparon las obras importantes de la literatura universal moderna ya fuera en su versión original

---

chos párrafos, pero no todos los censurables por su prolijidad: 31, 32, 71, 76, 77, 88, 96, 100, 196, 233, 235, 236 y otras muchas. A. Sobejano.»

132. «Pinta el drama que se desarrolla en torno a un emigrante que vuelve rico al pueblo y quiere empezar de nuevo la vida contra un ambiente hostil. La hostilidad se manifiesta por su boda. Viudo y con dinero, por el dinero triunfa como pretendiente; pero por viudo ha de padecer y aguantar los tratos que las costumbres de ciertos pueblos en tales ocasiones movilizan. Todo ello acaba en un drama. Grosera en su forma, en el aspecto moral es relativamente correcta. F. Álvarez Turienzo.»

133. «El asunto de la novela es, de suyo, indiferente, pero se desarrolla en un ambiente general de incultura, relajación y brutalidad de costumbres, sin ninguna circunstancia atenuante, y se lo describe o reproduce con un realismo tan crudo y con escenas tan torpes que hacen revulsivo todo el relato. Sin la supresión de todo lo que va tachado en rojo en las páginas arriba señaladas (31, 32, 33, 34, 35, 58, 59, 60, 62, 63, 70, 71, 72, 76, 77, 80, 81, 82, 83, 84, 88, 90, 91, 93, 95, 96, 97, 98, 99, 100, 106, 110, 233, 235 y 236), creemos que no debe autorizarse su publicación. Antonio del Riego.»

como libro de importación sometido al correspondiente visado de la censura gubernativa ya fuera en la versión castellana propuesta por cualquier editorial.[134]

Tardía confesión, de A. Huxley, paró en censura casi un año antes de que fuera autorizado. El libro, escrito con inteligencia y conocimiento del oficio —según los censores—, adolece de despreocupación y libertad de frenos doctrinales y aunque el libro podría ser leído por un público formado, la moralidad pagana y hasta cínica de sus personajes unida a la utilización de categorías teológicas en un contexto de raso naturalismo, todo ello hace la novela inaceptable.[135] Con todo, la obra se autorizó ya que podía también «despertar beneficiosas reflexiones». El censor se refería a la muerte trágica de uno de los personajes, culpable de adulterio, lo cual atenuaba, a su entender, la inmoralidad del pecado en que se había incurrido. Se tuvieron que modificar y resumir nueve páginas del original mecanografiado en castellano. Las ciento veinte líneas censuradas en las páginas 42 a 45 fueron reducidas a trece. El texto de la página 46 se condensó en unas pocas líneas; lo mismo ocurrió con el texto de la página 48. Por último, once líneas modificaron los estragos infligidos por las tachaduras en la página cincuenta.

Consideraciones principalmente de orden moral prevalecieron en las tachaduras impuestas al nuevo manuscrito de Francisco Candel presentado a censura también, en 1959, titulado *Han matado a un hombre, han roto un paisaje.* Asimismo, el novelista advertía en una nota —para evitar la repetición de incidentes similares a los acaecidos con su anterior novela— que nadie buscara parecidos o realidad en su nueva obra: «He barajado los cuatro sobados y manidos tópicos que se dan en todos los arrabales de todas las grandes ciudades industriales en las cuales la urbe avanza sobre el

---

134. Toda obra impresa publicada fuera de España fuera cual fuere el idioma debía obtener el visto bueno previamente a su importación. Dado que las supresiones no eran practicables en las obras ya impresas y encuadernadas, muchos títulos de importación tuvieron que sufrir larga espera hasta tanto se suavizaran los criterios de censura. Esto no impidió, como era notorio, que floreciera un mercado negro de ejemplares no autorizados.

135. «[...] Es también recusable la naturalidad con que se hace historia de un cínico adulterio. Hay para todo ello *una* atenuante y es que los culpables no digieren su pecado, muriendo dos de ellos trágicamente a consecuencia de la situación. Hay razones serias para no autorizar el libro; pero dada su calidad novelística y teniendo en cuenta las circunstancias apuntadas, puede publicarse.»

campo.» Sin embargo, un mediano conocedor del barrio donde Candel vivía, podía perfectamente percatarse de que la novela era un cuadro de costumbre social y moral más que político de aquel suburbio y cuyo parecido, por lo demás, con los otros barrios populares de Barcelona era casi completo.

CUADRO N.º 25. Han matado a un hombre, han roto un paisaje de Francisco Candel. Criterios de censura practicados

Páginas del original	Moral sexual	Opiniones políticas	Uso del lenguaje	Religión	Total líneas
12	+				6
16	+		+		15
17	+				21
55		+			5
73				+	2
182	+				3
183	+				12
184	+	+	+		25
185		+			46
186	+		+		36
187	+			+	13
189		+			5
191		+			12
206		+			26
212		+			2
213		+			12
220		+			17
222		+			2
224	+				3
225	+				2
233	+				23
234	+				4
248		+			4
251	+				2
254		+			40
255		+			18
256		+			14
257		+			27
261		+			21
262		+			12
274	+				6
302	+				9

Si bajo «moral sexual» se sobreentiende todo lo relacionado con el sexto mandamiento, bajo «opiniones políticas» cualquier crítica del orden social, económico o político que pueda directa o indirectamente desprestigiar al Estado, bajo «uso del lenguaje» cuanto comúnmente se designa como expresión grosera o soez y bajo «religión» se entiende cuanto pueda inferir un desprestigio de las instituciones eclesiásticas, salta entonces a la vista cuáles fueron los motivos más frecuentes de la censura ejercida por los lectores del manuscrito de F. Candel.

Un capítulo entero tuvo que suprimirse como condición previa a la toma en reconsideración de las demás tachaduras.[136] Por lo que atañe a las tachaduras, éstas afectaron a 448 líneas repartidas entre 32 páginas. El mayor número de líneas suprimidas tenía relación con las opiniones políticas aunque no en el sentido de que el novelista atacara directamente al régimen o se librara a una apología de ideas «subversivas» sino que en la novela se sacan a relucir los problemas del hacinamiento, subarriendo, escasez y mala construcción de viviendas. En algunas páginas y diálogos muy realistas se pone de manifiesto también la crítica ante las actuaciones policiales.[137] Pero la crítica de estos actos no revestía en ningún momento un carácter denigratorio como tal. Cualquier lector de la obra habría o había podido experimentar semejantes actuaciones policiales en persona. El total de líneas suprimidas por conceptos políticos, ampliamente entendidos, fue de 268. Venían en segundo lugar las tachaduras motivadas por actitudes, actuaciones o expresiones relacionadas con el quebrantamiento de las normas de la supuesta moral sexual, con un total de 91 líneas. No hay ninguna ta-

136. Esta información se la debemos al propio escritor. Por otra parte en las galeradas depositadas para control de censura comienza el texto de la novela por la página once.

137. Entre las extensas tachaduras de las páginas 184 y siguientes, como botón de muestra del tipo de referencia a la política o a sus ejecutantes, se encuentra este pasaje censurado: «El Raurito fue a la Comandancia a quejarse [del trato de que había sido objeto por parte de una pareja de guardias civiles]. El Comandante era un hombre cortés, comprensivo y benévolo, pues por lo menos dejaba hablar. Escuchó toda la historia con paciencia, mirándole el ojo a la viruta atentamente.

»—Yo, sabe usted, soy un ciudadano honrado, adicto al régimen, que no se mete con nadie, y por eso se me debe respetar. Yo siento la causa, sabe usted. Yo...

»El Comandante lo dejó terminar. Luego le dijo con toda dulzura y suavidad:

»—Yo creo que precisamente porque es usted una persona honrada, adicta al régimen y todo eso, debe hacerse cargo y disculpar estas pequeñas faltas de la Benemérita.»

chadura que únicamente afecte al uso del lenguaje. Su infracción se da siempre acompañada de infracción a la moral: sólo 51 líneas. En cuanto a la religión como criterio sólo se da un caso con supresión de dos líneas. El resto de las tachaduras afecta a la moral, política y religión (25), a la moral y a la religión (13) y a la moral y uso del lenguaje (15).

CUADRO N.º 26. *Asignación de las supresiones de acuerdo con los criterios* [138]

Criterios de censura	Número de líneas suprimidas
1. Opiniones políticas	268
2. Moral sexual	91
3. Moral sexual + uso lenguaje	51
4. Moral sexual + política + religión	25
5. Religión + moral	13
6. Religión	2

Las supresiones de carácter político superan en mucho a las de orden moral, incluso en el caso de acumular la totalidad de líneas suprimidas en las que aparece el criterio moral junto a otros criterios. Sin embargo, la vigilancia censoria en el orden político se circunscribió a las alusiones más contemporáneas y dejó pasar todo cuanto se refería a partidos, hechos o personajes de la época de la guerra civil. Los lectores pusieron especial atención en la crítica social que rezuma por todas las páginas. Suprimieron muy particularmente cuanto hacía referencia a las pésimas condiciones de las viviendas y al barraquismo.[139] Estos primerizos y dificul-

138. Aquí conviene entender por «criterios» no las supuestas normas a las que podían haberse atenido los censores, sino una clasificación de las supresiones realizadas teniendo en cuenta la presencia o ausencia de temas referentes a la clasificación de criterios ya abordada en las pp. 88 y ss.

139. Una acotación manuscrita del propio censor («¡Ojo!») encabeza una larga tachadura en la página 206 del manuscrito en la que se menciona la construcción de unas viviendas protegidas que «eran insignificantes casitas de tres, cuatro metros cuadrados. Dos habitaciones sin puertas, con cortinas en lugar de ellas, en las que no cabía una cama de matrimonio, y pare usted de contar, amigo. Tenían que desnudarse en la cocina, porque dentro de la habitación, aparte de la mutilada cama, no cabía nada ni nadie más.» Este grupo de viviendas al que se refiere el autor con toda clase de detalles existía y existe todavía.

tosos contactos con la administración censoria alertarán cada vez más la atención de los censores en la lectura de los originales de este novelista. Aparte de los problemas que acompañaron la aparición de las obras publicadas hasta este momento hay que reseñar las dificultades habidas con *Pueblo* —1961—, cuyo título original era *El pueblo eterna víctima o el hijo del gobernador*. Posteriormente parte de esta obra fue publicada en 1965 como novela corta con el título de *El empleo*. Al año siguiente, *Los importantes: élite* ocasionó también el consabido forcejeo y los interminables informes en defensa del manuscrito por parte del novelista. En parecidos trámites cayó también el manuscrito de *Échate un pulso, Hemingway* —1963—, libro de relatos notablemente censurado y algunas de cuyas partes constituyeron la novela corta *Richard* y también la pieza dramática del mismo nombre, aparecida en 1964. *Los otros catalanes* tanto en su versión catalana como castellana sufrió más de la autocensura que de la censura a decir verdad. Pero el tema del catalanismo proporcionó sobrados motivos para que los censores recortaran lo que al propio escritor había podido escapársele. En 1968 la publicación de *Viaje al Rincón de Ademuz* no deparó al autor ningún problema grave previo. Sin embargo, cierta frase empleada por el editor para efectos de propaganda se estimó ofensiva para la Guardia Civil y el editor fue multado. También en este mismo año, 1968, salió bajo silencio administrativo y con considerables tachaduras *Los hombres de la mala uva*. Al año siguiente, muy serias dificultades tuvo *Treinta mil pesetas por un hombre* cuyo título original rezaba *El hombre que se escribía con Franco*, que tuvo que ser lógicamente modificado, así como las referencias al personaje aludido. *Algo más sobre los otros catalanes* entró en censura en 1970 y fue rechazada dos veces su publicación y quedó en capilla hasta que otro editor, después de haber remodelado convenientemente el manuscrito obtuvo el visto bueno supeditado, naturalmente, a innumerables tachaduras, tras tres años de espera. En 1971, *Los que nunca opinan* fue secuestrado por considerarse un libro altamente subversivo y peligroso para el orden social. Afortunadamente, dicho secuestro duró sólo ocho meses y la obra volvió a autorizarse con prohibición de que se hiciera propaganda, cita alguna o que se expusiera en los escaparates de las librerías. Casi simultáneamente, apareció *Historia de una parroquia*, sin ninguna clase de problemas con censura puesto que previamente al depósito, el editor practicó generosamente cortes de toda índole. En 1972 coincidieron en censura dos obras con considerables problemas. La primera, *Ser obrero no es ninguna ganga,* ensayo escrito en 1969 y publicado en 1972, fue secuestrada y a continuación autorizada a la venta con restricciones. La segunda obra, *Diario para los que creen en la gente* —novela de la que nos ocuparemos más adelante—, sufrió tachaduras en 110 de los 300 folios de que consta el manuscrito. En 1973 se suprimió el prólogo a *El perro que nunca existió y el anciano que tampoco* y, finalmente, en 1974, *Carta abierta a un empresario* sufrió en primera instancia el rechazo de un posible editor por considerar la obra un ataque al patronado. Sin embargo, se pudo publicar aunque pesaran sobre ella amenazas de secuestro.

Si en la novela suele primar un criterio tendente a enmendar el situacionismo en materia de moral y las implicaciones políticas que supongan o sugieran al lector diálogos, ambientes, signos o símbolos, en las obras de ensayo prevalece la pureza de la ortodoxia doctrinal católica.

En 1959, la censura pasa por el cedazo el ensayo del notable escritor José Bergamín, vuelto ya del exilio, titulado *Fronteras infernales de la poesía.* El primer lector del libro, como es habitual en el intrincado mundo de los censores, se excede ampliamente en su celo inquisitorial. La obra de José Bergamín es a sus ojos antidogmática, antimoral e, incluso, irreverente con el papado. Bajo el aparente tema del infierno en la poesía y la historia del pensamiento europeo se esconde, al parecer del censor, un intento de exaltación de la figura del filósofo Nietzsche. El atento lector llega incluso al extraño descubrimiento de cierto parecido entre el estilo de Bergamín y el del filósofo.[140] El segundo censor le quita importancia al tema del infierno en el contexto del estudio que J. Bergamín hace del pensamiento de Séneca y a raíz del

140. «El texto de J. Bergamín ataca al dogma en las páginas 10, 117, 119, 120, 148, 149 y es irreverente en la página 151. Ofende a la moral en las páginas 142, 146, 148 y 150. En la página 134 se peca por irreverencia contra el Papa al citarlo en el contexto en que se hace [...]. Tema verdadero: exaltar la figura de Nietzsche como la figura cumbre, la superación del genio, llegando a afirmar que para fortificarse en la fe católica hay que leer a Nietzsche; con una serie de afirmaciones fuertes, contrasentidos e imagen de un catolicismo muy *sui géneris* que no pueden ser otro que el que haya tenido por fuente de su fe a Nietzsche, al que *incluso en el estilo se le puede parecer como un hermano gemelo* [...]» (subrayado nuestro).

cual el propio escritor afirma —recalca el censor: «[...] que este nombre no significa solamente para nosotros una ilusión de mito, sino también, y sobre todo, una realidad de verdad.» Coincide, sin embargo, con el anterior lector en que se correría el riesgo de autorizar una publicación en exceso elogiosa de la vida y obra de Nietzsche, lo cual podría inducir a la lectura de dicho filósofo.[141]

El último censor encuentra ya el camino suficientemente desbrozado como para hilar más fino. El libro es ya explícitamente ortodoxo aunque no exento de ambigüedad en algunos pasajes. A veces, lo que puede parecer apología se debe únicamente a la forma en que ha sido hecha la crítica. Por lo demás, el lector advierte que se trata de un infierno natural, sensible al hombre tras la experiencia del mal.[142]

Finalmente, las supresiones quedaron limitadas a tres pasajes en tres de los folios del manuscrito:

1. «[...]Desprecio de la vida se dice, vulgarmente, del heroísmo y también del suicidio, cuando su motivación lo justifica moralmente: cuando lo hace heroico [...] Venimos del Infierno y vamos al Infierno, y todo el tiempo de nuestra vida es una peregrinación infernal que nos advierte de esa inmutable libertad del hombre para la muerte: morir es libertad humana, la única libertad verdadera del hombre, porque le libera de sí mismo, le desencadena de su sueño, de sus sueños; le vuelve y revuelve a la realidad de sus designios infernales; porque el hombre es libre cuando se pone de acuerdo con los dioses en vez de obedecerles; y este acuerdo divino, para el hombre, empieza y acaba en los Infiernos; no mirar cara a cara a esa

141. «[...] En el estudio de Séneca hay expresiones muy chocantes desde el punto de vista religioso, porque, al parecer, el autor niega la realidad del infierno pero a estas objeciones responde el autor en la página 16 [...]. Repito que es altamente elogioso de la vida y obra de Nietzsche; vida y obra desde el punto de vista hortodoxo [*sic*] total y absolutamente espúrea y estos elogios pueden avocar [*sic*] a un deseo de lectura de dicho filósofo.»

142. En la página 16 aludida por el censor, Bergamín advertía a su eventual lector de la «interpretación en parte imaginativa y en parte conceptual de aquellas poéticas figuraciones del Infierno que debemos a los poetas y que, efectivamente, nos ofrecen una experiencia viva de ésta, su figuración metafórica, que llamamos infierno. Pero ¡cuidado!, que este nombre no significa solamente para nosotros una ilusión de mito, sino también, y sobre todo, una realidad de verdad.»

verdad es cerrar los ojos a la luz que hace inteligible la verdadera precisión de todas las cosas [...]» (pág. 11).

2. «Pero [la felicidad humana es] criminal para los que no entienden la naturaleza humana y esa otra Naturaleza divina o satánica de su explosiva procedencia; para los que la entienden, la acción destructiva de la especie humana es una finalidad moral, no sólo posible —el hombre lleva en su sangre y en su capacidad general para la muerte su destrucción misma—, sino feliz y buena —el bien es el mal, etc.—, como para Blake y Nietzsche. La práctica racional y racionalizada de la destrucción de la especie humana puede convertirse para el hombre en una finalidad justa, en la única finalidad justa [...]» (pág. 118).

3. «[...] Nietzsche, después de San Agustín, después de Pascal —afirma Matter—, es una fecha en la historia del Cristianismo [...]» (pág. 148).

Las tachaduras quedaron reducidas a estos párrafos en los que se hace hincapié en el nihilismo de la filosofía nietzschiana y la referencia a la cita de Matter sobre los hitos en la historia del pensamiento cristiano.

Idéntica táctica en el enjuiciamiento de un manuscrito puede observarse en los informes a propósito del ensayo de Jean Lambert sobre Gide: informe severísimo del primer lector y luego atenuamiento progresivo. El primer censor, pese a reconocer que la biografía *Gide en su casa* ofrece un cuadro auténtico de la personalidad del escritor y, además, conviniendo en que el autor no cae en la apología de Gide por lo que se refiere a su homosexualidad o ideas políticas, concluye, sin embargo, considerando como improcedente publicar la obra.[143] El siguiente censor minimiza la importancia de todo cuanto se relata. Sólo resultan algo chocantes las referencias a la «anormalidad sexual del escritor» aunque ni ello siquiera puede considerarse sorprendente en el caso de publicarse íntegramente el manuscrito:

143. Tras aconsejar la supresión de las páginas 96 y 166-167 por motivos de índole religiosa y las páginas 103, 110, 115, 123, 141-142, 155 y 159, concluye: «Sentimos tener que considerar como improcedente la publicación en vista de lo expuesto.»

«Aspectos de la vida privada de Gide. Las más de las cosas que se cuentan carecen de toda importancia en cualquiera de los sentidos. Si por algo choca el libro es por el afán de volver siempre a los temas relativos a la anormalidad sexual del escritor. Creo que no es para que sorprenda a nadie incluso publicado como está, íntegro; no obstante es preferible que se supriman los pasajes subrayados que se encuentran en las páginas siguientes: 15, 123, 140-141, 155, 166-167, 169. Existen alusiones en otros pasajes pero pueden dejarse, por menos insistentes. Suprímase también la línea tachada de la página 38. En estas condiciones, puede autorizarse.»

1960

No estará de más en este examen diacrónico de los informes detenerse también en obras que aunque por su género —ensayo, estudio histórico, etc.— no nos haya interesado abordar desde un principio, sin embargo, vista la actitud unívoca de la censura, su toma en consideración puede aportar luz para una aproximación a los criterios esgrimidos por ésta.

Así, una obra de la envergadura de *Los judíos en la España Moderna*, en tres tomos, de Julio Caro Baroja, reúne méritos suficientes como para ilustrar la intocabilidad de la historiografía de España según la entendió el franquismo a través de la censura.

La obra en cuestión, presentada a finales de 1960, fue desaconsejada para la publicación y en el caso de llegar a autorizarse el censor estimaba necesarias tachaduras en 89 páginas.[144] Las tachaduras propuestas eran las siguientes:

Tomo I:	205-216, 288, 352, 427, 534.
Tomo II:	102, 119, 149, 230, 231, 233, 234, 235, 236, 237, 238, 243, 244, 245, 247.
Tomo III:	97, 98, 99, 100, 104, 105, 107, 108, 113, 114, 115, 116, 117, 118, 119, 120, 121, 127, 128, 129,

144. El lector, al final de su informe, señalaba: «[...] no por razones dogmáticas, pues *el autor no ataca el dogma ni la moral de la Iglesia Católica* y distingue entre la Inquisición Romana y la Inquisición Española, sino más bien por razones de índole política *creo que en las presentes circunstancias que atravesamos no conviene la publicación de esta obra* [subrayados del censor]. Francisco Aguirre.»

130, 131, 132, 134, 138, 140, 143, 144, 147, 151, 152, 153, 154, 192, 340.

Mucho más interesante que la mera enumeración de las páginas censurables es tratar de averiguar la naturaleza de las «faltas» en que había incurrido Julio Caro Bajora, según el lector.

Motivos de la supresión	Tomo I	Tomo II	Tomo III
Crueldad y sadismo de la Iglesia y nación española	205-216		
Venalidad de la Inquisición		102, 119	
Simpatía del autor por Aranda y Floridablanca			34, 35
Afirmación injuriosa contra Julio III	288		
Sadismo de la Inquisición		118	101, 103
Ineficacia de la Inquisición para el mantenimiento de la unidad	561		42
Relación de autos de fe			97, [...] 147
Injurias a España		149	118, 340
Afirmaciones injuriosas contra la actual situación			192, 345
Relación de procesos contra clérigos y religiosos	620, 624 653, 656	230, [...] 247	151, 152 153, 154
Orígenes judaicos de Santa Teresa		370	
Injuria contra la ciencia española	645		
Injuria de Paulo V contra España	350		

La superioridad zanjó la cuestión imponiendo cortes en nueve páginas del primer tomo. En la página 205 del manuscrito mecanografiado se suprimieron datos históricos excesivamente laudatorios —según se desprende de los cortes de la censura— para con los judíos durante el reinado de Enrique IV de Castilla.[145] En el folio 288 se censuró la alu-

145. «[...] Y el mismo cronista, de quien tantos detalles hemos tomado, indica que a veces los nobles más díscolos y arriscados fiaron en el extraordinario valor personal de determinados judíos [...].»

sión al homosexualismo del papa Julio III.[146] También desapareció en las páginas 350 y 351 la injuria proferida por Paulo IV sobre el «*peccadiglio di Spagna*».[147] En las páginas 561 y 562 se suprimieron las consideraciones del autor tanto sobre la supuesta eficacia unificadora de la Inquisición como sobre la ruina económica debida a la expulsión de moros y judíos. También fue suprimida la primera página de notas al capítulo VII, todas ellas referidas a documentos pertenecientes al Archivo Histórico Nacional. En el folio 653 quedó censurado un pasaje en el cual se arremete contra los vejámenes y persecuciones de que tanto judíos como no judíos fueron objeto en España por parte de autoridades despóticas y por parte también de correligionarios que para actuar invocaban de continuo el nombre de Dios. En este primer tomo se suprimieron detalles juzgados escandalosos para los lectores por tratarse de la vida licenciosa y concubinaria de un sacerdote.[148]

En el segundo tomo se efectuaron tachaduras sólo en diez de las quince páginas iniciales. La mayoría de los pasajes suprimidos se referían a la relación y detalles de procesos inquisitoriales contra clérigos y religiosos, de las páginas 231, 232, 235, 236, 237 y 238. Los cortes efectuados en las 102 y 149 versan sobre la corrupción de algunos inquisidores. La supresión en el folio 234 afecta al comentario del autor a propósito de unas coplas en las que advierte cómo se une a la acusación de judaísmo también la de homosexualidad cuando se refieren a los frailes.[149] Lo curioso es, sin embargo, que los textos de las coplas aludidas no fueron censurados. Por último, las dos supresiones de la página 247, contrariamente a lo que en su informe había señalado el lector, son pasajes en los que se afirma la incierta unidad de creencia

146. «[...] Julio III, que no se distinguió nunca por el amor a los judíos y sí por sus pasiones amorosas un tanto equívocas.»
147. «[...] Arce exhumó, hace ya mucho, textos sabrosos acerca del "*peccadiglio di Spagna*", que, según el humor italiano, consistía en no creer en la Trinidad: cosa que no había de chocar a papas como Paulo IV, para el que la nación española era "*seme di giudei e di marrani*" [...].»
148. «[...] Una vez ordenado de presbítero, Domingo Vázques siguió la tradición medieval muy galaica. De otra moza soltera, Clara Grazales tuvo otro hijo, llamado Antonio Vázques y aún procreó dos hijas más, reconocidas luego: Isabel y Benita [...].»
149. «Las pullas contra frailes a causa de su origen son de una monotonía cansada: el autor o los autores unen a la acusación de judaísmo, la homosexualidad con harta frecuencia.»

de la España de los siglos XVI y XVII y la existencia minimizada muy a menudo de «criptolibrepensadores».[150]

El tercer tomo salió prácticamente indemne pese a haber sido el volumen que mayor reprobación había suscitado en el lector. Las iniciales 35 páginas se vieron reducidas a varios pasajes en las páginas 100, 113, 119, 153 y 191, en los que resalta sobre todo la crítica a M. Menéndez y Pelayo, junto a consideraciones generales sobre las disputas en torno al tema de la Inquisición a lo largo del siglo XIX. Al señalar uno de los censores en su informe que algunas aseveraciones del autor le parecían injuriosas «para la actual situación española» se refería muy probablemente a esta puesta en entredicho del polígrafo preferido del estamento intelectual de la época franquista.[151]

En 1960 también se somete a censura *La leyenda de Juan de Alzate* de Pío Baroja, publicada con anterioridad en Buenos Aires por Espasa-Calpe. Como casi siempre había ocurrido con las obras de este autor —*Vidas sombrías* y *Los amores tardíos*—, sus escritos o bien se prohíben o resultan gravemente mutilados por irreligiosidad o inmoralidad. En el presente caso de nuevo se esgrime contra la autorización de la publicación en España el carácter tendencioso general y zahiriente desde el punto de vista religioso «aunque pensemos —afirma un lector— que las afirmaciones de Baroja no van a hacer vacilar la fe de los españoles».[152]

150. «En suma, la visión que a menudo se nos da de la España de los siglos XV y XVII como de una España con una robusta unidad de creencia no parece que es tan cierta como se ha dicho una u otra vez [...] personas que ocupaban posiciones distinguidas en la vida académica, cortesana o científica, caían en entredicho y hay para sospechar que si los criptojudíos fueron muchos, los que podían llamarse "criptolibrepensadores" fueron más, pues ningún signo exterior permitía reconocerlos.»

151. No sin razón figuraba como primera página de la *Historia de la Cruzada Española* de Arrarás una cita extraída del epílogo de la *Historia de los Heterodoxos* de Marcelino Menéndez y Pelayo, compendio de la concepción histórica de dicho autor y fuente de inspiración para sus seguidores.

152. El censor tras afirmar la notoriedad de Pío Baroja como autor anticatólico prosigue: «En ésta, se le ve también la oreja, y bajo el marco de una leyenda de los viejos vascos (la sitúa antes de su conversión al catolicismo) la vida del antiguo Juan de Alzate, está matizada de manifestaciones que hieren oídos católicos tales como las que se señalan en las páginas 14, 113, 117, 164, 170 y 112.» El segundo lector señala más páginas todavía que contraindican la autorización.

He aquí algunos botones de muestra de la irreligiosidad que impide la publicación de la obra en España en 1960:

1. «[...] antes de que no queden más leyendas que las de las placas del Sagrado Corazón de Jesús y las de la Unión y el Fénix Español quiero cantar nuestra comarca en su estado natural y primitivo [...]» (pág. 14).
2. «[...]A lo que no se puede entender, el autor llama misterio y lo que uno no puede entender razonablemente, lo tiene que creer como misterio. ¡Un misterio, bien; pero tantos! [...]» (pág. 112).
3. «[...] Respecto a esa fábula del hombre creado por Dios a su imagen y semejanza en seis días, la encuentro de lo más pueril que cabe. ¿Es que el Dios que hizo a Adán tenía estómago e intestinos, nariz y orejas? ¿Tenía que descansar como un peón de albañil? Todo esto me parece perfectamente absurdo aun el castigo de Adán, a quien Dios pone una trampa a los pies, y cuando cae, no sólo le castiga a él, sino a toda su descendencia. ¡Qué duro es vuestro Dios! [...]» (pág. 113).

La censura insensible a las formas de ironía prohíbe la obra de Baroja empeñándose por mantener gracias a su poder decisorio una producción cultural acorde con lo que según el ideal del franquismo debe rezumar la cultura literaria en España. Paradójica y hasta esquizofrénica actitud en quienes, al mismo tiempo, han de cerrar los ojos ante la realidad nada católica de las costumbres del país.[153]

Curiosamente, el tema de la religiosidad o irreligiosidad aparece con una inusitada frecuencia en los informes del año 1960. La autorización del primer tomo de las *Obras Selectas* de Nikos Kazantzaki trae a colación de nuevo el tema pero que esta vez es tratado con gran benevolencia. Por supuesto N. Kazantzaki no es autor que se proclame antirreligioso. Los censores valoran positivamente que en las obras de este autor el hombre con todos sus defectos y miserias tiende a la perfección unas veces con su Dios, otras alejado

153. En un trabajo desgraciadamente inédito, *Approches morphologiques du catholicisme espagnol*, École Pratique des Hautes Études, 216 pp., 1965, traté de abordar el problema de la descristianización durante los primeros veinte años del franquismo y demostrar la falacia de las opiniones generalizadas sobre dicho tema.

de él, pero siempre «buscándole aun sin saberlo».[154] Las objeciones tanto de orden religioso como políticas algunas, sobre todo en la última de las novelas seleccionadas, dejan de ser insalvables por tratarse de una edición de obras selectas, lo cual ya de antemano impide —a juicio de los censores— que la obra caiga en manos de lectores poco formados.

Sin embargo, esta voluntad de pureza dogmática por parte de la censura no debe llamar a engaño. Se trata sencillamente de la reacción o respuesta del organismo censor; la naturaleza de ésta —sobre todo su rigor— depende del autor e incluso editor que la provoque. No es tanto, pues, un intento de salvaguardar la pureza moral o dogmática cuanto una manera de represaliar con motivos objetivables a un autor o a una entidad editorial.

Para mejor comprender este arsenal de resortes coercitivos vale la pena traer a cuento la presentación de *La novicia* de Giovanni Arpino por la Editorial Seix y Barral.

En esta novela se cuenta la historia del encuentro entre un empleado y una novicia cuya vocación había obedecido más a presiones familiares que a una meditada decisión. Se relatan incidentes con los que tropieza el amor de los dos personajes principales. Dicha novela fue denegada en primera instancia. La censura achaca al novelista haber dejado de lado los aspectos religiosos que podrían planteársele a una novicia que abandona la vida religiosa y que, presumiblemente, termina casándose. «En resumen, el tema, ya de suyo delicado, lo es más por el ambiente ambiguo en lo moral y en lo religioso en que se sumergen los hechos, sin que, por lo demás, haya ni en la doctrina ni en la moral nada decisivo que repudiar.» Como se ve, ninguna contravención que violente conciencias o dogmas. Sin embargo, la obra fue denegada. El editor, como era normal, recurrió contra el dictamen buscando en su apoyo citas elogiosas de la crítica católica italiana.[155] La instancia de la casa Seix y Barral pasó

154. Se trataba de la publicación de *Libertad o Muerte, Cristo de nuevo crucificado, El pobre de Asís* y *Toda Raba*.
155. «[...] En consideración a que dicho libro aborda el problema psicológico de una religiosa falta de vocación con absoluta seriedad y sin morbosidad alguna, como ha dicho el crítico del periódico católico "L'Eco della Stampa", de Milán: "... es una novela corta, libre de los equívocos que el tema, como podría dejar suponer el título, hubiese podido suscitar, y de la morbosidad que habitualmente contamina toda la literatura basada en problemas o dramas de religiosos [...] el libro en cuestión no entra en materias que pudieran ser equívocas desde el punto de

inmediatamente a manos del asesor religioso. Éste reconoció que la novela aunque no era ni trivial ni indecente —cualificaciones que hay que suponer que entre los censores tuvieron curso—, con todo, debido al tema y a los comentarios a los que el libro podía dar lugar y «a la actitud en general del autor, del editor (que es comunista) y del libro en general, no puede autorizarse el permiso de publicación». Es decir, si desechamos por inconsistente el argumento de los comentarios, la única razón concreta es la de que una novela decente y seria —posibles antónimos de los dos calificativos empleados— sea publicada por una empresa editorial que pasa por comunista. Como se ve, se trata otra vez no tanto del intrínseco valor moral o religioso de la novela sino de la reacción que provoca el demandante ante el mecanismo censorio.

Casi a continuación una de otra, dos autorizaciones sin resistencias por parte de censura: *Primera memoria* de Ana M. Matute, ganadora del premio «Nadal», y *La mina*, finalista, de Armando López Salinas, ambas publicadas por Destino. Esta editorial es para la censura leal y transparente políticamente, de modo que estos escritores que en otros momentos han sido o serán víctimas de la severidad censoria, en esta ocasión se ven librados de todo reproche. En la novela de Ana M. Matute suaviza el censor la recarga social y política que pueda haber y en A. López Salinas se trata, por una vez, de una novela social sin demagogia aunque en ella quede reflejada cierta injusticia.[156]

La misma cantinela respecto a la ortodoxia moral y política vigente en España provocan las obras de importación sometidas al visado de la censura. *Mi vida y otros recuerdos*

---

vista de la fe", como ha dicho Ferdinando Vardia en "La Fiera letteraria": "Arpino ha hecho muy bien en no introducir en su historia ninguna crisis religiosa: la fe de Serena permanece intacta y pura, y conquista al mismo Antonio" […].»

156. *Primera memoria*, premio Nadal, fue dictaminada con carácter de urgencia, según consta en una nota adjunta al dictamen. En su informe el censor Álvarez Turrienzo, señala la presencia de «[…] pasajes de cierto mordiente social y político, pero en nombre y en busca de lo humano». Respecto a *La mina*, perdedora del premio en el último escrutinio, el censor haciendo alarde de un inusitado espíritu de comprensión dice: «[…] Novela social pero sin demagogia, sin moraleja y con vigor y objetividad […]. Naturalmente la obra refleja con […] dureza la injusticia social pero sin latiguillos ni tampoco velos, objetivamente —repetimos— sin color alguno […].»

de Unamuno, editada por Losada de Buenos Aires, contiene pasajes «desaconsejables» cuya supresión resulta del todo imposible en una obra de importación. Interesante es, sin embargo, que uno de los argumentos —aparte del consabido latiguillo sobre el dogma o la moral— sea que la crítica o críticas de Unamuno pueden significar un menoscabo para personas del actual régimen por el mero hecho de que éstas representan cierta continuidad con aquel pasado sometido a crítica.[157] La obra quedó, incomprensiblemente, prohibida para la importación. De la misma editorial fue denegada la novela de A. Roa Bastos, *Hijo de hombre*, por contener en varias de sus páginas conceptos irrespetuosos contra el dogma y la moral, según reza la fórmula repetida hasta la saciedad.

Mayor repulsión que un autor ya desaparecido o exiliado provoca en la censura la importación de obras diáfanamente trashumadas por motivos políticos como el caso de *Poesía urgente* de Celaya, también publicada en Buenos Aires. El informe que acompaña la tajante denegación de este libro de poesía es una verdadera joya antológica y merece ser reproducido íntegramente:

«Poema de indudable fuerza e intención social, instrumento para transformar el mundo, poesía como "arma cargada de futuro". En efecto se utiliza aquí como verdadera arma que defiende unos ideales y ataca a otros. Los ideales defendidos son los de la clase obrera con un fondo humanista en que transparece de continuo la intención marxista y ello apenas en forma esbozada y con tonos y lenguaje revolucionarios. Se canta el obrero, el trabajo, la máquina, el hombre que transforma y se increpa todo lo demás... Es un libro de propaganda y de propaganda promarxista, por muy benévolamente que se lea. Su lectura es repulsiva y fuerte. Provoca el encono contra situaciones cómodas occidentales y, directamente, españolas actuales. Suscita emociones revolucionarias de profunda trascendencia.»

157. «[...] La obra contiene pasajes no del todo aceptables. Véanse p. ej., pp. 7, 9, 52, 53, 63, 75, 76, 130 y 131. Lo que ocurre es que las apreciaciones del autor se refieren a tiempos pretéritos pero no dejan de atacar a personas que representan un cierto ligamen de continuidad con lo que el régimen actual pretende y aunque los reparos no alcancen realmente suma gravedad, el lector, por una vez, cree que no procede la autorización [...].»

La importancia atribuida por los censores a dicho poema como instrumento eficiente de transformación del mundo deja absorto a cualquier mediano lector. Otra de las afirmaciones que podría haber petrificado al responsable supremo de la censura es la del reconocimiento del marxismo como humanismo. Pronunciarse sobre este debatido tema y dejar tan bien asentada esta afiliación filosófica en un informe debiera haber hecho temblar las paredes. Por último, cabe señalar el antiobrerismo del censor. Con claro malhumor se lamenta de que se enaltezca al obrero. El mito del «productor» tan cacareado por los líderes del Movimiento como por los máximos responsables políticos del régimen, revela un inequívoco resabio de rencor pequeñoburgués.

De nuevo repulsión ruin ante la obra de otro exiliado, Manuel Altolaguire, de cuya *Poesía completa* se quisieron importar cincuenta ejemplares: «[...] Versos de Altolaguirre en el marco de la poesía pura y de la licencia poética. Correcta la "Elegía a Federico García Lorca" sin alusión alguna al manoseado tema de su muerte (pág. 137). No puede decirse lo mismo del "Romance de Saturnino Ruiz" (pág. 159, suprimidas las últimas estrofas). El libro sería autorizable pero como es de importación y no caben las tachaduras, la prudencia aconseja que sea la autoridad quien decida si en gracia de los solamente 50 ejemplares que se pretende importar, puede ser autorizado este buen libro de versos.» Ruindad y repulsión rayana en lo ridículo puesto que nadie ignoraba que obras de este género se hallaban en la trastienda de cualquier buen librero.

En 1960 también empieza la larga historia del manuscrito de Dolores Medio, *Diario de una maestra,* cuyas galeradas tuvieron que aguardar tres años antes de llegar al público. La censura exigió tachaduras en 26 páginas. El principal reproche sobre la historia de esta maestra estribaba en la falta —según el lector— de trascendencia en alguien que por su oficio debe conocer y estar al servicio de la educación cristiana.[158] Nada más lejos de la realidad que esta aparente

158. «[...] No deja de ser absurda y compleja la particular contextura de la joven maestra, entre ingenua y desvergonzada en sus relaciones con un profesor [...]. Le falta proyección hacia lo alto, sentido e intención de trascendencia, precisamente, en la vida y en la obra de una maestra española y cristiana que debe conocer y servir al fin supremo de toda educación cristianamente entendida. Ello, no obstante, puede autorizarse con las tachaduras en las páginas [...].»

crítica. Las tachaduras han sido hechas en pasajes todos ellos relativos a las efusiones amorosas y sensuales de los dos protagonistas, excepción hecha de las de las páginas 21 y 22 (referentes al uso del lenguaje) y la de la página 58 que es de naturaleza política: «[...] se les quita del medio con un tiro en la nuca. Un bicho menos... [...]» referido al catedrático encarcelado por republicanismo. Tres años más tarde, cuando la novela, por fin, fue autorizada, el nuevo lector de la obra reconocía que había escenas muy escabrosas pero que tratándose de una novela para adultos se podía permitir de acuerdo con los criterios de la censura en ese momento.[159]

Con motivo del cincuenta aniversario del nacimiento de Miguel Hernández intenta el representante de la editorial Losada en España importar 200 ejemplares de la *Antología* de dicho poeta. En escrito dirigido a los responsables de la censura, les recuerda que se están realizando exposiciones de grabados relacionados con la obra de Miguel Hernández y que la revista «Ínsula» acaba de dedicar sus primeras páginas al mencionado poeta.[160]

El primero de los informes sobre esta petición comienza con una palabra insólita en los textos producidos por el estamento censorio: «Lástima». Con la supresión del poema «Viento del pueblo», algunas frases del prólogo alusivas a las tendencias políticas del poeta contrarias al régimen en vigor en España, la importación podría autorizarse. Pero el no poder resolver estos problemas mediante tachaduras en un libro ya publicado es lo que había puesto en la pluma del censor tan excepcional palabra. En los sucesivos informes, hasta su total y definitiva prohibición al cabo de un año, se reiteran las objeciones contra el contenido de las páginas 10, 11, 12 y 13:

159. Dolores Medio, en instancia elevada el 20-6-1963 al director general, reclamaba el derecho a la publicación integral de la novela rechazando la existencia de cánones de moral estrictos y subrayando que la censura dependía exclusivamente del censor encargado de hacerla: «[...] lo suprimido son palabras, párrafos, soliloquios que la autora supone de importancia vital para la mejor comprensión de la novela. Que aguarda esta justa revisión para autorizar la publicación de la segunda parte de la novela en España. Que una novela publicada en el extranjero por incompatibilidad con la censura [...] obliga a la autora a cometer un acto antipatriótico [...].»

160. «Ínsula», núm. 168, noviembre 1960.

— «Y llega el nefasto 1936. La violencia fratricida de la guerra civil, dicta al caudaloso poeta su "Viento del pueblo"» (página 10).

— «En el período desolador de la posguerra, de 1939 a 1941, [...] fue donado su "Cancionero y romancero de ausencias" [...] donde vibra su calvario a través de las prisiones, amenazado y condenado a la última pena» (página 11).

— «Romances, canciones y coplas en su transparente desnudez, van marcando la trayectoria anímica del poeta encarcelado y vejado tantas veces, que se rebela contra tanta injusticia, inútilmente: "¿Qué hice para que pusieran / a mi vida tanta cárcel?"» (página 12).

— «Sólo el fulgor de los puños cerrados» (página 13).

Las demás tachaduras se centran en «Viento del pueblo», páginas 82, 83, 86, 88 y 91, composición publicada en 1936 por el Socorro Rojo Internacional y en «Últimos poemas», páginas 145 y 146, ambos fechados en la prisión de Ocaña:

— «¿Quién habló de echar un yugo / sobre el cuello de esta raza? / ¿Quién ha puesto al huracán / jamás ni yugos ni trabas, / ni quién al rayo detuvo / prisionero en una jaula?» (página 83).

— «Yugos os quieren poner / gentes de la hierba mala, / yugos que habréis de dejar / rotos sobre sus espaldas. / Crepúsculos de los bueyes / está despuntando el alba» (página 84).

— «Nacerá nuestro hijo con el puño cerrado, / envuelto en un clamor de victoria y guitarras» (página 86).

— «[... el pueblo] En su mano los fusiles / leones quieren volverse para acabar con las fieras / que lo han sido tantas veces [...] Asesina al que asesina, / aborrece al que aborrece / la paz de tu corazón / y el vientre de tus mujeres» (página 88).

— «Caiga tu alegre sangre de granado, / como un derrumbamiento de martillos feroces, / sobre quien te detuvo mortalmente. / Salivazos y hoces / caigan sobre la mancha de su frente» (página 91).

El último de los informes sólo señala como inaceptable los pasajes de las páginas 12, 86 y 88. Todo lo demás ha dejado de tener importancia, pero la realización de tales supresiones es completamente irrealizable.[161]

Otro libro de importación igualmente prohibido fue *El tiempo de la ira* de Luis Spota, publicado por el Fondo de Cultura Económica de Méjico. Los principales reproches son aquí los elementos clásicos de la historia de una revolución sudamericana en la que el protagonista —según el censor— presenta a la Iglesia como baluarte del reaccionarismo y contraria a toda tentativa encaminada a la implantación de un régimen progresista. El censor ve también una encubierta alabanza a Fidel Castro.[162]

A finales de 1960 dos novelas se encuentran paralizadas en la sección de censura: *La criba* de Daniel Sueiro y *La gran siesta* de Ricardo Nalda. La primera tropieza con reparos por el uso constante de palabras soeces, malsonantes, groseras desde el peculiar punto de vista de los censores y dos de sus páginas en las que se narra la negativa de un párroco madrileño a bautizar a un niño en caso de necesidad sin antes haberle sido pagados derechos dobles, son inadmisibles totalmente.

La segunda novela cuenta la historia de un joven vasco que después de la guerra civil pasa a Francia donde es internado en un campo de concentración del que escapa para enrolarse en el maquis francés. El ejemplar mecanografiado hallado en los archivos de la censura cuenta 399 folios de los cuales 105 están total o parcialmente tachados. Semejante destrozo condena a muerte de antemano cualquier intento novelístico.[163]

161. El censor, tras recordar que la muerte de Miguel Hernández en la cárcel habría sido consecuencia de una «vulgar enfermedad», sostiene que el lector que conozca estas y otras vicisitudes políticas del poeta ha de ver muchas alusiones en esta *Antología*: «Alusiones a este lado de España, ya que el poeta estuvo, geográfica e ideológicamente en el otro lado, en el polo opuesto, en la España republicana. Tal ocurre en las páginas [...]. Sin embargo, justo es decir que la *Antología* no carga las tintas en el lado más feble [*sic*] de la poesía social de M. H. [...].»

162. «Se trata de la historia de una revolución sudamericana en la que el dictador liberal, rojete, quizás masón, ateo y carnicero, hace una gran labor política siendo querido por el pueblo con frenesí. Presenta a la Iglesia como la encarnación del reaccionarismo, oscurantismo e intriga política contra todo el régimen progresista y popular. El lenguaje es desgarrado, obsceno e inmoral, generalmente.» Como es obvio la autorización fue denegada. Las tachaduras exigidas sobrepasaban el número de treinta.

163. *La gran siesta* iba a ser publicada por Seix y Barral. No hemos encontrado rastro de la novela ni del autor, autor acaso primerizo.

En aquellos mismos días paraba también en censura otra novela presentada por la misma editorial y cuyo tema estaba igualmente relacionado con la guerra civil y los años de posguerra. A diferencia de lo ocurrido con *La gran siesta*, la novela de Antonio Ferres, *Los vencidos*, fue publicada en el extranjero después de haber sido objeto de una prohibición para ser publicada en España. Dos informes de los censores y una carta del autor acompañan el expediente. Resumidamente, las objeciones de la censura estriban en la descripción, hecha en la novela, del sistema penitenciario español de la posguerra como inhumano en extremo y basado en la crueldad y el hambre de aquellos años. También se reprocha la confusión en que —según los censores— cae el autor al hablar sobre delincuentes comunes y detenidos con tendencia a influenciar al lector «en favor de los presos marxistas y a la admiración por los bandoleros». Por último, se le reprocha un excesivo realismo en la pintura de la España triste, hambrienta y oprimida de aquellos años, unido todo ello al empleo de un léxico soez en grado extremo.[164]

Dado el sigilo que en términos generales ha envuelto la actividad censoria y, en particular, el secuestro de libros, resulta de sumo interés tener a disposición la información completa sobre un caso de secuestro tan excepcional como fue la novela *Jaque mate a un hombre honrado* de José Luis Martín Vigil. Lo excepcional en el expediente sobre dicha obra estriba en que confluyan en él todas las informaciones que, a espaldas del propio interesado y por exclusiva iniciativa del estamento militar y del MIT, quepa imaginar en un Estado donde la cultura está bajo vigilancia policial.

La historia de este secuestro comienza en 1959 con la autorización perfectamente legal del libro. El autor, jesuita, no

164. La carta del autor a la que se ha aludido fue un intento de revisión emprendido ante la primera denegación sufrida por dicha novela. Según exponía Antonio Ferres en una instancia, los hechos novelados en la obra eran ya antiguos y no perjudicaba a nadie hablar de ellos. No opinaban de igual forma los censores. En sus informes reprochaban las alusiones: «[...] al hambre de aquellos días, a la zozobra de algunas familias, a la conducta inhumana de un oficial de prisiones, el cual parece querer vengar en los indefensos detenidos la muerte de su padre a mano de los rojos [...]. La objetividad debería dejar claramente expresado que aquello no responde, ni mucho menos, al normal y ordinario sistema penitenciario español y que la cantidad de detenidos y presuntos delincuentes comunes desbordaba las posibilidades de una situación en que hubo de improvisarse tantas cosas, y esto es precisamente lo que no se hace [...].»

ha tenido jamás problemas de ninguna clase con la censura. Sus obras del género moralizante y educativo han estado sujetas siempre a la censura eclesiástica. Su primera novela, *La vida sale al encuentro*, data de 1955. En el año que nos ocupa publica este escritor tres novelas más, si se exceptúa la del aludido secuestro: *Tierra brava, Destino: Dios* y *En marcha cristianos.*

Jaque mate a un hombre honrado narra la historia de un joven oficial del ejército —sin mención o especificación de la nacionalidad del mismo— deseoso de ascender en su carrera para lo cual acepta un puesto en la policía militar de un puerto internacional africano cuyos oficiales son igualmente de varias nacionalidades. El protagonista descubre dentro de la propia policía militar un sistema de contrabando, ante el cual se rebela y es, precisamente, esa actitud ante la corrupción lo que motiva el fracaso y la pérdida de su carrera. La censura no opuso ninguna suerte de reparo a esta novela. Es más, venía avalada por la censura eclesiástica.

Sin embargo, la Capitanía General de la IV Región Militar levanta un informe el 4 de enero de 1960 en el cual se señala que la editorial Juventud de Barcelona tiene en prensa un libro escrito por el autor que nos ocupa y sobre el cual se está tratando de conseguir información. El libro, aunque aprobado por los servicios de censura, es en opinión de los especialistas de la II Sección Bis de E.M.: «una violenta crítica contra el Ejército, no comprendiéndose que pueda haber sido autorizado. Literariamente es muy malo y sin vacilación puede calificarse de libelo, pero su publicación podría ser peligrosa. Según se nos dice, el editor en los Estados Unidos de la novela *El Dr. Jivago*, de Boris Pasternak, está muy interesado en editar el libro a que nos referimos, como novela de escándalo, y si después de su publicación los ejemplares fueran retirados por las Autoridades, se le haría una publicidad gratuita, que es al parecer lo que se pretende [...]. El tono en general de esta obra, más que una crítica, es de resentimiento, de un odio latente, es un espíritu mezquino, de literatura de baja calidad, de lugares comunes. Es decir, tiene todos los ingredientes que gustarán a las masas.»[165]

165. Para no alargar desmesuradamente la cita digamos que en el informe se señala todavía la carencia de significación política de los editores y también se indica que se trata del primer libro que ataca al

13.

Acompañan dicho informe 21 folios con la transcripción de los párrafos más singulares. Se trata de los pasajes en las páginas 11, 12, 13, 16, 17, 20, 21, 22, 24, 28, 29, 30, 31, 32, 33, 34, 46, 47, 48, 49, 50, 51, 54, 62, 63, 64, 66, 78, 79, 82, 83, 84, 94, 95, 102, 103, 111, 112, 113, 118, 131, 143, 154, 155, 158, 159, 168, 172, 174, 176 y 178.

La Inspección General del MIT procedió inmediatamente al secuestro de los 3.981 ejemplares encuadernados y los 172 pliegos sobrantes que obraban todavía en poder de la casa encuadernadora. Asimismo se procedió a la retención de la autorización correspondiente.

Simultáneamente se abrió una ficha de información sobre el autor encartado que abarcaba todos los aspectos de su personalidad. El engranaje policíaco de que disponía el MIT —la Oficina de Enlace— se puso en movimiento. Recabó información de varias personas algunas expresamente nombradas en la ficha en virtud de su cargo y otras descritas como «fuentes confidenciales». El resumen de estas incontrolables y heteróclitas informaciones figura en un documento de carácter muy reservado en el que ha sido fundido su *curriculum vitae* propiamente tal con observaciones sobre su vida personal, ámbito de frecuentaciones, inclinaciones políticas o afición manifiesta por determinada bebida alcohólica. Todo ello va unido a una sarta arbitraria de frases pronunciadas en distintos momentos de actuación pública como conferenciante.[166] Para colmo de todo lo que antecede, Martín Vigil fue candidato muy serio al Premio de Literatura «Miguel de Cervantes» en 1963, premio que finalmente fue declarado desierto. En previsión de que pudiera ocurrir de nuevo, con las consiguientes dificultades con las autoridades que en 1960 habían emitido el informe adverso contra *Jaque mate a un hombre honrado*, el director general de información, Carlos Robles Piquer, enviaba los informes y notas que hemos utilizado al jefe de censura, razón por la cual ha sido posible

<hr>

Ejército desde 1939 (Capitanía General de la IV Región Militar, II Sección Bis de E. M., referencia B. 2.255, núm. 34.377).

166. Según consta en los informes —datos de conocimiento público en su mayoría a estas alturas—, J. L. Martín Vigil fue voluntario en la División Azul, alférez provisional y varias veces citado. Ingresó en la Compañía de Jesús que abandonó, incorporándose al clero secular. El delegado del MIT en Asturias aventuraba sospechas sobre inclinaciones homosexuales y señalaba, además, que llevaba «una vida de relación bastante ostentosa, frecuentando cafeterías, círculos y casinos y [que era] aficionado al whiskey».

desenterrar esta historia policíaca. Esta información quedó archivada en el expediente de la novela de referencia.

1962

La actitud del escritor frente al machacamiento de un manuscrito por la censura no ha sido siempre, ni mucho menos, idéntica. Razones personales y profesionales han impulsado a un autor más que a otro a luchar por la salvación de un manuscrito. Los esfuerzos desesperados de Miguel Buñuel por redimir su novela *Un mundo para todos* de la total destrucción constituyen una excepción de talla. Su minuciosidad en la defensa del manuscrito no tiene equivalente. Todavía más excepcional es que el escritor haya decidido prestarse a ejercicio tan ímprobo, consciente del valor testimonial que para el futuro podría tener. Lo que a sabiendas Miguel Buñuel ha legado a los estudiosos del franquismo y de la cultura española es fundamental para el estudio de la censura.

Inicialmente, la censura suprimió pasajes en 54 de las páginas del manuscrito. Cuantitativamente hablando, el número de líneas suprimidas era relativamente bajo si se tiene en cuenta que el manuscrito constaba de casi 550 folios.

CUADRO N.º 27. *Supresiones iniciales, resueltas y mantenidas. Modificaciones aceptadas. Argumentación del autor*

Página	Supresión inicial	Supresión resuelta	Supresión mantenida	Modificación aceptada	Argumentación del autor
9	+	—	—	+	—
78/79	+	—	—	+	—
97	+	+	—	—	+
115	+	—	—	+	+
115 bis	+	+	—	—	+
117/118	+	+	—	—	+
117 bis	+	—	—	+	+
118 bis	+	—	—	+	+
119/120	+	+	—	—	+
122	+	+	—	+	+
123	+	—	—	+	+
124	+	+	—	+	+
125	+	+	—	—	+

Página	Supresión inicial	Supresión resuelta	Supresión mantenida	Modificación aceptada	Argumentación del autor
126	+	+	—	—	+
126	—	—	—	+	—
127	—	—	—	+	—
202	+	+	+	+	+
203	+	+	—	—	+
210	+	+	—	—	+
219	+	+	—	+	+
220	+	+	—	—	+
223	+	+	—	—	+
232	+	+	—	—	+
235	+	+	—	—	+
236	+	—	—	+	—
237	+	—	+	+	—
238	+	+	—	—	+
239	+	+	—	—	+
266	+	+	+	—	+
267	+	+	—	+	+
268	+	+	—	+	—
283	+	+	—	—	+
287	+	+	—	—	+
345	+	+	—	+	+
346	+	+	—	—	—
370	+	+	—	—	+
402	+	—	+	—	+
403	+	—	+	—	—
420	+	+	—	+	—
426	+	+	—	—	+
429	+	—	—	+	+
451	+	+	—	—	+
453	+	—	—	+	—
454	+	+	—	—	+
456	+	—	+	—	—
457	+	—	+	—	—
464/465	+	—	+	—	+
466/468	+	—	+	—	+
470	+	+	—	+	—
471	+	+	—	+	—
477	+	—	+	—	—
483	+	—	+	—	—
513	+	+	—	—	+
533	+	+	—	+	—
541	+	+	—	—	+

La clave para la lectura y comprensión del cuadro se encuentra en la columna de las supresiones mantenidas, o en otras palabras: los cortes efectivamente realizados en el texto. Éstos afectaron a 11 de los 53 folios inicialmente suprimidos, lo cual supone una reducción del 79,25 % del total de supresiones exigidas por la censura en un principio. El número de páginas incriminadas en primera lectura fue en realidad superior a las 53 que se mencionan. Ello es debido a que en algunos casos se trata del mismo corte aunque en páginas distintas. En tal caso se ha considerado como una y única supresión. Además, en dos de los folios que se citan no hubo por parte de la censura supresión alguna y sí, en cambio, modificaciones —páginas 126 bis y 127— debidas a mutilaciones en páginas anteriores.

En un sólo caso se observa la aparente incoherencia de que simultáneamente se den supresiones salvadas, mantenidas y modificaciones aceptadas. Se trata de un folio inicialmente suprimido por completo pero en el que se pudo salvar casi todo salvo tres líneas.

En concreto la censura incidió de este modo en los folios de la novela:

9. Modificación leve: tres palabras que suavizan la redacción original, sin cambios fundamentales.

78/79. Modificación leve: media docena de palabras. La modificación propuesta por el autor no aporta absolutamente cambio alguno al texto o contexto.

97. Supresión de cinco palabras salvada mediante adgumentos.

115. Supresión de seis palabras sobre el modo de impedir una fácil localización policial. Modificación de cuatro líneas acompañada de argumentación un tanto irónica por parte del autor.

115. Se salva la supresión gracias a una coherente argumentación en favor del mantenimiento del texto original.

117. Modificación de una frase de tres palabras, que no vienen a cuento en la narración. Argumento insistiendo en que nadie es detenido por el mero hecho de pensar.

118. Leve modificación por la que se salvan algunas líneas, rebajando el rango jerárquico de la policía.

Razonamientos en previsión de susceptibilidades por parte de la policía.

119. Se salvan veintitrés líneas recurriendo a argumentos «españolistas».

122. Modificación de dos líneas y todo lo demás queda salvado. En la argumentación se acentúa el recto proceder de la policía.

123. Tres modificaciones que varían desde una palabra hasta varias líneas. Se pretende suavizar la aparición un tanto izquierdista de unos «señoritos» en la comisaría.

124. Se salvan dos pasajes; uno bastante extenso queda modificado sólo en apariencia. Se mantiene la estulticia policial bosquejada y se desvía la atención de la censura hacia el empleo de un calificativo insignificante.

125. Se salvan completamente los dos pasajes incriminados. En la argumentación el autor enaltece cínicamente la barbarie cultural del comisario.

126. Se salvan cuatro líneas en las que aparecía como excesiva la campechanía del comisario.

126. Añadido de 17 líneas por supresión en el folio 115.

127. Supresión de dos líneas a consecuencia del añadido anterior.

202. Se modifican tres pasajes, se suprimen tres líneas que hacen referencia a la necesidad de un caudillo y se salva lo demás. Entre lo salvado: gritos típicos del movimiento nacional cuyo uso el autor pretende justificar.

203. Se salvan tres cuartas partes de la página inicialmente suprimida. Véase folio anterior.

210. Se salvan insignificantes pasajes remotamente tocantes a lo erótico. En su relativamente larga argumentación el autor recurre a comparaciones con otras obras autorizadas.

219. Modificación leve a propuesta de la misma censura. «Desgastarse» en lugar de «desmoronarse» en relación con las instituciones políticas. Todo lo demás se salva.

220. Se salvan siete líneas gracias a la modificación anterior.

223. Salvada una cita de Marx ya anteriormente autorizada en otras publicaciones por la censura.

232. Salvadas unas líneas de crítica y descontento con respecto a España, en una acepción intemporal.

235. Salvado el uso de un refrán castellano sobre el matrimonio.

236. Modificadas dos líneas en las que se insinuaba que a cada dictador le llega su hora, de forma algo irreverente.

237. Se suprimen seis líneas y se añaden otras tantas.

238. Se salva un breve pasaje referente a la censura.

239. Se salva la cita hecha de un refrán popular.

266. Suprimidas tres palabras calificativas de lo que fue la guerra civil. Salvado lo demás.

267. Parte salvada y parte modificada. Esta última se refería al empleo un tanto ambiguo del nombre de pila de Franco. Sugerencia que el autor parece rechazar en sus razonamientos.

268. Un texto salvado y dos modificados. Como en el caso anterior se trata de evitar la ambigüedad indicada.

283. Se salva una jocosa alusión a don Juan, conde de Barcelona, residente en Estoril y «dueño» del Palacio Real de Madrid.

287. Salvada una actitud antiyanqui.

345. Se modifica un pasaje omitiéndose toda referencia al panteísmo y se salva otro.

346. Se salva la continuación del anterior pasaje.

370. Se salva un texto que alude a la influencia posible de un director de conciencia.

402. Mutiladas trece líneas de un quijotismo evidente.

403. Suprimida la continuación del pasaje anterior. Se añade una línea para enlazar la narración.

420. Un texto salvado y una modificación.

426. Salvadas las discrepancias de un comisario con sus colegas a propósito de las manipulaciones políticas desde el exterior.

429. Leve modificación que afecta a un implícito juicio de valor sobre el periódico falangista «Arriba».

451. Resuelta favorablemente la supresión inicial de unas quince líneas sobre el tratamiento de un reo por parte de la policía y tribunal.

453. Modificado un pasaje de modo que desaparezca la brusquedad de la policía para con el acusado.

454. Salvada supresión insignificante y sin sentido.

456. Suprimida la palabra «violentamente» referida a la acción de la policía.

457. Suprimidas trece líneas y media sobre una vista de causa.

464/468. Supresión del calificativo «secreta» aplicado a la policía.

470. Salvadas varias líneas y modificación de una línea.

471. Continuación de lo anterior.

477. Desaparición de la palabra «esposado».

483. Supresión de once líneas en las que se pronuncia el tribunal por la inocencia del acusado.

513. Salvadas varias líneas en las que se usan algo equívocamente expresiones falangistas.

533. Cuatro líneas modificadas y otras tantas salvadas. Se trata de disquisiciones teológicas.

541. Salvada una línea sobre un tema religioso.

CUADRO N.º 28. *Resumen de la incidencia de la censura en el manuscrito de M. Buñuel*, Un mundo para todos.

Supresiones iniciales	Supresiones resueltas (1)	Supresiones mantenidas (2)	Modificaciones aceptadas (3)	Defensa argumentada (4)
53	35 (66,03 %)	11 (20,75 %)	24 (45,28 %)	37 (69,81 %)

Como se observará se salvó el grueso de las supresiones inicialmente exigidas por la censura, 119 líneas exactamente. A esto hay que añadir las 93 debidas a modificaciones, aceptadas en 24 casos. En el 54,71 % de los casos de supresión resuelta el autor aportó argumentos en favor del texto original. En cinco casos mantuvo la censura las supresiones, en dos las mantuvo parcialmente, en seis aceptó las modificaciones propuestas y argumentadas.

Con algunos libros ocurría —según se ha indicado en otro lugar— que eran autorizados por la censura para su publicación y difusión pero la autoridad gubernativa o nacional prohibía la lectura en público de algunas de sus partes. Así se autorizó *Poemas en forma de...* del poeta extremeño Manuel Pacheco en 1962, pero sistemáticamente fue prohibida la lectura pública de cinco de sus poemas.[167]

167. Se trata de «Poema en forma de poesía», «Poema en forma

La censura, como ya se ha dicho, actuó no pocas veces mucho más en función de las presuntas afinidades políticas del escritor que en virtud de un conjunto coherente y aplicable de normas. Lo sucedido con *Oficio de muchachos* de Manuel Arce corrobora una vez más el carácter intimidador de la política seguida por los responsables de la censura. La novela en cuestión concurrió al premio Ruedo Ibérico de París. Habían formado el jurado García Hortelano, A. Ferres, Tuñón de Lara, Juan Goytisolo, Eugenio de Nora y Barral. Aunque la novela no obtuvo el galardón, Carlos Barral se interesó por la publicación de la novela en España. El único escollo podía ser, naturalmente, el veto de la censura. Y, en efecto, la obra fue prohibida en primera instancia. Los cortes no eran numerosos ni de fondo como para denegar la publicación. Se limitaban a supresiones en tres páginas: apenas dos líneas en dos de ellas y una página entera. Se respetaron los cortes, se hicieron los indispensables acomodamientos y la novela fue autorizada. Sin embargo, lo que merece destacarse es el hecho de que la inspección de libros ante supresiones de tan poca monta se pronunciara por la denegación ya en su primer dictamen. En otros casos similares la censura empleaba la fórmula usual consistente en supeditar la autorización a las supresiones propuestas. Sin embargo, tratándose de Seix y Barral, actuaba de forma mucho más expedita.

La novelística discrepante —según denominación de Martínez Cachero— del grupo de autores llamado «metafísico» surgida entre 1961 y 1962,[168] discrepante con respecto a la práctica del realismo social en la novela española de los años 1950 y 1960, tampoco escapó al rigor censorio. Es más, a la vista de las supresiones impuestas al manuscrito de M. García-Viñó, cabe preguntarse si el calificativo dado al grupo está justificado o sólo fue posible atribuirlo después que estas obras hubiesen pasado por el cedazo de la censura. En la novela *Nos matarán jugando*, hubo cortes en veintidós de sus páginas. Casi todos ellos se refieren a lo sexual, salvo dos insignificantes incisos sobre la religión. Se suprimieron por completo las páginas 128 a 131, magníficas páginas de suspicacia erótica en un niño que capta desde su cama roces, rui-

---

de hueso», «Poema en forma de señora», «Poema en forma de felicidad» y «Poema en forma de barrendero».

168. Manuel García-Viñó, *Novela española actual*, Madrid, 1967.

dos y silencios altamente significativos para su imaginación.[169]

En cambio, una obra tan acorde con las tendencias de la novela social como *Caminando por Las Hurdes*, escrita por A. López Salinas y Antonio Ferres, sale prácticamente ilesa de las manos de los censores. Sólo nimias tachaduras en ochó de sus páginas, una referente a la religión («Los curas no trabajan y comen bien»), otra tocante a los militares («llegaron los militares, dijeron que el alcalde les diera diez duros...») y, por lo demás, menudas palabrotas como «puta», «jodío», «carajo», etc.

Sin embargo, *Crónica de un viaje y otros relatos* de A. López Salinas, con 33 páginas de tachaduras, tuvo que quedar inédita e ignoramos si ha sido publicada. La censura exigía la supresión de cinco páginas del relato «Crónica de un viaje», una página de «Mi casta», entero el cuento titulado «Aquel abril» e igualmente los titulados «Debajo del cerezo» y «La risa».[170]

1963

Por razones puramente fortuitas la documentación relativa al año 1963 es desgraciadamente escasa en su conjunto. Se destacan, sin embargo, algunos casos dignos de mención. Uno de ellos es el del secuestro de *Segunda Compañía* del abogado y escritor Juan Mollá, obra que había sufrido previamente de la censura editorial en la persona de Mercedes Salisachs. Ésta había suprimido un capítulo entero e impuesto 28 cortes de importancia desigual. La novela mutilada de este modo fue a censura y de allí trasladada a los expertos del ejército quienes dictaminaron el secuestro de las galeradas.[171]

Fernández de la Reguera sufrió dos percances ese año. El primero tuvo su origen en la publicación de *Cuerpo a tierra*, a raíz de la cual estuvo a punto de ser multado. El segundo consistió en el continuo rechazo de su libro de re-

169. Nos estamos refiriendo a las páginas del manuscrito facilitadas por el autor. Hubo también tachaduras en las páginas 5, 16, 17, 59, 64, 65, 66, 67, 75, 76, 77, 83, 137, 222 y en alguna que otra página más.

170. Por motivos de censura Armando López Salinas publicó varias de sus obras en el extranjero: *Año tras año, Por el río abajo* (en colaboración con Alfonso Grosso) en París y *Escenas madrileñas* en Suecia.

171. Debemos esta información al autor.

latos *Espionaje,* con cambio de títulos en todos los relatos y la supresión de dos de ellos.

En ese mismo año el poeta y antólogo Vicente Gaos obtiene el premio «Ágora» de poesía con su *Mitos para tiempo de incrédulos.* Al punto de salir a luz pública el libro, la censura lo prohíbe en bloque. Entonces se produjo un fenómeno poco corriente de sustitución: el autor bajo el título indicado publicó los poemas de una obra todavía inédita, *Concierto en mí y en nosotros,* de tal modo que la obra publicada en Madrid con el primer título no contiene ni un solo poema de los que integraban el texto galardonado por el premio. Éste fue publicado en Puerto Rico e incluido en 1974 en el segundo volumen de sus *Poesías Completas.*[172]

Otro libro de poemas tropieza también ese año con la intransigente actitud de los censores, *Antología del tema de España en la poesía española contemporánea,* selección a cargo de José Luis Cano. Se pedía la supresión de poemas publicados ya en varias ediciones, algunos de ellos en editoriales del propio Gobierno, la sustitución de algunos por otros y la supresión de algunas citas de autores clásicos:

Supresiones
José Hierro, «Canto a España», pág. 33.
Emilio Prados, poema, pág. 60.
Luis Cernuda, «Impresión de destierro», pág. 64.
López Pacheco, poema, pág. 135.
León Felipe, «El hacha», pág. 157.
Blas de Otero, «Por venir», pág. 167.
J. A. Goytisolo, «La guerra», pág. 172.
Aquilino Duque, «El último viaje», pág. 172.

Sustituciones
Miguel de Unamuno, pág. 60.
Quiroga Plá, pág. 69.
Blas de Otero, págs. 83 y 127.

Citas suprimidas
Lope de Vega
Juan del Encina

172. En la nota del autor al segundo volumen, *Poesías Completas II,* León, 1974, 281 pp., se dice: «Es un libro casi desconocido en España, adonde llegaron muy pocos ejemplares», pero sin dar a conocer la razón de esta anomalía.

«Poema de Fernán González»
B. J. Feijóo
M. J. de Larra
Byron
César Vallejo

Que «Impresión de destierro» de Luis Cernuda encontrara resistencia se explica aunque no se comprenda del todo.[173] Lo mismo puede decirse de otros poetas exiliados o francamente opuestos al régimen. Lo que no se explica es la supresión del poema de José Hierro perteneciente a su libro *Quinta del 42* publicado por la propia Editora Nacional. Todavía más inexplicables son las supresiones de citas de autores clásicos todos ellos, excepción hecha de César Vallejo.[174]

1964

Casi la misma parquedad de datos tenemos para el año 1964. Dolores Medio presenta su novela *Celda común* que fue denegada y ha quedado inédita.[175] Rafael Guillén, por motivos de censura —la mitad de su libro *El gesto* había sido suprimida por los censores—, publica en Buenos Aires. La *mesa puesta* de José Batlló se deniega, *Llibre de Sinera* de Salvador Espriu se autoriza con supresiones, *Abrir una ventana a veces no es sencillo* de Joaquín Marco queda denegada pese a que la mitad de los poemas han sido ya publicados en España o en el extranjero.[176]

173. Véase p. 162.
174. En carta al director general, C. Robles Piquer, J. L. Cano argüía: «[...] la prohibición del poema de José Hierro [...]. ¿Qué sentido tiene prohibirlo, cuando su intención es absolutamente pura, es decir, exclusivamente poética, y cuando su autor, José Hierro, es colaborador frecuente de tareas y publicaciones de ese Ministerio? ¿Para qué irritar, con esa decisión absurda, a un gran poeta como José Hierro? [...].»
175. Véase p. 81.
176. Se suprimen las páginas 5, 7, 10 y 11 de la versión catalana y las 27, 29, 32 y 33 de la castellana del *Llibre de Sinera*. Joaquín Marco había publicado buena parte de sus poemas en las revistas «Vértice» (Coimbra), «Espiral» (Bogotá), «El Bardo» (Barcelona) y «Álamo» (Salamanca).

La documentación más interesante correspondiente al
año 1965 la constituye, sin duda, la del expediente de las
Nuevas escenas matritenses de C. J. Cela, autor de gran renombre ya y cuya obra clave, *La colmena*, trashumada, había obtenido el *placet* de la censura peninsular en 1963. Entre los censores prevalece claramente una actitud benevo-
lente y comprensiva hacia este escritor. Ante las *Nuevas escenas* hay, sin embargo, una clara división de pareceres que
no estará de más poner de relieve para relativizar la idea
comúnmente extendida sobre las facilidades que C. J. Cela,
más que ningún otro autor, ha tenido por parte del organismo censor:

Primer lector. — «Cortas páginas que no ofrecen matiz nuevo especial ninguno sobre lo que es la literatura corriente en C. J. Cela.
Alguna página como por ejemplo la 29 puede leerse de forma que
se encuentre censura a la situación española actual entre líneas.
La crítica no se hace a las claras y, por otra parte, de lo critica-
ble, pienso que los autores también tienen derecho a algún espacio de desahogo a sus ganas de pelea. Malhablado de pasada, el
libro, o las páginas sueltas de esta nueva entrega de literatura
celana no ofrecen mayores reparos [...].»

Tanto el primero como el segundo lector —que perma-
necen anónimos— se manifiestan benévolos, comprensivos
y hasta reverentes en cierto grado hacia la obra celana. No
así los demás censores con nombres y apellidos, mucho más
avezados en el oficio y a quienes no impresiona la personalidad del escritor. Muy probablemente ello revela, una vez
más, cómo actuaba la censura: primeras lecturas a lectores del montón y luego repaso fino por gente del oficio ya
fuera para expurgar con más ahínco o para corregir el exceso de celo. En el caso de C. J. Cela, los jefes de equipo
de lectura tuvieron que paliar la timidez manifestada en
sus informes por los dos primeros censores.

Segundo lector. — «En su lenguaje desgarrado habitual descubre
Cela en estas páginas unos tipos sacados del Madrid callejero.
Puede ser que se den todos ellos en la realidad, pero Cela se
preocupa de seleccionar aquellos verdaderamente curiosos, por
no decir anormales. Ninguna de las vidas recordadas está en regla con la sociedad ni con las convenciones. Tipos marginales,
todos se ven aquejados de vicios físicos más o menos inconfesa-

bles y todos emplean un lenguaje francamente del arroyo (como muestra, la página 16 y siguientes). Pero la maldad suele ser de palabra o de calificativo, incluso cuando se trata de temas usuales, entre los que parece el autor obsesionado. Por otra parte, puede descubrirse un tono intencionado de crítica en algunas páginas y que afecta a la situación española actual. Como lo hace de un modo velado, lo más cuerdo me parece no darse por enterado. Es difícil saber qué hacer en punto a censura con páginas como la de Cela, en la duda y dado el daño que pueden provocar no puede ser mucho (dado el estilo literario del autor) creo que puede autorizarse.»

Distinto juicio y preocupación suscitan las *Nuevas escenas matritenses* en los censores más avezados pese al respeto que a ambos les merece el escritor. Véase el informe del primero:

«Se recogen en este volumen nueve estampas de un supuesto vivir y razonar del Madrid bullanguero y ramplón con algunos anacronismos y sospechosos equívocos, disparatados y absurdos. En líneas generales en ellas se magnifican y se ennoblecen, por la bien cortada pluma de un académico, vulgaridades y expresiones malsonantes que llegan hasta el hastío y que recorren el camino de la náusea. Véase, si no, la escena tercera, páginas 17-22. No faltan alusiones e insinuaciones irreverentes y de tipo político. Pueden verse entre otras las páginas 12, 13, 14, 31, 32, 36, 37, 56 y 62. Así preparado el camino por el genio de Cela es de suponer que lo continúen, más vulgarizados, sus devotos y seguidores literarios. Por ello estimamos que no debe autorizarse. Y de autorizarse, con las correspondientes supresiones y tachaduras.»

Las groserías y expresiones malsonantes unidas a insinuaciones políticas y al riesgo de una eventual extensión de este género literario son los grandes impedimentos opuestos para la publicación de la obra. El segundo lector que ya es el cuarto— reproduce casi los mismos términos que el anterior pero reduciendo a cuatro las nueve páginas insalvables.

Sin embargo, el dato sobre el que hay que llamar la atención es el referente a la carta personal que el director general dirige a Cela. El tono de la misma es completamente personal y lo curioso es que todo un responsable supremo de la organización censoria se vea como metido en aprieto, entre la espada y la pared, desgarrado por los consejos de sus lectores por un lado y, por otro, por el temor a que la publicación de Cela sin otras tachaduras pudiera incurrir en algún delito.[177]

Una denegación fuera de lo común fue la dictada contra *Lengua libre y libertad lingüística* de Benvenutto Terracini que traemos a colación —aunque se trata de una obra de lingüística— porque debido a las aberraciones en las que cayó la censura a menudo, la aprobación del libro estuvo supeditada a un informe de la policía cuyo contenido ignoramos desgraciadamente.[178] Quizá no sea ajeno a estos insondables designios de la censura el hecho de que la obra referida iba a ser publicada por la editorial Ciencia Nueva, casa sospechosa de comunismo a los ojos de los funcionarios de seguridad. Tampoco debió pasar desapercibida la larga cola que traía la tesis central del libro de Terracini: la libertad de lenguaje es corolario de la interacción cultural y tal supuesto minaba los denodados esfuerzos de uniformidad lingüística emprendidos por el franquismo.

La boda de Alfonso XIII de la serie de los Episodios Nacionales Contemporáneos escritos por Fernández de la Reguera en colaboración con su mujer, la novelista y poeta Susana March, fue suspendida íntegramente por la censura aunque, más tarde, tras ímprobas negociaciones y numerosos cortes fuera autorizada. Tratándose de una obra de historia contemporánea en la que se barajaban nombres de personajes importantes de la historia inmediata, la obra tuvo que ser sometida también a los censores militares. Véanse algunas tachaduras:

---

177. Véase la nota 79.
178. «En esta obra se propone el autor establecer los fines y límites de una historia del idioma entendida como forma particular de la historia. Expone primero los fundamentos teóricos en que se puede postular la libertad del lenguaje, sigue después estudiando las posiciones de los interlocutores en el entendimiento recíproco de que brota como diálogo el idioma cual forma de cultura. Por último, pretende aplicar tales consideraciones a la completa situación de la historia del idioma, principalmente del italiano. Es obra eminentemente técnica e interesante dentro de su género. Puede autorizarse.» Unido a este informe se encontraba una nota en la que se decía: «Espérese informe de la policía.» La obra fue denegada, sin otras explicaciones, el 21 de mayo de 1965.

11 [Habla Mateo Morral, el autor del atentado contra los
    Reyes el día de su boda.] «No creo que los militares
    acepten lecciones de nadie. Son una casta muy cerril y
    de vanidad tan grotesca que se creen los depositarios
    exclusivos del honor y del sentimiento de patria.»

15 «Desde el primer consejo de ministros, Alfonso XIII
    había dado palpables muestras de su carácter autori-
    tario y, desde su primera proclama a la nación, dejó
    traslucir su espíritu militarista. En varias ocasiones se
    había hablado de una intentona absolutista, de una dic-
    tadura militar. Estos temores parecían concretarse
    ahora.»

37 «Aquellos hombres iban seguros, heroicos, hacia la
    muerte. Con la muerte de los otros, con la propia muer-
    te. Pallás no huyó. Se plantó como si lo hiciese sobre
    su sepultura: "¡Viva la anarquía!" Era un hombre.»

38 «Salvador Pallás, Angiolillo, Sala... Ellos eran los úni-
    cos héroes modernos, los únicos Quijotes de esta so-
    ciedad burguesa, podrida, chabacana y gris. Ellos, los
    caballeros de la muerte: Salvador Pallás, Angiolillo, Sa-
    la... Mateo Morral también.»

39 «Se iba hacia la muerte. ¿Qué culpa tenía él? La so-
    ciedad había armado su mano. La armó la injusticia.
    Le estaban pidiendo todas a gritos, exigiéndole —po-
    bres y poderosos— que descargara el golpe mortal. No;
    no podían acusarle. Ellos, todos, lo habían querido.»

55 «Canalejas es anticlerical, Maura, en cambio, un cató-
    lico intransigente. Morral sonríe desdeñoso, burlón. Am-
    bos toparán con el mismo obstáculo. Canalejas se es-
    trellará el cráneo contra el irreductible muro eclesiás-
    tico, y Maura será devorado por la insaciable codicia del clero español.»

58 [Mateo Morral reflexiona sobre la vida de bohemia y de
    miseria que soportaban escritores de la generación del
    98 tan destacados como Valle Inclán y Azorín]: «¿De
    qué pasta eran esos hombres? ¿No sentían, como él, la
    injusticia? ¿No sentían el deseo de arrasarlo todo, de
    aniquilarlo todo, de poner término a la esclavitud?»

También en este año fue denegada *Una educación sentimental* de M. Vázquez Montalbán, *Un día como otro* y *Lejos
de casa* de José Elías López, *Un mundo que ganar* de Manuel

Aragón, *Esquinas del olvido* de Francisco Vélez Nieto, obras todas ellas presentadas por la misma editora, Ciencia Nueva.[179]

1966

El año 1966 es crucial para una historia de la censura. Es el año de la promulgación de la Ley de Prensa e Imprenta que a no pocos —pero sobre todo de cara al extranjero— hizo creer en una normalización de la libertad de expresión en la España de Franco. La nueva ley derogaba una legislación fundamentalmente imbuida por el espíritu depurador y vigilante de los primeros años de la guerra civil. La desaparición de la consulta obligatoria fue considerada como una vuelta a la normalidad y la existencia de un nuevo marco legal como signo de un cambio en la política censoria e, incluso, muchos abrigaron la esperanza de que la nueva ley significara un amparo y reconocimiento de la libertad de expresión estética o política. Frente a todas las apariencias y expectativas la ley de Fraga modificó muy poco la práctica censoria. Al contrario, acentuó cada vez más el carácter coercitivo de la censura y puso de manifiesto la profundidad del foso que iba separando a los responsables de la censura de la sociedad española en irredimible evolución de gustos y tendencias. Excepción hecha del tono de los discursos o declaraciones del ministro Fraga Iribarne, no hay ningún indicio de cambio en la aplicación de la censura y sus métodos, ya sea antes o después de la promulgación de la ley.

A comienzos de dicho año somete Juan A. Zunzunegui las galeradas de *Un hombre entre dos mujeres* a consulta obligatoria. La acción de la novela transcurre en Madrid y San Sebastián durante los años de la guerra civil. Los lectores de la obra oponen reparos a expresiones puestas por el autor en boca de algunos personajes al enjuiciar el sentido de la guerra civil.[180] En total son diecinueve las galeradas afecta-

179. Debemos estas y otras informaciones a José Batlló quien, con seguridad, es uno de los pocos editores que ha conservado religiosamente un completo archivo de trámites y gestiones mantenidos con la censura.

180. A propósito de esta obra de Zunzunegui escribe uno de los censores: «[...] alcanza los años cruciales de nuestra guerra civil, se

das sobre una obra que cuenta más de quinientas páginas. Desaparece en la página 292 el calificativo «militar» aplicado a la «causa», es decir, la insurrección militar, origen histórico harto indiscutible, máxime tratándose de una acción situada en las circunstancias de los años de la guerra. Por lo visto, en enero de 1966, tras la celebración de los «veinticinco años de paz» a todo bombo y platillo había ya que proscribir semejantes denominaciones. En la página 344 desaparecen once líneas, reflexiones sobre la sinrazón de las guerras civiles.[181] En la página 354 se suprime: «[...] y ¿quién puede vivir en estos momentos en España como no sean los generales y las generalas?» El resto de las tachaduras se refiere casi exclusivamente al uso de calificativos de modo que pueda inducirse la existencia de una España nacionalista y otra que no lo fuera.

Los intransigentes colaboradores de Fraga parecen estar enardecidos a primeros de 1966. Se censura duramente la *Antología posible* de Carlos Álvarez por el carácter socialmente avanzado de algunos poemas que, claro está, atacan al régimen —indica el censor— y donde se hace alusión a Antonio Machado. Parece excesiva tanta severidad. Sin embargo, con la supresión de los poemas titulados «Nuestra tierra», «Lección de historia», «La canción del pescador», «Pequeño poema a los emigrados» y «Despedida de un amigo», la obra podría autorizarse. Pero, en una nota el director general conmina: «Deniéguese el permiso para publicar el libro adjunto.» ¿Eran verdaderamente tan graves o hirientes aquellos poemas? Pasémosles revista:

---

reflejan aspectos de la zona roja con sus asesinatos, desmanes e incompetencia de los mandos; de la zona nacional con la actitud y conducta de quienes no calan la hondura del momento histórico que se vive y aspiran a que todo siga igual [...]. De la batalla del Ebro ganada inteligentemente por el Generalísimo que supo machacar [...].»

181. Hubo intentos de cortes mucho más extensos pero el que sigue fue a fin de cuentas el de mayor extensión: «Empecé la guerra inconscientemente pero ahora, la verdad que tengo miedo, un miedo a morir espantoso, sobre todo después de que me he dado cuenta de que aquéllos también tienen razón y de que toda esta matanza será estéril.

»—¿Así lo crees?

»—Sí. Todas las guerras han sido siempre estériles y más las civiles aunque ésta se ha convertido en una guerra internacional que no hará más que exacerbar el egoísmo de los poderosos porque el rico desde que el mundo es mundo, no aprende nunca su lección hasta que una revolución se lo lleva todo por delante.»

> «[...] Tierra con sangre regada
> no es tierra que quiere sangre.
> Tierra con odio abonada
> es tierra de angustia y hambre.
> Tierra con sangre regada
> está cansada de sangre
> y sólo quiere dar trigo
> [...] y sólo quiere ser madre.»

La alusión del poeta a la sangrienta guerra civil no se tolera ni aun siquiera para expresar el deseo de un futuro de amor y trabajo, en vez de sangre. Zahiriente debió de ser este poema para quienes se divisaban y eran culpables de tanto ensangrentamiento. Lo mismo, sin duda, en el bello poema «Lección de historia» en el cual hay un intento incluso de superación del pasado de la guerra civil por el olvido:

> «[...] son cosas ya pasadas
> historias de otros tiempos y otros hombres
> de los hombres que lucharon en Troya
> o que sintieron miedo en las trincheras
> unos minutos antes del combate del Ebro.
> Yo no sé de esas cosas:
> soy un hombre joven que ha nacido más tarde
> alejado en el tiempo de Brunete y Guernica
> alejado del odio por amor a la tierra
> amigo de la tierra y enemigo del odio.»

En la «Canción del pescador» quedaron ocho versos tachados y en «Pequeño poema a los emigrados» desaparece:

> «pero España, España os necesita
> España mía, España nuestra os llama [...].»

La usurpación sangrienta del poder, el impertérrito saqueo cultural y la represión no habían bastado, por lo visto. Había que añadir ahora el delirante veto al empleo de los adjetivos posesivos aplicados al sustantivo propio que designa cuanto geográfica, histórica y socialmente une a gentes que se autodenominan españoles: la apropiación para uso exclusivo de la palabra «España». Semejante paroxismo es demencia en estado puramente químico, si así pudiera hablarse.

Y por si fuera poco lo anterior, en «Despedida de un amigo» se suprime el verso acaso excesivamente rastrero para los propietarios del país:

«en la estación del Norte de Madrid
la distancia del espacio y el tiempo alejarían [...].»

El poema «Marchita flor del exilio» barrado completamente de lápiz azul y rojo, así como el titulado «Papeles encontrados por un preso, celda de castigo». Por último, la alusión a Antonio Machado en «22 de febrero»:

«[...] Las tierras de Colliure
bajo otro cielo
finge el gesto del olvido de las playas
llueve sobre Antonio Machado
flor de exilio sembrada en suelo extraño.»

Por malos momentos pasó la poesía en este año de la nueva ley de prensa. Por azar, así lo atestiguan los datos recogidos. Salvo el caso del secuestro temporal de *El humano poder* de José M. Ullán por supuesta difusión clandestina de la obra y la consiguiente multa y proceso del editor, todo ello debido exclusivamente a negligencias administrativo-jurídicas de este último y no al contenido de la obra,[182] la producción poética salió bien malparada.

La ya clásica antología de J. M. Castellet, *Un cuarto de siglo de poesía española* no salió sin haber salvado antes serias dificultades. Los autores antologados eran a los ojos de la censura poco poetas y, en cambio, muy antifranquistas. «Un día de difuntos» de López Pacheco, «Elegido por aclamación» de Ángel Crespo y «Pasaporte» de José Hierro, eran poemas inadmisibles por defender el primero todo lo anterior a 1936, atacar el segundo a la persona del jefe del Estado y el tercero por evocar al exiliado político.[183]

182. Amalia Romero fue procesada y absuelta del delito de impresión clandestina por no haber constituido el depósito previo y haber omitido el pie de imprenta así como por no figurar la casa editora en el Registro de empresas editoriales.

183. Para los censores de la antología el libro tiene una clara intención izquierdista: «[...] como varios de los poetas seleccionados son conocidos por su ideología de signo izquierdista o cuanto menos contraria a la actual realidad española, no son de extrañar los acentos que se perciben en las páginas [...].»

Mejor suerte tuvo, sin embargo, *Figuración y fuga* de Carlos Barral. Éste, aprovechando la respuesta a una carta de Robles Piquer en la que le anunciaba que se habían resuelto los problemas para la publicación de *La casa verde* escribía al director general: «[...] No necesito decirle cuánto aprecio y agradezco su intervención. Con fecha de hoy envío al Ministerio para obtener la correspondiente autorización las galeradas de mis propios poemas que decido publicar en un tomo de Biblioteca Breve. Espero que esta vez no será necesario que recabe su ayuda.» En efecto, se trataba de poemas ya publicados en los que no se abordaban temas políticos ni se hacían referencias objetables, salvo un título que hubo que modificar.

Otros poetas tuvieron peor suerte. J. P. González Martín no pudo publicar su *A España desde este lado* aunque luego le autorizaran *Andar a grillos* con supresiones en cuatro páginas. De José Domingo se autorizó también con supresiones *Tierra nuestra*. Se denegó en cambio *En busca de esos niños en hilera* de Aurora de Albornoz y la versión castellana de MacClure, *Cuatro poetas USA y otros poemas y ensayos.*

El gran litigio a que dio lugar el género novelístico fue el originado por la publicación a cuenta de autor de *Alrededor de un día de abril* ya mencionado en otro lugar. Aquí, ahora, sólo interesa recoger la sucesión de actuaciones judiciales incoadas y mantenidas a lo largo de años por la administración censoria como respuesta al desafío lanzado por Isaac Montero apoyándose para ello en el margen de la libertad que le concedía la Ley de Prensa e Imprenta:

El 24 de enero de 1966 la editorial Plaza y Janés solicita autorización para imprimir la obra (Exp. 632-66). El 25 de febrero queda denegada. El 2 de abril hay petición de revisión conformemente a lo establecido. Vuelve a denegarse la petición el 7 del mismo mes. El 21 de abril hay un recurso pero se mantiene la resolución denegatoria. El 23 de abril, de acuerdo con la nueva legislación solicita la consulta voluntaria de la obra (Exp. 3253-66). Se aconsejan tachaduras el 30 de abril. El día 26 de julio es presentado a depósito el texto íntegro añadiéndose un prólogo:. Esta vez la edición es a cuenta de autor, lo que convierte la obra impresa en un nuevo expediente (Exp. 4987-66). Dos días más tarde se denuncia al fiscal del Tribunal Supremo quien incoa ante el TOP un sumario (N.º 225-66) por supuesto delito de propaganda ilegal y escándalo público. El día 31 de diciembre del mismo año el Tribunal dicta sentencia condenando al autor procesado como responsable de delito de propaganda ilegal pero absolviéndole del delito de escándalo público ya que la obra todavía no había sido difundida. Se ordena el secuestro. La causa siguió por esta vía durante varios años interponiendo recursos ora el fiscal ora la defensa. En 1974 todavía no había sido sobreseída.[184]

La novela ganadora del premio Nadal, *El buen salvaje* del colombiano E. Caballero Calderón, salió bien parada de las diferentes lecturas ya que, además de la calidad literaria reconocida por todos los censores, las disquisiciones políticas se mantenían en unas líneas aceptables y por encima de todo la obra presentaba una hispanofilia indiscutible. Tras el tira y afloja habitual entre la Administración y la editorial se convino en la supresión de varios pasajes y en la modificación de dos páginas.[185] Tanta dulzura es sorprendente pero como ya se ha dicho la reacción de la censura era directamente proporcional al color político que ostentara la editora. Sólo así se explican determinadas autorizaciones y machacamientos a todas luces exagerados como el sufrido, otra vez, por la colección de poesía «El Bardo», en su primer intento de publicación del libro *Doce jóvenes poetas españoles*, libro calificado de pueril, demagógico, ininteligible y hasta blasfemo.[186]

Idéntica suerte con el manuscrito presentado por Seix y Barral de Ana Mairena, *Los extraordinarios*, triturado en veintitrés páginas e inédito al parecer.

A la misma actitud de la censura frente al historial polí-

184. Para más detalles véanse las pp. 121 y ss.
185. El lector de esta novela, entre otras cosas, señalaba: «[...] aunque contiene algunas breves descripciones de cierta crudeza —pp. 26, 37, 38 y 64— no se recrea en ellas y por otra parte encajan perfectamente en las descripciones de ambiente. El alto nivel literario de la obra justifica, además, el respeto a la integridad de la novela que es, por otra parte, limpia y aleccionadora. Se llama la atención sobre un párrafo que alude a Franco —pág. 87 [...].»
186. «La presente colección poética —como es tradicional en esta Editorial— rebosa de franco espíritu socializante, agrio y amargo hacia la actual situación española en multitud de composiciones poéticas. Estimamos procedente la supresión de las siguientes composiciones 27, 35, 36, 40, 44, 89, 90, 127, 143, 180, 181, 182, 185, 186, 187, 188, 189, 198 y 199, algunas de las cuales incurrirían probablemente en la comisión del delito de propaganda ilegal del art. 501 [...].»

tico obedecen las dificultades encontradas también por Aguilar para la publicación de las *Obras Completas* de Alfonso Sastre del que ya nos hemos ocupado en otro lugar.[187]

1967

Destino presenta en 1967 a censura otra de las novelas de Ramón Sender publicadas en España, *Tres novelas teresianas*, la tercera de este escritor exiliado, a quien se le otorgará incluso el premio Planeta en 1969, incorporando de este modo el exilio literario a la farsa de los premios. La obra de Sender no encontró dificultades en censura: se le aplicó el silencio administrativo.[188]

Manuel Vázquez Montalbán consigue a principios de este año un doble éxito. Con sólo cuatro páginas de supresiones queda autorizado su libro *Una educación sentimental*, suspendido el año anterior, y se autoriza *Recordando a Dardé* con sólo insignificantes supresiones acerca del uso del lenguaje y, cosa que el escritor seguramente ignora, con una valoración muy positiva de los lectores sobre su fantasía novelesca.[189]

Pero es de nuevo en la poesía donde los ejecutantes de la censura parecen entrever los mayores ataques al régimen. Se deniega *Algo sucede* de J. A. Goytisolo. Son poemas de marcada intención política. Debe suprimirse «Algo sucede», las últimas estrofas de «Nadie está solo», «Meditaciones sobre el yesero», «Sólo el silencio», «Derecho al pataleo» y «Noticia a Carlos Drumont de Andrade».

El tímido intento de una edición de 700 ejemplares sólo pudo llevarse a cabo con las supresiones aludidas. En *Algo*

187. Véanse las pp. 127 y ss.
188. En el escuálido expediente de esta novela tan sólo figuraba un parco informe y una nota manuscrita advirtiendo que el resto de la documentación estaba en manos del director general. En el informe se decía: «[...] la nota característica de la misma es un claro ataque a la figura del rey Felipe II y a la institución de la Inquisición —hechos históricos ocurridos hace varios siglos y que son conocidos en su mayoría— no ofrecen, por tanto, ninguna dificultad técnica [...].»
189. «[...] A juicio del suscrito —escribe uno de los censores—, caracteriza la fantasía novelesca la necesidad de una armazón llamativa para montar sobre ella el alarde del ingenio literario en el que el autor se complace. Por lo que el artificio narrativo pasa por alto la verosimilitud y deshumaniza la fábula [...].»

sucede se evocaba el envejecimiento y cansancio del régimen, la proximidad siempre retardada de su caída. En «Sólo el silencio» se hacía referencia a palabras, expresiones y gritos prohibidos que el turista europeo, en busca de playa y sol, no oiría: «Sóbre palmas y cantos, sobre el ruido / de calles y tranvías / sólo el silencio impera / el silencio lo escuchas.» En otros poemas de la misma obra, igualmente prohibidos como «Pendiente de juicio», no era difícil saber cuál era el crimen y el asesino que el pueblo esperaba poder condenar un día. Alusiones todas ellas harto diáfanas a la situación española de aquellos años.

Pero para cortar a diestra y siniestra la censura no tenía por qué estar enfrentada a un texto claramente antifranquista. La suspicacia hacia la poesía podría decirse que ha sido una tendencia incorregible de los censores. De Celso Ferreiro suprimidas cinco páginas de la *Larga noche de piedra;* de Carlos Bousoño una página en *Oda en la ceniza;* de José Elías Cornet siete páginas en *Cruzar una calle para escaparse de casa;* denegada la obra del poeta catalán Pere Quart *Alló que tal vegada s'esdevingué* y así hasta la saciedad. ¿Acaso los poetas, confiados en el restringido alcance de sus obras propendieron menos a la autocensura que sus cofrades novelistas o dramaturgos? Es difícil afirmarlo tajantemente. Sin embargo, la meticulosidad de los censores con la poesía deja suponer —salvo en algunas obras antifranquistas a mil leguas vista— que dichos funcionarios siempre temieron que bajo el disfraz de la lírica hubiera más gato encerrado del que se veía. Que la poesía fuera tan duramente castigada resulta un enigma, sobre todo vista su escasa difusión. Pero podría avanzarse como hipótesis un tanto descabellada que la lírica más que la novela da lugar a la interacción que el poeta busca en su lector con mayor rapidez y profundidad que en el género novelesco. La lírica por su carácter evocador causó mayor impacto entre los censores del que hubiera sido de desear para que los poemas pasaran sin excesivas dificultades.

Muy poco trabajo costaba, en cambio, a los censores la lectura de las galeradas de un ensayo como el de J. L. Aranguren, *La comunicación humana.* Pese al respeto que les inspiraba la personalidad científica del autor, era relativamente fácil señalar los pasajes incriminables del texto.[190]

190. «[...] En lo político, aprovecha todas las ocasiones posibles

Como de costumbre, a la interminable letanía de páginas censurables siguieron las negociaciones en las que, en este caso, intervino el director general en persona. A fin de cuentas, las supresiones se redujeron a dos páginas. En una se abordaba la problemática del dilema entre comunismo o régimen franquista sin alternativa democrática alguna y en la otra página suprimida —en realidad, una nota a pie de página— aducía Aranguren una referencia a su expediente o juicio académico de expulsión de la universidad española.

Pero todo cuanto un texto de ensayo puede tener de diáfano e incontrovertible es lo que le falta a una novela como *Off-side* de Torrente Ballester, y ello da rienda a ocultas o inexplicables reacciones en los censores. Sin embargo, el procedimiento de lectura de la obra es el de siempre, según se ha señalado repetidamente: desbrozamiento inicial altamente negativo y progresiva benevolencia según los avances de las negociaciones habidas. En primera lectura *Off-side* es una novela izquierdista, dura, erótica, e incluso es calificada por el lector de «engendro de antinovela». Se hace necesario suprimir 67 páginas del texto.[191]

El segundo informe es mucho más benigno. Rectifica el censor la opinión excesivamente temeraria del primer lector considerando dicha novela literariamente muy buena. Pasa revista a cada uno de los personajes principales de la obra para destacar, sin duda, la amoralidad de los tipos descritos por el autor. Sin que se haga imprescindible decirlo explícitamente, reproduce una galería de personajes de índole ca-

---

para mostrar su despego, su antipatía o su oposición al régimen español; pero como persona inteligente, procurando generalizar o adoptar una postura de objetividad aparente, por lo que las afirmaciones incriminables lo son más o menos, según expresen críticas bastante claras o críticas encubiertas. Cabría, por tanto, suprimir los pasajes de las págs. 42, 61, 61-62, 115-116, 139-140, 144, 152, 153, 154, 172, 238 así como estudiar la posibilidad de suprimir asimismo los reticentes 129, 130, 170-171, 171, 173 y 241.»

191. «[...] Novela dura, erótica, con un fondo político de exaltación izquierdista. Es un engendro de antinovela. El personaje central al que se une una serie de personajes secundarios es un tipo de nula moralidad y de vida política tránsfuga. Alrededor de las ambiciones del personaje central van desfilando, a lo largo de la novela, escenas eróticas e inmorales, de prostitutas, pederastas y lesbianas. En muchos pasajes de la obra se hace alarde de propaganda revolucionaria. Como no podía ser menos, la Iglesia es numerosas veces atacada y otras puesta en ridículo. El libro es francamente inaceptable, no obstante, suprimiéndole los párrafos indicados en las páginas [...].»

racterial rechazable desde el punto de vista moral: falsificadores, especuladores, aduladores, anarquistas, amantes, homosexuales, lesbianas, prostitutas, socialistas —asimilables a los anteriores, por lo visto, según el censor. Con todo, se reduce considerablemente la cantidad de tachaduras, pasando de las 67 iniciales a 31. A continuación se inicia el habitual teje y maneje en torno a la obra. El editor es advertido de la imposibilidad de conceder la autorización sin haber procedido antes a las supresiones «aconsejables». Finalmente, el autor accede a determinados arreglos que más parecen satisfacer los escrúpulos de la censura que rectificar una postura o contenido de por sí incriminable.

Véanse algunas de las modificaciones que durante meses hicieron peligrar la publicación de la novela:

Folio	Texto original	Texto modificado
255/256 256	«Y el cura se reía.» «Y un día descubrió con espanto que estaba embarazada. A las chicas de aquellos tiempos, a las del talle delgado, les horrorizaba la idea de que el talle engordase si no podían llevar a su lado a un señor respetable que respondiese con su nombre de la gordura. Y resulta que el cura ni es respetable ni podía casarse. Mi madre dijo que iba a envenenarse. Pero el cura la convenció de que el suicidio era el peor de los pecados y que lo mejor sería que se marchasen juntos a Méjico donde los curas pueden dejar de serlo. Mi madre aceptó y entonces el cura dijo que él iría por delante a preparar las cosas pero que necesitaba dinero [...].»	«Y el tipo aquel se reía.» «Y resultaba que él ni era respetable ni podía casarse y mi madre dijo que iba a envenenarse pero él la convenció de que el suicidio era la peor de las soluciones y que lo mejor sería que se marchasen juntos a Méjico [...].»

Folio	Texto original	Texto modificado

265

«Los demonios fueron la primera experiencia de Dios. No eran como se dice vulgarmente ángeles sino hombres bisexuados. Su poder fue tan grande que amenazaron a Dios y entonces Dios con ayuda de los ángeles que creó para aquella ocasión los destruyó; intentó destruirlos por segunda vez en Sodoma. La Biblia cuenta que envió tres ángeles a la ciudad donde nosotros reconstruíamos el poder perdido. Es mentira. Los tres ángeles de la Biblia fueron tres sodomitas supervivientes que comunicaron al mundo el gran secreto.»

«[...] a la ciudad donde reconstruían el poder perdido. No es así. [...].»

«Eran tres supervivientes de la ciudad maldita [...].»

266

«[...] Piensas probablemente que los maricones somos todo lo más una aristocracia del amor, cuando no unos viciosos degenerados, pero ignoras que muchos de nosotros somos verdaderos sacerdotes de una religión antigua y perseguida. Aquellos tres muchachos huidos de Sodoma fueron sus apóstoles, poseían toda la sabiduría reconquistada por los pobladores de la ciudad maldita, la sabiduría que Dios tuvo que abrasar con su fuego y la comunicaron a sus discípulos.»

«[...] Piensas probablemente que somos todo lo más [...]

viciosos degenerados que de todo hay [...]

servidores de una fe antigua [...]

la sabiduría reconquistada, fueron sus propagadores [...].»

Las supresiones practicadas en las demás páginas se reducen a cambios o cortes insignificantes. La principal objeción del jefe del lectorado estribó en la postura negativa del sacerdote que en nada aleccionaba dada su condición. Todo ello presentaba una seria dificultad para la aceptación íntegra del texto, amenaza que se balanceó como una espada de Damocles hasta el último momento. Otra seria objeción fue también la afirmación excesivamente rotunda sobre la Biblia. Las modificaciones propuestas por el autor cambian poco a decir verdad el texto primitivo y sólo consiguen una aparente suavización.

Si las razones que mueven a la censura para imponer cortes o exigir modificaciones son por lo general motivadas más por la necesidad de reafirmar la existencia del aparato censorio que por motivos política o culturalmente bien definidos, lo mismo puede decirse con respecto a algunos casos de secuestro. En 1967 el periodista y escritor Antonio Serra Bauzá sufrió una serie de percances y entre otros el del secuestro de su novela *Marius*. A diferencia de otros casos se observa en éste cómo la censura actuó como simple instrumento de represión política y cultural en el reducido espacio de una provincia insular, donde al parecer, la opinión, movilidad y actividad de las personas es más fácilmente controlable que en otros lugares. El secuestro de *Marius* revela a las claras los esfuerzos de los responsables políticos del franquismo por represaliar en Mallorca las veleidades en las que habían caído determinados hombres públicos de la cultura mallorquina. El hecho de que Antonio Serra fuera un conocido «feroz crítico teatral» de uno de los periódicos locales e impenitente participante en coloquios y conferencias, no es ajeno a las dificultades que sufrió su novela. *Marius* era la segunda parte de la trilogía *Camino hacia la horca*. La primera parte, titulada *Destinos*, se había publicado el año anterior con numerosas supresiones. La tercera parte titulada originalmente *Los suicidas* vio la luz pública años más tarde, tras innumerables forcejeos con la censura bajo otro título: *Radiografía* y con supresiones en un total de treinta páginas.

El secuestro de *Marius* coincidió con un gran despliegue de actividad represiva contra la realización de actos culturales organizados en el seno de la Casa Catalana de Palma entre los que figuraron ciclos de conferencias dedicados a distintas facetas de la cultura. Los fondos para dicha empresa se recaudaban mediante la subasta de obras cedidas desinteresadamente por sus autores y otros donativos. Por estas llamadas «Aulas», en el año aludido, acababan de desfilar críticos, dramaturgos y demás hombres de teatro de lengua castellana y catalana.[192] Por lo visto, la irritación de los delegados del MIT llegó a su colmo al final del ciclo de conferencias, prohibiéndose por orden gubernativa la que debía pronunciar el poeta catalán Pere Quart que contaba con un permiso oficial por escrito y, asimismo, la del conocido disidente profesor Aranguren.

Procediendo al secuestro de la novela de Antonio Serra en el preciso momento en que se concluía el largo ciclo de conferencias irritantes, se quiso asestar un golpe a quien frecuentemente desde las columnas de su periódico adquiría mayor notoriedad como cabecilla rebelde. El franquismo podía represaliar de este modo indirecto las «Aulas de Cultura» sin tener que recurrir a una prohibición total de las mismas que hubiera provocado mucho mayor revuelo que el simple secuestro de la novela de uno de los principales animadores.

El reproche fundamental a la obra secuestrada se basa en que las expresiones «vertidas por escrito y en caracteres tipográficos, lo que de por sí supone una insistencia consciente y reflexiva» agreden las convicciones religiosas más elementales, vulnerando directamente el respeto a los principios fundamentales del Movimiento Nacional, exigido por la Ley de Prensa. El director general de prensa impuso, además, una sanción preventiva de multa, según la ley lo autorizaba.[193] En la esperpéntica defensa de su obra, el escritor

192. Más de una veintena de autores dramáticos tanto castellanos como catalanes acababan de participar en las conferencias. Entre otras muchas cosas en común poseían también la calidad de no ser autores reconocidamente adictos al régimen. Véase la nómina de conferenciantes: José Monleón, Jordi Carbonell, Joan Más, Jaume Llabrés, Ricardo Doménech, Carlos Muñiz, Antonio Gala, Rodríguez Méndez, etc.

193. Entre varias de las consideraciones aducidas por la censura para dar base legal al secuestro, la siguiente: «En el contenido del libro *Marius*, a través de frases, como "yo creo en Dios porque es la única esperanza que me mantiene en el deseo de destruirle" (p. 24), "antes, mucho antes, yo había condenado a la humanidad y a Dios" (p. 124), "yo quise ser el asesino de Dios" (p. 138), "esta humanidad no me estará agradecida aun cuando quise librarla de su esclavitud de Dios" (p. 152), entre otras, así como el correlato establecido entre pasajes de

se descarga señalando que las opiniones no son propias. Por otra parte, para que dichas opiniones fueran contrarias a la moral habría que saber a qué moral se refiere, mientras que en el artículo número 2 de la Ley de Prensa no se especifica. Aduce además que cualquier español puede, con plena independencia, sin coacción alguna, escoger la religión que satisface sus apetencias espirituales según lo establece la ley sobre la libertad religiosa. Por último, rechaza la estimación del pliego de cargos según la cual iría contra el orden público y la seguridad del Estado la frase del libro que dice así: «El día menos pensado me salgo a la calle y me lío a pedradas con los malditos burgueses, que no hacen más que pasearse y exhibir corbata en el cuello... corbata que les servirá algún día de soga.»

Pese a los esfuerzos de la censura para justificar el secuestro en virtud de que el Estado debía asumir la protección de la libertad religiosa, salvaguardar la moral e imponer el respeto a las creencias de los demás, el juez especial para delitos de prensa e imprenta estimó que no había lugar a la instrucción de sumario y dejó sin efecto el secuestro de la obra.

Sin embargo, la censura vencida irónicamente en el plano jurídico por los mismos medios de represión de que se había dotado, no cejó de acechar a este escritor. Un año más tarde de nuevo a raíz de un «Aula de Novela» Antonio Serra es interrumpido en el curso de su conferencia desarrollada sobre el tema de los novelistas frustrados y es detenido a la salida del local junto con varios de los asistentes. Esta vez las autoridades esgrimen la negativa de varias personas a disolver el grupo que formaban, lo cual podía interpretarse como un propósito de reunión no autorizada.[194] Estos desagradables incidentes fueron motivo suficiente como para que Miguel Ángel Asturias desistiera de presidir la clausura del ciclo de conferencias.

En un mundo de tan fácil control social como el de la vida mallorquina, los percances que sufrió el escritor aludi-

---

la pasión de Cristo y el proceso criminal de un personaje de la obra, es de notar un ánimo blasfemo e incluso llega al exabrupto en la actitud injuriosa hacia Dios [...].»

194. La conferencia aludida había sido suspendida por un inspector de policía presente en la sala. Según las minuciosas leyes del franquismo un grupo de más de tres personas podía interpretarse como intento de agrupación ilegal y desorden público.

do tienen siempre consecuencias a lo largo de los años. Antonio Serra será más tarde víctima de algunas actuaciones policiales. Una de éstas consistió en la denuncia hecha por un inspector de seguridad a raíz de la presentación en Ibiza de la película *Roma, ciudad abierta* durante la cual, según reza el informe del inspector, se habían hecho constantes referencias y comentarios sobre nazis y fascistas con evidente intención propagandística, haciendo alguna alusión incluso a la policía española.[195] Si se ha relatado con bastante extensión el caso del secuestro de la novela *Marius* y algunas de las peripecias que siguieron, ha sido para poner en evidencia cómo un secuestro ha sido a veces sólo uno de los medios posibles de represión que el franquismo tenía a mano para frenar el dinamismo cultural que se manifestaba en la vida social española.

A motivaciones diametralmente opuestas a las señaladas en el anterior caso, hay que achacar el secuestro de un libro como el de Carmen Ruiz Pacheco, *Historia del primero de mayo*. El secuestro previo de la obra fue confirmado por el TOP por evidentes motivos políticos que infrigían el Código Penal por tratarse de propaganda de matiz marxista y la Ley de Represión de la Masonería y Comunismo por realizar el autor apología de la lucha de clases.

El interés del caso que nos ocupa estriba en el hecho de que la censura recurriera, tratándose de una obra eminentemente política, al informe de un censor religioso antes de proceder a su secuestro. A lo largo de los años parece perdurar de alguna manera la ósmosis perfecta entre religión y política. Como ya se ha visto en otros casos la censura se sirve de las connotaciones políticas para condenar un libro que sólo afecta o roza discutibles cuestiones de moral, o bien toma pie en motivaciones lindantes con la moral —entendida como defensa de la Iglesia o de las creencias morales de los españoles— para condenar un libro que sólo sería perseguible por razones estrictamente políticas.

El libro de Carmen Ruiz presentado a depósito legal fue objeto de secuestro previo y denuncia en virtud del artículo 251 del Código Penal que trata de la propaganda ilegal: «Toda propaganda que exalte los principios o los pretendi-

---

195. En sustitución del arresto subsidiario previsto por la ley para estos casos, se le impuso a este escritor una multa gubernativa. Iniciado el proceso, la justicia ordinaria se inhibió del caso considerándolo materia de la competencia del TOP.

dos beneficios de la masonería o el comunismo, o siempre [que] ideas disolventes contra la religión, la patria o sus instituciones fundamentales y contra la harmonía social será castigada con la supresión de los periódicos o entidades que la patrocinasen e incautación de sus bienes y con pena de reclusión mayor para el principal y de reclusión menor para los cooperadores.» La censura no se atrevió a una aplicación tajante de la mencionada ley, procediendo a la incautación de bienes. Sin embargo, como había en la obra ideas contrarias a la religión, ello motivó el informe de un asesor religioso. Lo curioso es que éste no viera en la obra ningún aspecto en el sentido apuntado:

«El folleto es una exaltación del primero de mayo en todo su contenido revolucionario, socialista y subversivo. Para ello la autora en un somero recorrido histórico va señalando los hitos de este movimiento obrero significado por el primero de mayo. Se dice en la dedicatoria: "A todos los militantes de todas las ideologías que combatieron lealmente por la promoción del proletariado universal." Algunos de los "mártires" de este movimiento son presentados como prototipo de militantes obreros y en boca de uno de esos "mártires" se pone lo siguiente: "Si mi vida debe servir a la defensa de los principios del socialismo y de la anarquía, tal como yo lo entiendo, y creo que son en interés de la humanidad, declaro que me siento feliz de darla." Respecto a España hay una breve referencia al final exaltando los movimientos revolucionarios de fines de siglo encabezados por Pablo Iglesias. En suma, una incitación manifiesta a los extremismos significados por el primero de mayo. No autorizable. Don Santos González, O. P.»

La reproducción completa de este informe religioso ha sido necesaria para darse cuenta de la perfecta identificación política entre dicho asesor y cualquier otro lector de la censura. La única diferencia consiste en la utilización analógica que este reverendo padre dominico hace del significado de la palabra «mártir» que debe sobreentenderse como exclusiva quizá del uso hecho por la Iglesia.

El lector del Servicio de Orientación Bibliográfica pone de relieve en su informe lo que el libro aporta y quizá pretende:

«Con gran sentido propagandístico la autora ha espigado las circulares y manifiestos revolucionarios que pueden tener sentido

224

y viabilidad en cualquier época. En los mismos se incita a los obreros a la lucha contra los patronos, apareciendo siempre el proletariado como víctima de la policía y burguesía. Demuestra en su folleto que el equilibrio y la harmonía entre las clases sociales no puede existir y debe tenderse hacia una sociedad socialista. Dedica un capítulo a España en el que se alienta y elogia la fuerza del proletariado, su influencia y potencia. En resumen se trata de un folleto de clara propaganda marxista [...].»

El franquismo había pretendido a través de la organización sindical encontrar una harmonía idílica entre los contradictorios intereses de clases. Esta teoría de la harmonía social formalmente impuesta y la prohibición de cualquier organización sindical que no fuera la de los sindicatos verticales tenía su fundamento teológico en la doctrina social de la Iglesia desde León XIII hasta los últimos papas. Acerca de este punto la Iglesia y el Estado franquista han coincidido plenamente.

La propagación de ideas contrarias a tales supuestos teológicos podía considerarse un ataque a la sociedad que deseaban tanto la Iglesia como el franquismo.[196]

Este mismo año de 1967 conoció todavía otros secuestros, por evidentes motivos políticos como el de *Don Carlos Hugo, Príncipe para el futuro* y un caso paradójico como el del secuestro y la denuncia del libro *Dios ¿en huelga?* del sacerdote Domingo González quien sufrió un doble procesamiento, el primero ante los tribunales de Bilbao relativo a escarnio a la religión católica y otro ante el TOP por delito de impresos clandestinos.

1968

El año 1968 ofrece todos los síntomas de un año de excepcional rigor. Ya se ha visto en otro lugar cómo a partir de la Ley de Prensa va en notable aumento el porcentaje de supresiones alcanzando su tope máximo de 15,9 % en este año.

Entre los casos de mayor notoriedad conviene destacar la primera denegación de *La muerte de Honorio* del venezo-

196. Sin embargo, a la hora de interponer la querella e incoar el correspondiente sumario la objeción que quedaba era la de apología del marxismo y de la lucha de clases. Es decir, comisión de un delito de propaganda ilegal, según establece el artículo 151 del Código Penal y el artículo 3.º de la Ley de Represión de la Masonería y Comunismo. Ninguna mención específica fue hecha a propósito de «ideas disolventes contra la religión».

lano Miguel Otero Silva cuyo calvario se prolongará hasta enero de 1976. La obra impresa para su exportación al exterior y con muy esporádicas referencias a España fue desde este año retenida por la censura. Pese a las reiteradas consultas en reconsideración jamás se accedió a su autorización.[197]

Hilo de púrpura de Rafael Gil es un caso ejemplar de las dificultades con que tropezaba una obra que se inspiraba en la historia relativamente reciente del país. Con probabilidad, otra de las causas de los tropiezos de esta obra radique en el hecho de que se trata de un autor-editor. El primer informe de la censura es denegatorio, achacándosele en primer lugar el espíritu antimilitarista presente en 61 de sus páginas. El segundo informe, denegatorio igualmente, señala 44 supresiones indispensables relativas al antimilitarismo; 22 páginas de crítica política respecto a los años inmediatamente anteriores a la guerra civil española; 12 páginas de supresiones motivadas por las críticas a la Iglesia española y 43 debidas a lo que el lector denomina «obsesión sexual, insinuaciones, pornografía». Evidentemente una obra mutilada de tal modo es del todo impublicable. Tras innumerables forcejeos, modificaciones y supresiones la novela fue autorizada, imponiéndole al autor en el último momento un número nada despreciable de cortes.[198]

Una implacable severidad se cierne igualmente sobre la poesía por recónditas e inexplicables razones. No estará de más tratar de formarse una idea de semejante rigor reuniendo los escasos datos que una editorial —Ciencia Nueva— puso a nuestra disposición para sopesar la incorregible aversión contra los poetas.

197. En enero de 1976, siendo ministro del MIT Martín Gamero en el segundo gobierno de Arias, fue informado por el colega de Asuntos exteriores de la publicación en Méjico de un artículo en el que se hacía observar la escandalosa actitud de la censura franquista frente al caso de Miguel Otero Silva, importante magnate de la prensa venezolana. La reacción del ministro fue inmediata y fulminante. En un breve escrito antológico recordó al jefe del Lectorado que, como era de notoriedad pública, la censura había dejado de existir desde 1966 en virtud del primer artículo de la Ley de Prensa. En consecuencia, ordenaba a dicho funcionario tomara las medidas pertinentes para que ninguna clase de impedimento imposibilitara la exportación y difusión de dicha novela.

198. En una nota interna se hace constar que pese a la modificación o supresión de numerosos pasajes efectuados por el mismo autor, la obra sólo podía ser autorizada con 22 supresiones suplementarias.

He aquí por orden alfabético algunos de los autores cuyas obras fueron presentadas a censura y el dictamen que obtuvieron:

Autor	Título	Páginas suprimidas	Denegación
R. Alberti	*Con Vietnam*	16 [199]	
C. Alvarez	*Estos que ahora son poemas*	1	
J. Batlló	*Antología de la nueva poesía española*		sí [200]
G. Celaya	*Lírica de cámara*	3	
J. F. Dicenta	*Compañero, el hombre*		sí
C. E. Ferreiro	*Viaje al país de los enanos*	25	
A. Gamoneda	*Actos*	18	
J. Gil de Biedma	*Colección particular*	6 [201]	
N. Guillén	*El gran zoo*	5	
L. Izquierdo	*Nihil obstat*		sí
X. L. Méndez	*Poesía gallega contemporánea*	32	
L. Riaza	*Como la araña*		sí
L. Santana	*Round trip*		sí
M. Vázquez M.	*Drugstore y coplas...*		sí

Quizá pueda ofrecer reparos lo limitado de los datos para pronunciarse tan apodícticamente sobre la supuesta saña de la censura hacia la poesía. No se nos oculta esta limitación. Sin embargo, el rastreo continuo de los efectos producidos por la censura en galeradas y manuscritos nos ha llevado invariablemente a esta convicción que es más fácil de demostrar mediante las aberraciones cometidas que a través de un criterio cuantitativo como sería el simple número de páginas.

Por otra parte, la censura parece, también fuera del ámbito de la poesía —en los dictámenes sobre textos de la filo-

199. Este libro compuesto por poemas de Rafael Alberti y otros poetas fue denegado, en definitiva.
200. Esta antología, tras los correspondientes recursos y supresiones, fue publicada.
201. Además de las supresiones señaladas en las páginas se exigió también la supresión del prólogo escrito por Juan Ferraté.

sofía griega, por ejemplo— haber tenido gran propensión a las aberraciones de lesa cultura. Véase, si no, las supresiones que infligió a la edición crítica de los *Diálogos de Platón* fundamentándose el lector especialista consultado para tan excepcional «lectura» nada menos que en las discrepancias observadas entre el pensamiento de Platón y la doctrina de concilios de la Iglesia expuesta en el *Enchiridion*. La osadía que supone realizar tan absurdo y aberrante cotejo es *mutatis mutandis* la misma que se observa en las tachaduras de un poema o una novela.[202]

¿Cabe entonces extrañarse de la denegación de la obra de Alberto de Moravia, *El aburrimiento*? ¿Y qué decir de las tachaduras en *La modificación* de Michel Butor o del sumario instruido contra los editores de *El capital* de Karl Marx? Así podría confeccionarse una interminable lista de denuncias, supresiones y forcejeos.

1969

Respecto al año 1969 predomina la impresión de que se da una gran afluencia de obras de historia política, ensayo y traducciones de clásicos autores del marxismo. Esta aparente avalancha provoca la correspondiente reacción de la censura, siendo la denegación y la incoación de sumarios la pauta que se sigue. En cuanto a la literatura de creación, la producción y los problemas surgidos en torno a ella parecen haber sido escasos, a la vista de los limitados datos de que se dispone.

Señalemos, sin embargo, los casos más relevantes. Excepción hecha de la obra del mejicano Octavio Paz, *La Centena*, autorizada con algunas tachaduras y Mario Vargas Llosa,

202. Por un fallo inexplicable de la técnica, el texto completo del informe de lectura sobre Platón quedó mal grabado en la cinta magnetofónica. Sin embargo, merecería la pena que un investigador lo exhumara, si no ha sido ya destruido (*Diálogos de Platón*, Ediciones Ibéricas; exp. de censura 3.209-68).

203. A propósito de estos poemas, en uno de los informes el censor escribía: «Unos tratan los temas sociales y otros los políticos. En toda la obra se nota cierto simbolismo en los poemas y en el mismo título de la obra. Los esfuerzos para no mentir los realiza el autor usando simbolismos en los que vierte un sentido progresista y antirrégimen. Deben ser suprimidos los párrafos y poemas señalados en las páginas 34, 43, 47,

Conversación en la catedral, autorizada bajo silencio administrativo, una de las obras de autor español más castigada fue la de Caballero Bonald originalmente titulada *Esfuerzos para no mentir* —convertida en *Vivir para contarlo,* por obra y gracia de la censura—, libro de poesías completas en las que los censores observaban una desagradable constante y un uso continuo de simbolismos de cariz antifranquista. Este libro de poemas fue finalmente autorizado con supresiones en ocho de sus páginas; algunas afectaban al poema por completo y otras sólo parcialmente. Así, desapareció «Defiéndeme Dios de mí», «La prueba del surell», parte de «El registro» y de «La funesta manía de pensar», «El papel del coro», «Color local», «Ya no tarda la hora» y «Documental».

Se denegó *Poesía cubana de la revolución* de Luis Marré, *Hablando por hablar* de J. A. Labordeta, *Poesía Hispánica, 1939-1969* de J. P. González Martín y *Poema al Che* de Aurora de Albornoz. Algunas de estas obras fueron posteriormente autorizadas. Así ocurre con *Poesía hispánica* que aparecerá mutilada en dieciséis de sus páginas.

Otras obras de poesía pese a las tachaduras, tuvieron mejor suerte. *Las contracifras* de Rafael Ballesteros y *Baladas del dulce Jim* de Ana María Moix sólo fueron censuradas en una página. Lo mismo ocurrió con *Conservatorio* de Lázaro Santana. En cambio, la antología poética bilingüe de Pere Quart sufrió tachaduras en nueve de sus páginas. De Heberto Padilla, *Fuera del juego* apareció con dieciséis páginas de supresiones; *Vísperas* de Francisco Carrasquer con siete.[204] *Movimientos sin éxito* de Manuel Vázquez Montalbán con siete tachaduras iniciales pero que quedaron reducidas a dos.

Los materiales para el estudio de la incidencia de la censura sobre la novela son también con respecto a este año desgraciadamente muy escasos. Acaso merezca alguna atención la obra de Luis Martín Santos, inédita hasta el presente según parece, titulada *De Prometeo: palabras para una tragedia.* La obra presenta en forma metafórica —al decir de los censores que la habían leído— los problemas y pugnas políticos y sociales de nuestra época. El estilo simbólico del autor provoca graves suspicacias entre los lectores desde el

---

56, 59, 60, 61, 62, 63, 69, 70, 72, 74, 80 y 84. Con estas supresiones es publicable.»

204. El autor publicó este mismo año las poesías censuradas en la revista «Norte», 6 (1969): *passim.*

punto de vista político. Aunque esta obra es —escribe un censor— «obra extraña, un tanto absurda, sin la menor acción, hecha con diálogos abstractos y pseudo-filosóficos en los que parece condenar la opresión y cantar la libertad pero de forma muy confusa, no hay en la obra la más remota referencia a España, por lo que difícilmente se le pueden achacar implicaciones políticas punibles». Sin embargo, hay una clara divergencia de opiniones en los demás lectores que ven una alegoría crítica de la situación en España y una utilización alegórica también de los argumentos de los oponentes al régimen.[205]

Pero dada la masiva presentación a consulta voluntaria o a depósito legal de obras de ensayo, historia social o política, fueron sobre todo obras de este género con las que la censura tuvo que bregar duramente. Para esta labor disponía el MIT de un cualificado experto en la persona de Ricardo de la Cierva, director del Centro de Estudios sobre la Guerra Civil, organismo dependiente de la Secretaría del MIT, desde donde el futuro director de Cultura Popular imponía omnímodamente su voluntad sobre los hechos y las opiniones políticas del resto de los españoles en perfecta conformidad con los postulados historiográficos que él y el franquismo habían determinado.

Las opiniones del lector De la Cierva fueron siempre decisivas para condenar o salvar una obra de contenido histórico. La ironía de la vida ha hecho que este auténtico responsable de la ortodoxia franquista en materia histórica se convirtiera por breve lapso de tiempo, algunos años más tarde, en el paladín de la «apertura cultural» durante el ministerio de Pío Cabanillas. Su actitud aperturista y los contactos directos y personales que supo establecer con escritores y editores le hicieron merecedor de una aureola liberal que

---

205. En su informe uno de los censores pone en duda la ausencia de implicaciones políticas: «[...] Sobre la base mítica de la figura de Prometeo se plantea el problema —en esta obra— de la opresión tiránica contra toda oposición y el encarcelamiento de Prometeo, líder de la libertad humana por los que ostentan el poder central. La exaltación de la revolución y el intento de alianza de los partidos de tendencias opuestas, representados por los mensajeros, en contra del citado poder, hacen pensar en una alegoría crítica de la situación actual en España, aunque no la cita en ningún momento [...]. Dado el simbolismo que pudiera derivarse en relación con la política española, esta obra, no es autorizable en los momentos actuales.»

ningún censor de su talla jamás hubiera podido imaginar. De repente, tras su dimisión a la caída en desgracia de Pío Cabanillas en octubre de 1974, este celoso vigilante de la intocabilidad de la historiografía franquista pasó quedamente a engrosar las filas de los opositores aperturistas al régimen. Salvo rumores un poco vagos y totalmente incontrolables, nadie cayó en la cuenta de la significativa labor represaliadora que Ricardo de la Cierva había llevado a cabo silenciosamente durante muchos años.

El libro de Conforti Olao, *Guadalajara, la primera gran batalla de la Guerra Civil española* fue denegado cinco veces. Las tachaduras que tanto Ricardo de la Cierva como los demás lectores exigían eran de tal naturaleza que el resultado final se asemejaba muy poco ya a la obra original. Era necesario efectuar supresiones en 77 páginas y suprimir también los capítulos 14 y 21, además de dos de sus apéndices y dos de las fotos con sus correspondientes pies.[206] En caso de que el editor aceptase semejante masacre podía autorizarse la exportación del libro pero quedaba en pie la prohibición de su difusión en la península. Esta obra tuvo que esperar hasta 1977 para salir a la calle, cuando la censura había desaparecido y ya se había entrado en la democracia.

La mera enumeración de obras de este género embarrancadas en censura puede carecer de gran interés. Conviene, empero, dejar constancia de algunas asombrosas denegaciones que afectaron a libros catalogables dentro de la mencionada categoría: *Cómo comprender la contabilidad*, edición del Instituto Europeo para la promoción de empresas; J. Camps i Arboix, *Pressupost de Cultura de 1908*; Daniel Guérin, *Ensayos sobre la revolución sexual* y también del mismo autor *El movimiento obrero en los EE.UU., 1867-1967*; Kropotkin, *La conquista del pan*; Ramón Torra, *Reflexiones*

206. En uno de los numerosos informes que acompañan a dicho expediente y no firmado, se dice: «[...] Ya los lectores anteriores pusieron de relieve el matiz que impregna toda la obra, en la que, en todo momento, aparecen mezclados lo histórico con lo propagandístico en favor de las Brigadas Internacionales, especialmente de la "Garibaldi". La batalla de Guadalajara se desorbita en su importancia y se presenta como una victoria aplastante de los internacionales o italianos sobre los fascistas de la misma nacionalidad; quedando los españoles, tanto de un lado como de otro marginados, cuando no tachados de malos combatientes; los "humanitarios" internacionales se enfrentan y vencen a los "asesinos" fascistas etc. [...].» En otro escrito arremete Ricardo de la Cierva contra el autor de este libro ofreciendo abundantes citas de sus propios trabajos recogidos por estudiosos italianos.

sobre la encíclica «Humanae Vitae»; un informe del Instituto de Reformas Sociales, *La situación obrera en el siglo XIX;* Helder Cámara, *Evangelio y Justicia;* Jesús Aguirre, *Sermones en España.* Éstos son algunos de los títulos de obras denegadas en el mes de diciembre de este año. Caen ya, por tanto, bajo la responsabilidad ministerial de Sánchez Bella, encargado de la cartera de Información y Turismo en el llamado gobierno homogéneo con predominio de miembros del Opus Dei, en el seno del cual se manifestarán, hasta la desaparición física de Carrero Blanco, las contradicciones inherentes a la voluntad de mantener el periclitado régimen de censura pese a todos los signos de deterioro.

1970

El período de Sánchez Bella abre una etapa de retroceso. Esta marcha atrás es observable en el incremento que experimentan las denegaciones, modificaciones, conflictos con autores y editores y el sensible aumento del silencio administrativo como subterfugio para acabar con los interminables problemas provocados por una férrea actitud integrista, completamente desfasada. La historia de estos conflictos sólo ha hecho patente la imposibilidad en la que se encontraban los responsables franquistas para salir del callejón sin salida en el que se hallaban. El retroceso aludido es, pues, más un conato que un resultado alcanzado. Autores y editores van más allá de lo que como permisible habían establecido los responsables de la censura. Sólo después de la llegada a este ministerio de Pío Cabanillas se dará comienzo a una acoplación restringida de la política censoria a la situación sociológica del país.

La falta de datos impide cualquier intento de esbozo, extenso o selectivo de las incidencias más representativas de la censura. Con todo, presentamos una selección cronológica a sabiendas de su limitación.

En el terreno de las publicaciones de carácter político resulta imposible no señalar la aparición del libro de Fraga Iribarne, *Estructura política de España,* objeto de supresiones por parte de sus antiguos subordinados. Sin embargo, el poder político de este antiguo ministro permanece de algún modo intacto puesto que no ha sido posible encontrar rastros de estas tachaduras en el informe correspondiente, ni aun siquiera ha sido posible dar con los informes de los lectores. Mucho menos miramientos se tuvieron con el libro de José M. Gil-Robles, *Pensamiento político 1962-1969,* que fue objeto de denuncia al TOP y secuestro previo.

1971

Cierta amplitud de miras se observa a partir de estos años con respecto a la novelística latinoamericana o a los estudios críticos sobre la misma. Con algunas tachaduras aparece *La vuelta al día en ochenta mundos* de Julio Cortázar aunque un año más tarde *Último round* fuera denegado en un principio y, posteriormente, sólo se autorizara para la exportación. Juan Carlos Onetti, Alejo Carpentier, Carlos Fuentes publican sus obras sin dificultad.[207] Otros escritores latinoamericanos encuentran mayores obstáculos. *Este domingo* de José Donoso se deniega, así como *El pez fuera del agua* de Carbonell Picazo, aunque fuera concedida la autorización para la exportación de 300 ejemplares. Se mantiene en cambio un veto para la crítica de esta obra en la prensa española.[208]

Respecto a la categoría de obras de ensayo literario se sigue la pauta de limitar su difusión en España y, en alguna ocasión, tratándose de ensayos sobre la literatura española, se exigen tachaduras en los ejemplares destinados al extranjero. Entre las obras pertenecientes a la primera categoría cabe señalar *Alusiones literarias en la obra de Francisco Ayala* de Rosario Hiriart que sólo fue autorizada para la exportación. Lo mismo ocurrió con *Homenaje a Miguel Ángel Asturias* de Raúl Leiva. *La novela española del siglo XX* de Rafael Bosch tuvo que someterse a tachaduras antes de que le fuera concedido el visado de exportación.

Se autoriza con tachaduras la obra del autor exiliado

207. Bajo silencio administrativo se concede el visto bueno a *Juntacadáveres,* comprometiéndose la editorial a introducir las modificaciones en las siguientes ediciones. También bajo silencio administrativo apareció *El derecho de asilo.* Por último, de *La muerte de Artemio Cruz* fueron autorizados sólo los 17.000 ejemplares destinados a la exportación.
208. La novela había sido ya presentada a censura en 1971. Con fecha 6 de julio de 1973 había sido resuelto el caso con la limitación apuntada. Un año más tarde dicha prohibición fue levantada.

Francisco Ayala, *Los usurpadores*. Menos suerte tuvo otro antiguo exiliado, afincado definitivamente en el país desde hacía ya algunos años, Manuel Andújar, con sus *Historias de una historia,* obra denegada en varias ocasiones y que saldría a la luz tres años más tarde. Sin embargo, se aprueba en consulta de este mismo autor *Los lugares vacíos* habiendo retirado previamente el editor uno de los cuentos integrantes del libro titulado *Hermano José.* Víctima de estos quehaceres editoriales fue también la obra de J. P. A. Cabezas, *Los hombres mueren soñando*, que quedó inédita debido a lo que hemos ido denominando censura editorial.

En varias obras se dejó sentir el rigor de la censura en los aspectos tocantes a la moral. Así, en la *Feria de los milagros* de L. Cortejoso, premio Gabriel Miró de novela; en *Viaje por la Sierra de Ayllón* de Ferrer Vidal, donde la censura no sólo suprimió varias apreciaciones de tipo político referidas a la situación social en dicha comarca, cuestiones de léxico, etc., sino la totalidad de un diálogo sostenido con un personaje real del pueblo de Valvieja sobre su postura atea. Mientras la censura obstaculizaba la publicación de las obras aludidas imponiendo innecesarios cortes, autorizaba en cambio una obra de divulgación sobre la historia del erotismo como *El insaciable Eros* de Carlos de Arce, después de haberla denegado sucesivamente y tras haber impuesto numerosos cortes. Su aparición dio lugar al inmediato secuestro de la obra y, posteriormente, al sobreseimiento del sumario incoado por supuesto delito de escándalo público. No estará de más hacer notar a propósito de estos sucesos cómo los censores parecen haber sido en materia de moral, y acaso también de política, extremadamente más severos en su juicio que lo fueron los tribunales encargados de los delitos de prensa. La sentencia dictada contra un libro de la naturaleza de *El insaciable Eros* es un indicio palpable de la osadía con que actuaba la censura propasándose ampliamente en sus estimaciones. Ahora bien, no todo autor ni editor estaba dispuesto a arriesgar sus inversiones en espera de una sentencia favorable. De haber habido mayor organización y concierto la censura quizá hubiese actuado con mayor cautela en sus enjuiciamientos.

Pero ¿qué escritor, novelista o poeta está dispuesto a librar batalla para salvar un párrafo, un capítulo o un poema antes de contemporizar con la censura? ¿Qué actitud adopta un editor deseoso de sacar adelante *La hora cero y otros poe-*

mas de Ernesto Cardenal si las exigencias de la censura le imponen transigir en los cortes de tres páginas? ¿Por qué tendrá que batallar todavía el viejo Celaya para que no le «desaconsejen» su libro *Vías de agua*? Ante todos estos esfuerzos y trámites desiste casi todo el mundo. *Teoría y poemas*, antología de Agustín Delgado y otros poetas bajo el genérico nombre de autor «Grupo Claraboya», sale a la calle con más de catorce páginas de supresiones y lo mismo cabe decir de *Juegos reunidos* de Pedro Vergés y *El velo en el rostro de Agamenón* de Félix de Azúa.

Más precaria fue la situación en la que se encontraban los autores o editores de obras de cariz netamente político. Salvo en los casos de secuestro previo administrativo, seguidos de la correspondiente denuncia ante el TOP a iniciativa de la misma censura, ni autores ni editores pensaron jamás en un fallo favorable de los tribunales.

Si la literatura de creación se prestaba a elásticas interpretaciones, el ensayo político o el estudio de la historia social del franquismo o de cualquier período de la historia reciente era mucho más fácilmente susceptible de infringir las leyes que reprimían la más mínima apología de las ideologías adversas al régimen, ya fuera de forma directa o a través del estudio de los documentos históricos. Esto explica que se amontonase en la Sección de Lectorado un considerable número de obras de este género denegadas en primera lectura. La insistencia, perseverancia y el paso del tiempo contribuirán a que se publiquen con cuentagotas.

Sin que pueda afirmarse rotundamente, parece como si el incremento de las llamadas «tachaduras verbales» hubiera sido causado por este tipo de manuscritos. La censura tenía obligación política y moral de denunciar al autor de un texto que atentara contra las leyes vigentes so pena de convertirse en cómplice del presunto delito. Las «tachaduras verbales» permitían a la censura tratar el caso sin dejar rastro administrativo ni documental ninguno hasta el momento en que el texto había dejado de ser delinquible.

Así, la versión catalana de *Contrapuntos al Camino del Opus Dei* de Josep Dalmau, se denuncia al TOP y se procede al secuestro previo administrativo. Dos años más tarde, al presentarse a depósito la versión castellana del mismo libro, la censura pide al editor que anule el mencionado depósito para evitar nuevos problemas con la justicia. Se deniega *La condición obrera en Barcelona entre 1900-1920* de Antonio

Jutglar; *La acumulación del capital* de Rosa Luxemburg; *¿Debe disolverse el partido sindicalista?* de Ángel Pestaña. *El origen de la familia* de F. Engels sufre secuestro previo y denuncia al TOP. El tribunal absuelve al editor del delito de propaganda ilegal y la obra se distribuye un año más tarde. Los casos de condena por parte de la justicia son escasísimos. Exceptuando las multas que la administración censoria podía imponer, sólo en dos casos parece que haya habido pronunciamiento firme en materia de delitos de prensa. Estas sentencias fueron siempre pronunciadas por un tribunal militar.

La publicación en Las Palmas del libro *Número trece* del escritor José Ángel Valente dio lugar a un consejo de guerra contra el autor y el editor. Uno de los relatos que el libro contiene, titulado «El uniforme del general», fue considerado ofensivo para el ejército español. El caso de esta obra perseguida por los tribunales militares es tan excepcional que su mención es obligatoria. El cuento incriminado, de apenas una extensión de cinco páginas, no hace ninguna alusión al ejército ni referencia alguna a un país concreto. Trata de los últimos momentos de un condenado a muerte por haberse puesto un uniforme de general en el transcurso de una juerga. Se hacen alusiones genéricas a la similitud de un uniforme de general y de domador de circo. He aquí alguna muestra de los pasajes: «[...] El uniforme del general estaba allí entre otras cosas inútiles y para nada servía si ya no iba a haber generales ni madre que los crió y entonces fue cuando Manuel dijo que a lo mejor los generales no tenían madre y los hacían en una máquina de chapas de gaseosa, aluminio y paja, mucha paja para que apareciesen con el pecho hinchado por el aire de la victoria [...] pronto la merienda se olvidó y nadie supo que estaba puesto en una lista para ser condenados todos por impíos y ateos y por otras cosas que de nosotros mismos ni siquiera sabríamos decir [...] Después se puso en pie y meó largamente sobre el traje glorioso hasta quedar en paz.»

Los extremos vertidos en este cuento se juzgaron lo suficientemente graves como para lanzar una orden de busca y captura del autor y de su cómplice, el editor. El Consejo de Guerra condenó en rebeldía a José Ángel Valente, residente en el extranjero. Contra el editor se dictó sentencia de seis meses y un día de prisión en concepto de autor solidario, con suspensión de todo cargo público, profesión y derechos de sufragio durante el tiempo que durara la condena. Para el autor del libro las consecuencias de su condena en rebeldía le impusieron la retirada del pasaporte y una prolongación forzosa de su estancia en el extranjero.[209]

Aparte del caso de J. A. Valente, de las denuncias cursadas por la administración censoria ante los tribunales ordinarios no quedó nada en pie, salvo retrasos en la publicación o distribución, multas administrativas y pérdidas económicas ocasionadas por semejantes actuaciones.

Un extraño destino le cupo —en este período escaso en datos, comprendido entre los años 1969 y 1971— a la novela de Ramón Nieto *La señorita B*, secuestrada a las 48 horas de su publicación. La novela había sido sólo presentada al depósito legal y la administración en su denuncia acusaba al autor de insultos e injurias a personas afectas al régimen. El juicio previsto a tal efecto fue sobreseído tras la pactación de un acuerdo entre el fiscal y la defensa, acuerdo *off the record* según el cual la edición de la novela sería destruida a cambio de lo cual el fiscal reconocería que no había ya cuerpo de delito. Efectivamente, sin novela impresa no había delito. Esta obra, como otras muchas, ha sido publicada en los últimos años.

La *Historia del teatro español siglo XX* de Francisco Ruiz fue denunciada a raíz de su publicación en Alianza Editorial. Según los censores había en la obra un intento evidente de menospreciar la España franquista, haciendo resaltar a los autores que se habían distinguido por su oposición al régimen tanto desde el exilio como desde el interior: «Dentro de España trabajan [aludiendo aquí a los autores del teatro de protesta] un poco en régimen de catacumbas, escribiendo, digamos un teatro de silencio. Entiéndase bien: de un silencio impuesto desde fuera y desde arriba [...]. La

---

209. La orden de busca y captura apareció en el «Boletín Oficial» de la provincia de Gran Canaria el 26 de octubre de 1971. El proceso tuvo lugar el 14 de septiembre de 1972, noticia que fue ampliamente divulgada en la prensa nacional. Su condena en rebeldía eximió al autor de pagar con la cárcel su presunto delito. Algunos años más tarde el periodista Huertas Clavería sería condenado a dos años de prisión por injurias al ejército a consecuencia de un artículo titulado *Vida erótica subterránea* en el que se refería a los *meublés* de los años cincuenta regentados por viudas de militares, aparecido en el diario «Tele-exprés» de 7 de junio de 1975. Como ya es sabido, su negativa a facilitar los nombres de sus informantes le valieron la cárcel hasta su puesta en libertad en marzo de 1976.

triste paradoja del nuevo y joven teatro español puede enunciarse así: no es solamente un teatro del silencio sino un teatro invisible.» [210] Existió duda sobre la oportunidad de proceder al secuestro previo de la obra. Con todo, fue denunciada al TOP quien no estimó constitutivos de delito ni falta los hechos denunciados por la Administración.

La censura a pesar de contar entre sus colaboradores permanentes con nada menos que el fiscal del tribunal especial de prensa e imprenta, no logró de la justicia una colaboración incondicional. Salvo craso error por parte nuestra, el tribunal especial jamás condenó a un autor por delito de opinión. Los procedimientos judiciales pudieron entorpecer y retardar la salida de una obra. En algunos casos el mero hecho de haber sido abierto un sumario influyó decisivamente en favor de la destrucción de alguna edición, pero rara vez fue realizado en virtud de una sentencia de los tribunales basada en supuestos delitos de opinión.

1972

El año 1972 transcurre sin grandes convulsiones, siguiendo la tónica anteriormente descrita. Lo que se acrecienta es el uso y abuso de las «tachaduras verbales», no oficiosas. Esta práctica la revela, entre otros datos, la elevada cantidad de depósitos anulados por las editoriales. Un ejemplo de esta sutil técnica negociadora con los editores lo ofrece la publicación de *La cabeza del cordero* de Francisco Ayala. Después de haber agotado todos los recursos de negociación se aplicó a dicha novela el silencio administrativo. Ahora bien, éste no significó que la administracón censoria suspendiera su juicio inhibiéndose de la suerte de la obra. Al contrario: *a)* se prohibió su exportación, *b)* se autorizó la

210. En uno de los numerosos informes, consecuencia de la lectura de esta obra, se lee: «El autor, al que no se le pueden negar sus conocimientos literarios ni tino y agudeza en la crítica, revisa las obras teatrales de los diversos autores y juzga su posición estética, y aunque pretende ser objetivo, sin embargo, se advierte en él, una tendencia favorable a la posición, hoy tan actual en el vanguardismo literario hacia el teatro comprometido, de denuncia, de tendencia revolucionaria, en cierto sentido social, que linda con lo marxista, sin que ello aparezca claramente, pero que evidencia una especie de simpatía hacia lo que enfrenta con el Movimiento Nacional [...] aprovecha ocasiones para resaltar tal postura por parte de los literatos no sólo al régimen opuestos, tal como lo dice, sino adversarios beligerantes [...].»

circulación de la edición «íntegra» del libro en el territorio nacional, *c*) la editorial debía efectuar las supresiones comunicadas verbalmente antes de que reactivara el depósito anulado anteriormente.[211]

Este procedimiento de las tachaduras no oficiales se empleó, como es lógico, en casos delicados como fue el de la obra de George Hills, *Monarquía, República y Franquismo* denegada por el censor Ricardo de la Cierva en julio de este año con una relación de tachaduras de carácter particular que no aparecen en ningún documento. Dos años más tarde, convertido De la Cierva ya en el responsable efectivo de la censura, tramitó a través del consejo del MIT en la embajada de Londres las correcciones a que el libro debía someterse antes de acceder al depósito legal.

El aumento de estos subterfugios tampoco impidió que se practicaran las denegaciones o las supresiones oficiales. De Antonio Elorza se denegó *Burgueses y proletarios* que, después de haber pasado por el tamiz del especialista tantas veces citado de la historiografía franquista, fue autorizado. En cambio, la censura denegó *Preguntas y repuestas* de Dionisio Ridruejo; *Los hombres nuevos* de A. Serra Bauzá; *El nuevo Leviatán* de Pierre Naville; *La Europa de los 10 y la Europa de los 3* de Fernando Manglano della Lastra; el volumen primero de la *Historia de Cataluña* de A. Rovira Virgili; de Anton Pannekoek, *Organización revolucionaria y consejos obreros; Materiales para la historia de la América Latina* de Marx y Engels, etc.

Tampoco dejaron de presentarse denuncias al TOP. *Testimonio* de Manuel Hedilla, denunciado sin secuestro previo o *Las urnas* de Pedro Balta. Con supresiones apareció el *Cancionero general* de Vázquez Montalbán, *Confrontaciones* de Francisco Ayala, *Chac Moll y otros cuentos* de Carlos Fuentes, *Treinta y cinco veces uno* de J. A. Labordeta, *Ensayos de historia de España* de Claudio Sánchez Albornoz y así una lista que se haría interminable.

211. En la ficha correspondiente a la entrada de esta novela figuran las siguientes anotaciones: «El I. S. director general ordena circular el libro íntegramente en territorio nacional; se comunica a la editorial que presente directamente el depósito al que se aplicará el silencio; lo anterior se reitera con motivo de reconsideración verbal efectuada ante el director general; comunicadas verbalmente a la editorial las supresiones a efectuar, la editorial solicita aplazamiento del depósito a fin de efectuar determinadas correcciones; depósito anulado en espera de decisión de la editorial. Se denegará la autorización para la exportación.»

En 1973 arrecia incomprensiblemente la intransigencia de la administración censoria con relación a las obras de algunos escritores latinoamericanos, que en los últimos años habían gozado de una relativa benevolencia. Así, se deniega *El libro de Manuel* de Julio Cortázar. También se ponen impedimentos a algunas traducciones destinadas especialmente al mercado latinoamericano. Inicialmente se deniega la exportación de los 10.000 ejemplares de *Una vez no basta* de Jacqueline Susann. Después de haberla sometido a varias revisiones se autorizó únicamente la exportación, advirtiendo al editor que de efectuar el depósito legal para la venta en España «presumiblemente sería enviada a la autoridad judicial competente». Tampoco amparó mejor signo a los autores españoles. *Sub rosa* de Juan Benet fue machacado en tres informes donde se aconsejaban supresiones en 22 páginas por razones morales, políticas y antimilitaristas.[212] Este libro de relatos tuvo 6 páginas de tachaduras.

De mayor importancia fueron las tachaduras que sufrió la novela de Juan Mollá, *Cuarenta vueltas al sol,* presentada tres veces a consulta. En primera lectura fue totalmente denegada. A la segunda vez fue tachada la mitad de la obra. Por último, después de una larga negociación, el manuscrito publicado se asemejaba muy poco al texto original.

Una vez más, un caso de excepción lo constituyó la defensa hecha por Francisco Candel de su manuscrito *Diario para los que creen en la gente*. La censura «aconsejaba» al editor la supresión de 110 páginas de la novela. El escritor, ante semejante destrozo, elevó un pliego en defensa del manuscrito de 49 páginas modificando párrafos y justificando el recurso literario empleado para situar la acción de la novela en el tiempo cronológico. Este recurso literario consistía en la intercalación de hechos extraídos del acontecer

212. «Diez narraciones independientes de tema y tratamiento muy distintas escritas en forma excesivamente barroca, desfasada y fatigosa. Por razones morales y políticas aconsejo tachaduras en las páginas 18, 19, 20, 21, 32, 33, 34, 36, 37, 39, 41, 54, 56, 59, 60, 61, 67, 73, 90, 91, 169. El resto es tolerable. Advierto que desde la página 130 a la 142 la narración se encuentra escrita en inglés. Autorizable con tachaduras.» Otro censor señala que no encuentra nada antimilitarista en las páginas 60 y 61 y que se trata simplemente de una escena inmoral de la guerra, peor o mejor descrita.

político de los últimos años. La reproducción casi literal de lo que los periódicos del país habían publicado no encontró el pláceme de los censores. Desde la perspectiva novelística de Candel la alusión a huelgas, detenciones, actos de afirmación falangista, celebración de consejos de guerra e infinidad de hechos noticiados por la prensa sometida a censura, se convertía en un panfleto contra el régimen. Pudo salvarse el 80 % del texto original gracias a la proeza defensiva realizada por el escritor.

Pero la actitud que hacia un autor podía parecer lógica resulta totalmente inexplicable hacia otros determinados autores. El intento no consumado de secuestro de *El príncipe destronado* de Miguel Delibes es un caso patente de esta actitud inexplicable. Igualmente inexplicable resulta la denegación mantenida a través de los años contra la reedición de algunas de las novelas de Blasco Ibáñez como por ejemplo *La araña negra*. Igualmente paradójica resulta la negativa recaída sobre la edición española de *Si te dicen que caí* de Juan Marsé, presentada a consulta ya en el otoño de 1973 [213] y secuestrada por el TOP sin que pudiera ser distribuida hasta su definitiva autorización por sobreseimiento de la denuncia, en 1977.

Una minuciosa y continua enumeración de los más representativos casos sometidos a censura escapa muy difícilmente a la monotonía. Por mucho interés que ofrezca de por sí el caso de un expediente rescatado al azar de los archivos de la censura, la mera relación de sus tachaduras, demoras o demás percances sufridos sólo tiene un valor único, de pieza. Para paliar esta, a veces, enojosa casuística haría falta disponer de datos suficientes sobre los cuales basar una explicación coherente de la incidencia censoria sobre la producción literaria española y que, al mismo tiempo, también die-

213. El 19 de noviembre de 1973, Ordenación Editorial exigía supresiones en las páginas 7 (dedicatoria), 16, 17, 19, 21, 25, 26, 28, 29, 30, 41, 42, 51, 63, 66, 75, 80, 95, 102, 103, 104, 105, 106, 107, 135, 140, 141, 155, 168, 170, 177, 178, 179, 202, 218, 225, 234, 246, 247, 248, 250, 251, 259, 260, 261, 267, 274, 277, 278, 287, 289, 291, 304, 305, 309, 310, 320, 328, 333, 335 y 345. En septiembre de 1976 en el transcurso de la entrevista con el director general, Miguel Cruz Hernández, éste señalaba sobre la situación de dicha obra que nada obstaba ya para su difusión en el país. Al poco de haberse cumplido el plazo para el depósito legal era secuestrada por el TOP, secuestro que fue levantado el 14 de febrero de 1977.

ran razón de los cambios intervenidos en la política censoria. Como ya se ha apuntado repetidamente, la principal dificultad para proceder de este modo estriba en la imposibilidad de reunir datos fiables acerca de las clases de género literario a que pertenecen las obras presentadas a censura.

Para los meses de enero y diciembre de 1973 ha sido factible emprender una investigación restringida que sirva de indicio de respuesta a este problema. Nos hemos basado en la nómina completa de las obras dictaminadas por los censores en esos dos meses. Obviamente, sólo se han tenido en cuenta aquellos dictámenes que no fueron automáticamente favorables a la publicación de la obra presentada a consulta o depósito legal. El total de títulos del catálogo de entradas era para el mes de enero, de 1316 y para diciembre del mismo año, de 1078. El problema de la identificación del género de las obras se ha resuelto de la única forma posible: buscándolo.

Una vez hechas las verificaciones se decantaron cinco categorías a las que podían adscribirse prácticamente todos los títulos dictaminados en dichos meses. El primer grupo corresponde a las *obras de creación,* se trate de títulos originales castellanos o no. Componen el segundo grupo los títulos de libros agrupados bajo el genérico nombre de *obras de estudio y ensayo.* En esta categoría se incluyó la historia moderna, social y económica, el pensamiento filosófico y político, e incluso la teología y moral de carácter progresista. Las obras de carácter propiamente divulgativo, educacional y enciclopédico formaron la categoría de *obras de divulgación.* Las *obras de aventuras y novelas rosas* forman la cuarta categoría. Por último, un reducido número de obras de adscripción difícil se agruparon bajo el común denominador de *obras desconocidas.* (Cuadro núm. 29.)

En cabeza de las tachaduras impuestas por la censura figura la categoría de *obras de aventuras y novelas rosa* lo cual no tiene por qué asombrar. Abunda en este género el erotismo dudoso, la sensiblería, la violencia. Además, su elevado índice de difusión y bajo precio convertía dicho tipo de subliteratura en un permanente riesgo de transgresión de las normas morales y de buen gusto sobre las que pretendía velar la censura. Por otra parte, los manuscritos de este género se amontonaban con regularidad matemática cada se-

242

mana en el despacho de los censores constituyendo una permanente pesadilla la lectura de los mismos. Las *obras de divulgación* ocupan un segundo lugar seguidas de lejos por las otras categorías. Esta relegación de la ensayística al último plano tiene como contrapartida su puesto preeminente en cuanto a denegaciones y silencios administrativos, preeminencia compartida en segundo lugar por las *obras de creación*

CUADRO N.º 29. *Incidencia censoria según las categorías de género. Meses de enero y diciembre de 1973*

	Obras de creación %	Obras de estudio y ensayo %	Obras de divulgación %	Obras de aventuras y novelas rosa %	Obras desconocidas %
Tachaduras					
enero	17 (13,6)	15 (12)	28 (22,4)	59 (47,2)	6 (4,8)
diciembre	4 (10,52)	7 (18,42)	9 (23,68)	12 (31,57)	6 (15,78)
Modificaciones					
enero	8 (24,24)	19 (57,57)	1 (3,03)	2 (6,06)	3 (9,09)
diciembre	2 (7,69)	13 (50,00)	5 (19,23)	1 (3,84)	5 (19,23)
Silencio admin.					
enero	6 (17,14)	19 (54,28)	4 (11,42)	3 (8,57)	3 (8,57)
diciembre	8 (16,66)	11 (22,91)	14 (29,16)	7 (14,58)	8 (16,66)
Silencio y tachad.					
enero	—	2	1	1	2
diciembre	1	1	2	1	—
Denuncias					
enero	—	—	1	—	—
diciembre	1	2	—	—	1

literaria si bien hay que hacer notar que el número de títulos de *obras de estudio y ensayo* sobrepasa con creces al de las obras de creación literaria (10 frente a 32 respecto a las denegaciones y 14 frente a 30 respecto al silencio administrativo). Con datos de esta índole —pero de extracción y comprobación difíciles— es de esperar que se lleven a cabo investigaciones futuras. Lo que aquí se ofrece es sólo un tímido tanteo.

Igualmente a nivel de tanteo queda relegada la ínfima información sobre los años 1974, 1975 y 1976. En otro apartado de este libro se ha manejado ya la información cuantitativa referente a este período.

A modo de consolación, algunas menciones dignas de consideración. *Rayuela* de J. Cortázar aparece en Alianza con tachaduras en 1974. En cambio, se deniega *Estudios sobre «La reivindicación del Conde don Julián»* de Carlos Blanco Aguinaga y otros autores. Pero sin lugar a dudas, el caso más significativo de la situación ambigua e incierta en la que se encuentra la censura lo constituyen los intentos de reedición en España de algunas de las obras de Juan Goytisolo. Mientras el turismo hacia Francia fomenta la compra de dichas obras en las fronteras y los libreros serios se atreven casi a exponerlas, la censura se empeña en denegar la edición en España de *Juan sin Tierra*. Pero se transige. Seix Barral acabará obteniendo, en 1975, la autorización para imprimir 2.000 ejemplares destinados a la exportación, tras una denegación inapelable. Al año siguiente, 1976, ocurre algo perfectamente surrealista con la consulta voluntaria hecha a propósito de *Señas de identidad*. La novela se vende ya en varias librerías de la capital y se expone en las vitrinas. Y sin embargo, los censores proponen a la editorial tachaduras en 39 páginas. El único de los informes que acompaña al expediente de esta obra es un buen botón de muestra del ambiente de inseguridad que reinaba entre el personal censorio:

«En la presente obra se relatan las vivencias de un español, exiliado voluntariamente, que trata de recordar sus vivencias anteriores. A través de toda la obra el pensamiento y la ideología antifranquista del autor se pone de manifiesto, bien empleando un tono irónico, bien empleando un tono serio. En todo caso, aun siendo una obra políticamente delicada, no parece que estrictamente pueda ser considerada como constitutiva de delito, por lo que estimo que difícilmente prosperaría una denuncia contra la obra. Se dan también en la obra algunas descripciones sobre actos sexuales, pero estimo que no revisten la gravedad suficiente para constituir figura delictiva. De todas formas, habida cuenta del tema, políticamente delicado, podría ser conveniente su revisión por la Superioridad.»

La época del lector escarnecido e indignado por la fealdad moral, semántica, política o sexual de un texto ha desaparecido y quienes todavía están condenados a ejercer ese viejo oficio, se remiten a quienes tienen en sus manos las claves de toda la hermenéutica censoria y el poder decisorio: la Superioridad.

Apéndice 1: Normas generales

Nota: *La excepcionalidad de este documento es palmaria. Se trata de un auténtico manual para censores, pieza única en su género. La reproducción de dicho documento se efectúa sin modificar un ápice su ortografía, sintaxis o mecanografía original.*

NORMAS GENERALES CONFECCIONADAS POR LA DELEGACIÓN PROVINCIAL DE HUESCA PARA LAS DELEGACIONES COMARCALES DEPENDIENTES DE LA MISMA REGULANDO SUS ACTIVIDADES DE PROPAGANDA

VICESECRETARÍA DE EDUCACIÓN POPULAR
Delegación Nacional de Propaganda

Por Dios, España y su Revolución Nacional Sindicalista.
Huesca, 21 de Enero de 1944.
EL DELEGADO PROVINCIAL DE EDUCACIÓN POPULAR.
Firmado: Luis Torres.

NORMAS A LOS DELEGADOS COMARCALES DE EDUCACIÓN POPULAR

Constituida la Vicesecretaría de Educación Popular por la ley de 20 de Mayo de 1941 y con ello las Delegaciones Provinciales, ha sido hasta la fecha la preocupación principal de éstas, la constitución de las Delegaciones Comarcales que vinieran a ser como los portavoces que continuasen la labor y la misión que nuestro Servicio tiene encomendada, llegando nuestra acción hasta la localidad más insignificante de nuestro solar patrio.

Nuestras actividades derivadas de las funciones a desarrollar deben estar encaminadas como decía el Caudillo en el preámbulo del Decreto de creación del Servicio de Propaganda «a establecer el imperio de la verdad y divulgar al mismo tiempo la gran obra de reconstrucción nacional que el Nuevo Estado ha emprendido».

Es preciso difundir la cultura para el pueblo por medio de todos los medios de difusión a nuestro alcance, orientándolo de esta forma en las buenas costumbres en el sano concepto de nuestros ideales que inspiraron el Movimiento Nacional, y propagando la sana y tradicional cultura española así como la Doctrina Cristiana.

Por otra parte nuestra labor había de ir encauzada a destruir todo aquello que pudiera ser dañino y perjudicial para nuestra moral y para todos los conceptos antes mencionados.

En estos conceptos puede decirse que se basa nuestra misión y para su desarrollo han ido dictándose hasta la fecha el conjunto de acertadas disposiciones que regulasen nuestras actividades.

Pero puede decirse que nuestra obra, adolecía de alguna laguna y esta era principalmente la carencia de elementos capacitados en distintos puntos de cada provincia que continuasen la labor emprendida en las capitales respectivas.

En su consecuencia teníamos la obligación de salvar aquella laguna, de cubrir aquel fallo colaborando con ello a la perfección de nuestra obra, y para ésto hemos creído conveniente reglamentar las funciones de estos Delegados Comarcales que son la expresión subjetiva de los deberes inherentes a su cargo, con el deseo y la confianza de que habrán de interpretarlas y cumplirlas como está obligada toda Jerarquía de nuestro Movimiento teniendo además muy en cuenta que la mejor propaganda como decía JOSÉ ANTONIO «es la derivada de nuestros propios actos».

A continuación se resumen con toda claridad precisa las normas que regulan las actividades correspondientes a los distintos Departamentos que comprende la Delegación Nacional de Propaganda.

I. Departamento de Cinematografia

Establecida la censura cinematográfica por la Orden del Ministerio del Interior del 2 de Noviembre de 1938, modificada más tarde por la Orden de 23 de Noviembre de 1942, por la que compete únicamente a la Comisión Nacional de la Vicesecretaría de Educación Popular, a las Delegaciones Provinciales y a su vez a las Delegaciones Comarcales y Locales compete la vigilancia y control del cumplimiento de la resolución establecida por la Comisión mencionada cuando éstas películas son proyectadas en las capitales de Provincia y demás localidades de nuestro territorio español.

Por todo ésto y teniendo en cuenta que hasta la fecha de la creación de las Delegaciones Comarcales este control era desenvuelto únicamente en las capitales donde residen las

Provinciales, es preciso que nuestra acción alcance por igual y quizá en forma más cuidada hasta la localidad más pequeña en la que resida un medio de difusión de naturaleza tan extraordinaria como lo es hoy el Cinematografo.

Disposiciones que regulan este Departamento

1.º Según el artículo 20º de la Orden de 23 de noviembre de 1942 la vigilancia e inspección de todo lo relativo a censura cinematográfica corresponde a los Delegados Provinciales de Educación Popular y a los Delegados Locales y por consiguiente Comarcales.

2.º Los Empresarios de los salones Cinematográficos de tu localidad tienen la obligación antes de proyectar ninguna película, de presentarte la hoja de censura de la misma para su visado.

Una vez la hoja de censura en tu poder y examinar el contenido de la misma abrirás una ficha (cuyo modelo te adjunto) en la que transcribirás los datos que en la hoja de censura constan; extenderás la correspondiente autorización por la que se acredite haber realizado el visado de la hoja de censura y estamparás el sello de la Delegación en el encasillado correspondiente de aquella.

3.º No autorizarás la proyección de ninguna película de la clase que sea en sesiones privadas ni públicas, si no va acompañada del correspondiente certificado de censura.

Todas las películas cuya fecha del certificado de censura sea anterior al 10 de octubre de 1941 será sometida a la inspección directa tuya informando urgentemente a esta Delegación Provincial si observas en las películas mencionadas motivos inadmisibles, o escénas que puedan producir algún quebranto para la moral o el buen gusto, a fin de poder solicitar de la Delegación Nacional de Propaganda la revisión inmediata de la cinta.

4.º Ninguna autoridad ni tu mismo podrán suspender por motivos de censura la proyección de una película debidamente aprobada por la Comisión de Censura Cinematográfica. Sólo les compete la interposición de recurso de revisión ante la Junta Superior.

5.º Deberás vigilar el cumplimiento de la resolución establecida en la hoja de censura de cada película en la siguiente forma:

a)   Queda terminantemente prohibida la asistencia de menores de 16 años a aquellas sesiones de cine en las que se proyecten películas cuyo certificado de censura no tenga la calificación de «tolerada para menores» o «recomendable para menores».

b)   En aquellos certificados que conste la calificación de «autorizada para menores de 14 años» se consideren incluidas o asimiladas las películas correspondientes a la calificación de «tolerada para menores».

6.º   Las Empresas de salones Cinematográficos en toda clase de propaganda (anuncios en la Prensa, carteleras, prospectos de mano, etc.) habrán de hacer mención obligatoria de la denominación con que hayan sido clasificadas («toleradas para menores» o «recomendables para menores»).

7.º   Igualmente quedan obligados a hacer mención de esta clasificación por medio de carteles en las taquillas donde se expenden las localidades para entrar al salón.

8.º   Cuando se trate de películas sólo autorizadas para mayores de 16 años, las empresas no podrán permitir a menores de dicha edad su acceso a los locales, pudiendo exigir los empleados de la misma en caso de duda documento de identidad cualquiera que sea éste, siempre que sea expedido por el Estado y lleve la fotografía del interesado, pudiendo hacer uso los mencionados empleados en caso de necesidad de requerir el auxilio de los agentes de la Autoridad para hacer que se cumplan estas disposiciones.

Cuando se trate de las películas antes citadas, sólo autorizadas para mayores de 16 años, queda prohibido a las Empresas indicar en los anuncios carteles, pizarras, programas y en general en toda clase de propaganda destinada al público que las películas a que hacen referencia se encuentran prohibidas para menores.

9.º   El programa en las sesiones que se titulan «infantiles», se deberá componer exclusivamente de películas recomendables para menores.

10.º   Igualmente se exigirá el certificado correspondiente para su visado conforme a lo establecido por el artículo 1.º, de los trailer que se proyecten, prohibiendo la proyección de éstos cuando no sean recomendables o toleradas para menores en las sesiones donde se proyecten películas que por el contrario son toleradas o recomendables.

11.º   Cuidarás de que todos los carteles o fotografías que se expongan anunciando las películas no sean reproducción de escenas suprimidas por la Comisión Nacional de Censura.

12.º Inmediatamente que observes que cualquier clase de propaganda, fotografías, etc., de las que se expongan juzgues que no están de acuerdo con lo dictaminado por la censura o las consideres dañinas para la moral pública ordenarás su retirada remitiéndolas seguidamente a esta Delegación Provincial acompañadas de un oficio para su envío a su vez a la Delegación Nacional de Propaganda que resolverá en consecuencia.

13.º En el caso de incumplimiento de alguno de los artículos 3.º y del 6.º al 12.º inclusive, sin perjuicio de las responsabilidades de otro orden en que pueden incurrir a tenor de lo dispuesto por el artículo 21.º de la Orden de 23 de noviembre de 1942 ya mencionada, se castigarán con sanciones pecuniarias las contravenciones a lo que se dispone en los artículos antes citados y que serán impuestas a los empresarios, gerentes responsables, por acción u omisión bien sea intencionadamente o por negligencia, y las cuales serán abonadas en papel de pagos al Estado.

14.º De acuerdo con lo establecido en el artículo anterior y en caso de incumplimiento de lo dispuesto me darás cuenta a la mayor brevedad posible informando detalladamente sobre la infracción cometida.

15.º El día 30 de cada mes y de acuerdo con el modelo que adjunto te remito me informarás detalladamente sobre las películas proyectadas indicando en los encasillados correspondientes el título, número del expediente, Organismo que lo autorizó, fecha que fué extendido, el certificado de censura y las observaciones que hayas podido obtener en las inspecciones a los salones Cinematográficos de esa localidad.

16.º Por esta Delegación Provincial te será extendida la correspondiente autorización para poder girar las visitas de inspección a todas las salas de Cinematógrafos, a fin de que puedas desarrollar este servicio con el menor impedimento posible.

II. DEPARTAMENTO DE TEATRO

1.º Al igual que en las películas que se proyecten corresponde a los Delegados Comarcales la vigilancia e inspección de todo lo relativo a la censura teatral, sobre aquellas obras que se representen en los Teatros de tu localidad.

2.º Los empresarios de los Teatros de tu localidad cuando vaya a actuar alguna compañía profesional tiene la obligación de presentarte previamente y con la conveniente antelación para el visado correspondiente, las Hojas de Censura de las obras que componen el repertorio de la respectiva compañía y que vayan a representar.

Junto con las hojas de censura exigirás la presentación de los libretos correspondientes por parte de la compañía, bien entendido que no deberás admitir otras que las selladas por la Vicesecretaría de Educación Popular, Delegación Nacional de Propaganda.

En el caso de que por extravío o deterioro en lugar del libreto original lleven una copia de aquel, deberá igualmente ir sellado por la Delegación Nacional de Propaganda.

3.º Una vez la hoja de censura en tu poder y al igual que en lo determinado por el artículo 2.º Departamento Cinematografía abrirás una ficha (cuyo modelo te adjunto) en la que trascribirás los datos que en el mencionado documento consten, extenderás la correspondiente autorización por la que se acredite haber realizado el visado correspondiente, y tomarás nota en el apartado «observaciones» de la ficha mencionada de las tachaduras que determine la hoja de censura en caso de haberlas.

4.º No autorizarás la representación de obra teatral alguna por ninguna compañía profesional si no va acompañada del certificado de censura y el libreto correspondiente.

5.º Tendrás muy en cuenta para impedir su representación, aquellas obras teatrales que hubieran sido prohibidas por la Delegación Nacional de Propaganda y de las cuales te he dado cuenta oportunamente.

6.º Cuando se trate de cuadros artísticos de esa localidad los que deseen representar alguna obra teatral podrás censurar tú mismo el libreto, para cuyo fin te lo presentarán con la debida antelación, junto con la instancia cuyo modelo te adjunto.

En la autorización que expidas harás constar tu resolución y aquellas tachaduras que hayas creído introducir por motivos de buen gusto, moralidad, etc.

7.º Cuando el certificado de censura que te sea presentado por alguna compañía de teatro, lleve fecha anterior al 1 de marzo de 1942 elevarás informe inmediato a esta Delegación Provincial después de vista por tí la representación, dando cuenta si existen motivos inadmisibles, escenas perniciosas para la moral o el buen gusto, etc.

8.º Cuidarás minuciosamente que no sean introducidas durante la representación teatral palabras, frases, chistes, etcétera, que no se encuentren incluidos en el libreto, o que estén suprimidos en el mismo.

9.º En el caso de infracción de alguna disposición de las antes mencionadas me informarás a la mayor brevedad posible.

10.º El día 30 de cada mes y según modelo que te adjunto me comunicarás detalladamente las obras teatrales que han sido representadas en el territorio de tu jurisdicción reseñando en los encasillados correspondientes el número del expediente del certificado de censura, títulos, fecha en que fué autorizada la obra correspondiente y Organismo que la autorizó.

Estos datos los entresacarás de los que consten en las fichas que ya habrás confeccionado en cada representación según lo dispuesto en el artículo 3.º de ese Departamento.

11.º Asistirás a las funciones de extreno o sea a la primera representación de cada obra teatral, para realizar la inspección correspondiente.

III. Censura y control de espectáculos de variedades

Hay una clase de espectáculos que por su misma naturaleza son poco accesibles a una vigilancia sistemática y unánime. Nos referimos en este caso a los espectáculos de variedades, los cuales no pueden confundirse con las Revistas, ya que aquellos lo que les caracteriza es la falta de unidad argumental, pues se componen de un conjunto o agregado de números de diversa naturaleza y todos ellos sin ilación alguna.

En su consecuencia así como las Revistas, obras de teatro, etc., son censurados por la Comisión Nacional de Censura y se les expide el correspondiente certificado de censura, en los espectáculos de variedades no es posible visar de una vez y para siempre todo el espectáculo ya que la variación de programa y por consiguiente de las canciones, chistes, diálogos, bailes, etc., que lo integran es muy frecuente.

Por consiguiente la Delegación Nacional de Propaganda ha conferido una serie de atribuciones para que pueda ejercerse de una manera eficaz y constante la censura y control de esta clase de espectáculos por las Delegaciones Provinciales en donde actúan, y por consiguiente por las Delegaciones Comarcales.

Para el mejor cumplimiento de lo establecido para este particular los Delegados Comarcales de Educación Popular se atendrán a las normas siguientes:

1.º La censura y control de los espectáculos de variedades pasa a ser competencia de los Delegados Comarcales para aquellos casos que actúen compañías de esa naturaleza en las localidades de su demarcación.

2.º En ésta función que se les asigna procurarán que la misma no quede desprestigiada ni en cuanto a cometer arbitrariedades ni en cuanto a usar de esa atribución para obtener favores femeninos, etc., etc.

3.º Esta Orden alcanza a todos los locales públicos donde actúen actores de variedades, como son además de los teatros, y las salas de fiestas, casinos, cafés, etc., con intervenciones de vocalistas o animadores.

4.º En estas funciones se exige del Delegado Comarcal un prudente y justo criterio, debiendo tener una elasticidad prudente, pues antes de fallar deberá ponderar el «medio» donde se vayan a realizar los números de variedades, y el ambiente de la localidad respectiva.

Con el cumplimiento de estas funciones deberás tener en cuenta que el fin que se persigue es el de ir elevando poco a poco pero en forma constante y progresiva la calidad moral y artística del espectáculo.

5.º Los Delegados Comarcales exigirán que los cuadros artísticos o compañías de variedades den un título al espectáculo que pretendan montar; bien entendido que dentro del mismo podrán intercalar los números previamente censurados, que crean necesarios por razones artísticas.

6.º Las compañías de variedades quedan obligadas a presentar para su censura en esa Delegación Comarcal los textos de sus números (canciones, diálogos, chistes, etc.) por triplicado para su visado correspondiente por tí mismo.

7.º La censura de cada número por separado según el artículo anterior no supone que el espectáculo de que esos números son parte, quede autorizado. Para la autorización del espectáculo han de realizar ensayo general de la representación ante tu presencia y después de ella concederla por oficio la autorización para representar el espectáculo de que se trate.

8.º Durante la realización del ensayo general al cual deberás asistir tú únicamente velarás sobre todo porque los trajes, decorados y los gestos no sean procaces y también para que se cumplan cuantas tachaduras hubieras advertido en los textos que con anterioridad te habrán sido presentados para su censura.

Igualmente advertirás que no añadan por su parte los actores que no se encuentren autorizado en el programa que les hayas visado.

9.º De las tres copias de los textos que te presenten a censura según lo establecido en el artículo 6.º harás la siguiente distribución: Una la devolverás sellada a la compañía o Empresa; otra quedará archivada en esa Delegación Comarcal; y la tercera la enviarás a esta Delegación Provincial junto con el parte mensual de los espectáculos de esta índole habidos durante el presente mes, ya que por ésta Provincial en el informe correspondiente habrá de darse cuenta a la Delegación Nacional de Propaganda.

10.º En el caso de que la compañía de variedades que actúe en esa Comarca te presente el programa visado por esta Delegación Provincial, le pondrás únicamente el sello en cada uno de sus números que ya llevará sellados y le extenderás la autorización para su actuación exigiéndole se atenga exclusivamente al programa ya autorizado. Si desea añadir algún número de los no incluidos en el programa autorizado por esta Delegación Provincial lo someterás a censura como se determina en los artículos 6º, 7.º y 8.º.

11.º Cuando la compañía de variedades que actúe en esa Comarca lleve el programa visado por otra Delegación Comarcal o Provincial distinta a ésta, si ya lleva por consiguiente cada número sellado por aquellas sólo exigirás un ejemplar de éstos que quedará en tu archivo ya que dichos números quedaron archivados en la Delegación que primero los censuró y por consiguiente por aquella se dio ya cuenta a la Delegación Nacional de Propaganda.

12.º No obstante tomarás nota de estos números y en el informe mensual me darás cuenta de la Delegación por que van sellados y autorizados.

13.º Como aclaración hay que destacar que la autorización extendida por ésta Delegación Provincial tiene valor para toda la provincia, y que las otorgadas por otras Dele

17.

gaciones Provinciales sólo tienen validez para el territorio de la provincia donde se extiendan. Igual aplicación harás de esta observación cuando se trate de programas autorizados no por esta Delegación Provincial sino por otra Delegación Comarcal aún de ésta provincia que deberás volver a visar de nuevo y de acuerdo con el artículo 11.º el programa que se desee presentar.

14.º El artículo anterior se deduce de que cada Delegado Comarcal y de acuerdo con las facultades otorgadas por ésta Delegación Provincial tiene completa autonomía para ejercer la censura dentro de lo dispuesto en estas normas por el ambiente de la Comarca donde actúen éstas compañías.

15.º A las compañías o Empresas de variedades les cabe caso de que una Delegación Comarcal les haya prohibido algunos de sus números a los que aquella estime aptos para su representación recurrir a ésta Delegación Provincial.

16.º Nunca estamparás el sello de la Delegación Comarcal en los textos de aquellos números que hayan sido por tí prohibidos. También me darás cuenta en el informe mensual de los números por tí suprimidos, indicándome detalladamente los motivos que te indujeron a tomar esa resolución.

17.º Tan pronto como extiendas la autorización de un espectáculo de variedades y de acuerdo con el modelo que te adjunto, lo trasladarás al Presidente de ese Excmo. Ayuntamiento para los efectos pertinentes.

18.º Habrás de procurar que éste expediente tenga la menor complicación burocrática posible con el fin de no lesionar la economía de estas modestas Empresas.

19.º Antes de extender la autorización a la compañía, consultarás al Delegado Comarcal o Local de Sindicatos acerca de la moralidad profesional, personal y política del Director y elenco.

20.º Cuando se trate de vocalistas exigirás al igual que lo determinan en los artículos anteriores los textos de las canciones por triplicado o una sola copia según los casos ya establecidos.

21.º Cuidarás de que no sean interpretadas ninguna de las canciones prohibidas y que ya te han sido comunicadas en tiempo oportuno.

22.º Según lo determinado por la Delegación Nacional de Propaganda en su Circular 5410 de fecha 10 de Mayo de 1943, tendrás en cuenta la siguiente disposición regulando la repetición de números musicales por las compañías de variedades: «Existiendo en los espectáculos de género lírico (zarzuela, opereta, comedias musicales y revistas), la costumbre de repetir sistemáticamente gran parte de los números líricos de la obra, sin que el éxito, expresado en el aplauso unánime, en cada caso lo motive, y teniendo en cuenta el abuso del público que el hecho supone, ésta Delegación Nacional de Propaganda ha tenido a bien disponer: A partir del día de hoy y al objeto de evitar la repetición abusiva de números musicales en las obras líricas, queda terminantemente prohibido (excepto en el día del extreno) "visar" aquellos en cantidad superior al 15 % del total que la partitura contenga. Del cumplimiento de esta orden se cuidarán expresamente los Delegados Provinciales de la Vicesecretaría de Educación Popular. La responsabilidad del incumplimiento de esta orden recaerá sobre los empresarios o Directores de la Compañía.»

IV. Revistas musicales

23.º En los espectáculos de revistas exigirás el correspondiente certificado de censura, el libreto sellado por la Delegación Nacional de Propaganda y el figurín de trajes igualmente visado que contiene los dibujos de los vestidos en cada cuadro.

Exigirás igual que en los espectáculos de variedades el ensayo general.

Para tu conocimiento te doy traslado de la Circular número 133 de la Delegación Nacional de Propaganda y que podrá completarte para el mejor desempeño de estas funciones los conocimientos precisos.

CIRCULAR NÚMERO 133

NORMAS QUE HAN DE CONOCER LAS DELEGACIONES PROVINCIALES DE LA VICESECRETARÍA DE EDUCACIÓN POPULAR POR LO QUE RESPECTA A SU INTERVENCIÓN EN ASUNTOS TEATRALES

a) *Censura Ordinaria*

Cuando las Delegaciones Provinciales tengan que enviar a la Vicesecretaría de Educación Popular obras teatrales para que sean censuradas, cuidarán de que se cumplan los siguientes requisitos, enviando:

1.º Dos ejemplares de la obra que se va a censurar.
2.º Solicitud debidamente reintegrada con póliza de 1,50 pesetas, en la que se hará constar: *a*) el título de la obra, *b*) el autor, *c*) la Empresa o Compañía que la va a poner en escena, *d*) las comedias musicales (Operetas y Revistas) o libros de variedades, deberán venir acompañadas de los figurines por duplicado del vestuario y cantables correspondientes.
Todos estos datos son imprescindibles para la resolución del expediente que se devolverá en caso de no cumplir alguno de ellos.

b) *Recurso de Alzada*

La intervención de la Delegación Provincial en lo que respecta al recurso de alzada, contra la resolución de la Delegación Nacional de Propaganda, que el peticionario anterior, el autor de la obra prohibida, o persona delegada por él, pueden elevar a la Vicesecretaría de Educación Popular, se reducirá al traslado del mismo en la siguiente forma:
Enviando la hoja de censura y un ejemplar del libro censurado.
Para entablar esta clase de recurso es requisito favorable, aunque no necesario, el que se hayan hecho modificaciones en el libreto que mereció la calificación anterior. Adjuntará además una instancia reintegrada con póliza de 1,50 pesetas, en la que se razone la petición.
Los recursos de alzada sólo pueden incoarse, dentro del mes siguiente de la resolución que los motiva por el mismo solicitante que pidió la censura ordinaria, por el autor o persona delegada por él; y pasado este mes puede hacerlo cualquier empresa o compañía.

c) *Cambios de Título*

Si alguna obra ya censurada se la quiere cambiar el título y la Delegación Provincial se encuentra en el caso de cursar a la Vicesecretaría de Educación Popular esta petición, exigirá del solicitante la hoja de censura autorizando la obra, y una instancia debidamente reintegrada con póliza de 1,50 pesetas, razonando los motivos de la petición.

Caso de que se accediese a lo solicitado se les expedirá una nueva hoja de censura.

d) *Petición de duplicados*

Si pide una hoja de censura de una obra ya censurada, mandará la instancia ordinaria y un sólo ejemplar de la obra.

CALIFICACIONES

Las calificaciones que emite el Departamento de Teatro, por medio de su censura, son cinco:

1.º *APROBADA.* Se entiende autorizada para público de mayores, pués cuando lo sea para un público de menores se dirá expresamente.

Ante esta calificación la misión de la Delegación Provincial es vigilar solamente que no añadan nada de su cosecha los actores.

2.º *APROBADA CON TACHADURAS.* Quiere decir esta calificación que sea tachado parte del texto del libreto, y en este caso el Delegado Provincial o su Delegado en la Inspección, debe vigilar que se cumplan las tachaduras.

3.º *APROBADA (con o sin tachaduras) A RESERVA DEL ENSAYO GENERAL.* La inspección de esta calificación es la más difícil de realizar y en la que se han de andar con más cautela, no siendo la que se dá por parte del Departamento de Teatro una calificación propiamente dicha, sino que es necesaria para que la obra se represente la aprobación del ensayo general y que ha de hacerse por el Delegado Provincial dirctamente o mediante sus Inspectores.

Ante un caso de éstos el Delegado o el Inspector que asista al ensayo velará, sobre todo, porque los trajes, decorados y los gestos no sean procaces y también para que se cumplan las tachaduras, si las hay, y no añadan los actores ya que ésta calificación es la que se aplica generalmente a las comedias musicales (revistas, operetas y variedades).

4.º *APROBADA POR UN NÚMERO LIMITADO DE REPRESENTACIONES, PARA CIERTAS CAPITALES, O PARA LAS FUNCIONES DE NOCHE.* Muchas veces la calidad de la obra y el público ante el cual va a representarse motiva esta calificación. Cuidarán los Delegados Provinciales de que no se hagan más representaciones que las marcadas concretamente en la resolución y que sean en las localidades y horas señaladas.

5.º *AUTORIZADA PARA MENORES DE 14 AÑOS O PARA JÓVENES DE 14 A 16 AÑOS INCLUSIVE.* Los Delegados Provinciales cuidarán con máximo celo de que esta calificación no se disvirtúe.

6.º — *PROHIBIDA.* Esta no necesita explicación alguna.

Censura provincial

Los Delegados Provinciales sólo podrán realizar la censura cuando se trata de una compañía NO PROFESIONAL que actúe en su provincia y dentro de un Círculo Cultural o Artístico, etc. y siempre por un número limitado de representaciones. Pero nunca emplearán el sello de censura sobre los ejemplares censurados, sino que comunicarán al grupo artístico la resolución por oficio, y en caso de ser ésta favorable, expresarán claramente el número de representaciones que autorizan, indicando además las fechas en que éstas caducan.

Inspecciones de espectáculos teatrales

No se representarán ninguna obra teatral de cualquier clase que sea, ni variedades, circo o números de carácter teatral en salas de fiestas, sin que el Delegado o su Inspector ponga el visado en la hoja de censura correspondiente.

DEPARTAMENTO CENSURA DE LIBROS

Correspondiendo a este servicio la censura y autorización de cuantas publicaciones se editan, a continuación te copio literalmente la Circular n.º 110 de la Delegación Nacional de Propaganda y que viene a regular esta materia y determinando aquellos casos en que las Delegaciones Provinciales son competentes o por el contrario sólo lo es la Nacional antes mencionada.

Ahora bien para evitar el retraso y complicación que podría ocasionar el que por todas las Delegacines Comarcales se remitiesen a esta Provincial cualquier hoja impresa, octavilla etc que se desee publicar en las Comarcas respectivas a continuación de la Circular 110 antes mencionada te detallo instrucciones a las que deberás atenerte taxativamente para aquellos casos de tu competencia.

CIRCULAR 110 DE LA DELEGACIÓN NACIONAL DE PROPAGANDA

Regulando el procedimiento a seguir para la concesión de los permisos de edición y circulación de obras impresas.

1.º División de las publicaciones

Las publicaciones se dividen en tres grupos:

Primero. Impresos periódicos. Cuya jurisdicción corresponde a la Delegación Nacional de Prensa.

Segundo. Impresos no periódicos, de circulación privada como son las circulares, tarjetas de visita, postales y otros varios cuyo receptor o destinatario es un particular o unos particulares determinados.

Estos impresos no precisan de una autorización previa como los de pública circulación pero como éstos corresponde igualmente su vigilancia a los Delegados Provinciales de Educación Popular.

Tercero. Impresos no periódicos, de pública circulación, cuya autorización corresponde, según el número de páginas de los ejemplares, o a la Delegación Nacional de Propaganda, directamente, o a las Provinciales de Educación Popular por delegación de ésta Nacional, según los casos siguientes:

A) Corresponde autorizar a ésta Delegación Nacional de Propaganda todas las publicaciones no periódicas, y de carácter público, de todas aquellas obras cuyo volument pase de treinta y dos páginas e incluso también aquellas publicaciones de menos de las treinta y dos páginas que traten o rocen, más o menos, las materias que se relacionan:

I. La Historia de Nuestro Glorioso Movimiento Nacional.
II. La Historia política de la Falange.
III. De los partidos políticos anteriores al 18 de julio de 1936.
IV. Materia Técnico-militar.
V. Materia religiosa.
VI. Publicaciones llamadas «por entregas».

B) Las hojas, libros y folletos de menos de treinta y dos páginas, pueden ser autorizadas para su edición y circulación por las propias Provinciales de Educación Popular, con las siguientes salvedades:

I. Que no traten de la Historia de Nuestro Glorioso Movimiento Nacional.
II. De la Historia política de la Falange.
III. De los partidos políticos anteriores al 18 de julio de 1936.
IV. De materia Técnico-militar.
V. De materia religiosa.
VI. Que no integren una publicación de las llamadas «por entregas».

2.º DE LA PUBLICACIÓN COMERCIAL DE LOS LIBROS Y FOLLETOS EN GENERAL

Es criterio de ésta Delegación Nacional de Propaganda no autorizar en los libros, éste tipo de propaganda, ahora bien, deja al buen criterio de las Delegaciones Provinciales de Educación Popular la concesión hasta un veinte por ciento del total del papel impreso de ésta clase de anuncios comerciales, ampliando su concesión con arreglo a lo que la prudencia, aconseje en cada caso.

3.º De la jurisdicción para la concesión de las autorizaciones

De conformidad con lo dispuesto en la Ley de 20 de Mayo de 1941 y demás disposiciones complementarias sobre publicaciones, corresponden estas autorizaciones a la Delegación Nacional de Propaganda, de ésta Vicesecretaría de Educación Popular.

4.º Del procedimiento administrativo

I) *Solicitud de edición*

Se elevará instancia al Delegado Nacional de Propaganda —debidamente reintegrada con póliza de 1,50 ptas. solicitando las ediciones, haciendo constar en ella los extremos siguientes:

A) Nombre y domicilio del solicitante.
B) Clase de impreso.
C) Título de la Obra.
D) Nombre del autor.
E) Nombre y domicilio del Editor.
F) Número de páginas del volumen.
G) Formato del Libro.
H) Número de ejemplares de la tirada.
I) Clase de papel.
J) Fecha de la instancia.
K) Firma del solicitante.

II) *Documentos que se unirán a la instancia*

Dos originales de la obra que se desee publicar bien escritas a máquina o en galeradas.

III) *De la presentación de instancias*

Cuando se presenten personalmente, por los interesados o sus mandatarios, se hará en el Registro General de ésta Vicesecretaría de Educación Popular, Monte Esquinza, número 2, bajo.

IV) *Forma de cursar las instancias*

Toda instancias será cursada, a ésta Delegación Nacional de propaganda, por conducto de las Delegaciones Provinciales de Educación Popular, como norma general, con la excepción siguiente:

Aquellas editoriales que habitualmente tengan representación oficial en Madrid, pueden efectuar en ésta Delegación Nacional de Propaganda, la presentación directa de todas sus instancias y peticiones en general, sin la intervención de las Provinciales de Educación Popular, tan pronto como así lo hayan solicitado del Delegado Nacional de Propaganda, y así se le haya concedido señalándose previamente el nombre y domicilio del representante en Madrid.

V) *De las resoluciones*

Cada instancia será contestada, por esta Delegación Nacional de Propaganda, en el plazo normal de siete días hábiles, por medio del impreso reglamentario en el que consta la resolución recaída, acompañando un original de los presentados, convenientemente sellados, que deberá recogerse en el Registro General contra la presentación del resguardo correspondiente.

VI) *De las ediciones*

Una vez en poder del interesado la autorización para publicar una obra, puede proceder a su impresión con arreglo a las condiciones que se le hayan impuesto por esta Delegación Nacional.

VII) *De las reediciones*

Para solicitar una reedición de obra ya autorizada, bastará con la instancia haciendo cita en la misma del número del expediente y fecha de la concesión.

VIII) *Del permiso de circulación*

Impresos y terminados los libros, autorizados ya por esta Delegación Nacional, se solicitará el permiso de circulación con tan solo estas diligencias:

A) Presentando a comprobación cinco ejemplares de la obra editada, los cuales quedan en esta Delegación en calidad de depósito reglamentario.

B) Presentando la hoja que autorizó la publicación de que se trate, en la cual se hará constar que la publicación está de acuerdo con el original presentado y que hecho el depósito de los cinco ejemplares queda autorizada la tirada para su circulación en España.

IX) *Sobre las instancias y comunicaciones*

Toda instancia vendrá a nombre del Delegado Nacional de Propaganda y nunca a nombre de ningún funcionario del Servicio.

Las cartas particulares, sobre publicación de obras, enviadas a un funcionario del Servicio, no serán contestadas dándose por no recibidas.

X) *De los servicios de importación y exportación*

Para estas autorizaciones se seguirán los mismos trámites que para las publicaciones nacionales anteriormente descritas.

XI) *De las traducciones*

Para solicitar la traducción de una obra, para conocer la procedencia de publicarla en España, bastará con que el interesado así lo solicite por escrito ordinario de esta Delegación Nacional de Propaganda acompañando un ejemplar de la obra de que se trate.

XII) *De las infracciones*

Las Delegaciones Provinciales de Educación Popular, dedicarán su mayor atención sobre si los libros circulan, en su jurisdicción, con las debidas autorizaciones, debiendo tener especial atención sobre aquellas obras, autorizada su publicación, que hayan sido puestas a la venta sin el correspondiente permiso de circulación y por consiguiente, sin haber hecho el depósito reglamentario de los cinco ejemplares, en ésta Delegación Nacional de Propaganda.

XIII) *De la inspección*

Todas las Delegaciones Provinciales de Educación Popular, darán cuenta en el parte semanal de actividades que establece la Circular num, 108, o en comunicación especial, cuando la urgencia del caso lo requiera, de las anomalías que se observen en el mercado librero y en las editoriales de su provincia así como de las obras prohibidas que hubiesen recogido y cuantos datos se exigen para la Sección de Censura de la citada Circular.

5.º DE LOS «CUPOS» DE PAPEL PARA LAS PUBLICACIONES DE LIBROS Y FOLLETOS

Correspondiendo la asignación del cupo de papel necesario para las publicaciones, a cada Editorial, por el Sindicato del Papel de Artes Gráficas, los Delegados Provinciales de Educación Popular vigilarán el desenvolvimiento de las mismas con arreglo a la correspondencia que necesariamente debe existir entre el cupo de papel concedido a cada Editorial y el número de publicaciones que pongan en circulación para evitar, en cuanto sea posible, la adquisición de papel de forma clandestina.

6.º DE LAS SANCIONES

Toda infracción denunciada a esta Delegación Nacional, por las Provinciales de Educación Popular, vendrán acompañada de la correspondiente propuesta de sanción teniendo presente que las atribuciones de ésta Vicesecretaría de Educación Popular llegan hasta los siguientes extremos:

a) Recogida de las obras publicadas.
b) Multa de una a cincuenta mil pesetas.
c) Cierre de las Editoriales o Librerías.

Todo ésto aparte de la sanción especial gubernativa a que en cada caso el infractor se hiciese acreedor, y en tanto de culpa cuya calificación corresponde a los tribunales de Justicia del Estado.

Es de esperar que informadas las Editoriales y librerías de esa Provincia de todas sus obligaciones, por esa Provincial, no será necesaria la aplicación frecuente de las sanciones que se aluden en este escrito.

Lo que te participo para tu conocimiento y efectos consiguientes.

COMPETENCIA DE LOS DELEGADOS COMARCALES DE EDUCACIÓN POPULAR PARA CENSURA DE FOLLETOS, HOJAS, ETC.

A fin de evitar la complicación que supondría la remisión de hojas impresas, octavillas, etc., junto con la instancia correspondiente a esta Delegación Provincial para su censura y autorización se delega a los Comarcales para que puedan autorizarla o denegarla en los casos siguientes:

a) Octavillas de propaganda de espectáculos.
b) Octavillas de propaganda comercial.
c) Cualquier hoja o folleto que no exceda de 4 páginas y que no contengan alguna de las siguientes materias:

    I. La Historia de Nuestro Glorioso Alzamiento Nacional.
    II. La Historia Política de la Falange.
  III. De los partidos políticos anteriores al 18 de Julio de 1936.
  IV. Materia Técnico-militar.
    V. Materia religiosa.

Cuando excedan de cuatro páginas o contengan las materias antes citadas las remitirán a esta Delegación Provincial conforme al procedimiento ordenado por la Circular número 110 de la Nacional de Propaganda, para cuyo fin se emplearán los modelos oficiales de instancias que ya se enviaron a todos los Delegados Comarcales.

2.º En el caso de tu competencia, es decir cuando debas autorizar alguna hoja que haya de imprimirse, entregarás al interesado que lo solicite o al propietario de la imprenta si lo solicita en nombre del autor o casa comercial, un modelo oficial de instancia que te adjunto, el cual una vez reintegrado con póliza de 1,50 ptas. y cumplimentado en los apartados que comprenda, le adjuntarás dos ejemplares, bien escritos a máquina o las dos primeras pruebas de imprenta de la hoja que desee imprimir.

3.º Visada previamente por tí y se merece tu aprobación devolverás uno de los dos ejemplares presentados por el interesado con el modelo de hoja de censura que también te adjunto, haciendo constar en el apartado RESOLUCION, la resolución por tí adoptada, aprobando o denegando la impresión de los ejemplares o autorizando en parte cuando estimes suprimir por atentar a la moral, buen gusto, a nuestra política, etc., algunas frases o palabras del texto del impreso.

4.º Una vez ya impreso te presentarán una Hoja de Censura que tú entregaste al interesado acompañada de cinco ejemplares de los impresos para poder comprobar si se ajusta exactamente a lo solicitado, y hacer constar en la hoja de censura que devolverás al mismo la autorización para el reparto o circulación de los impresos.

5.º Cualquier duda que pueda ser planteada sobre el cumplimiento de estas disposiciones, o cualquier infracción de lo ordenado que puedas observar lo comunicarás inmediatamente a esta Delegación Provincial, informando ampliamente para proceder en consecuencia.

6.º Mensualmente, es decir los días 30 me enviarás una relación detallada en la que harás constar en la forma del modelo que te adjunto, todos los impresos autorizados; cumplimentado todos sus apartados, ya que esta Delegación Provincial debe reunir estos partes para su envío a la Delegación Nacional de Propaganda del 1 al 5 del mes siguiente.

7.º Junto con la relación mencionada, me remitirás dos ejemplares ya impresos de los que autorizaste para su comprobación.

8.º Harás llegar el conocimiento de estas normas a todas las imprentas enclavadas en el territorio de tu comarca, para evitar el incumplimiento por falta de conocimiento de las mismas, y para que a su vez dada la importancia de este servicio sean diligentemente cumplimentadas.

9.º Por último, es preciso me remitas para constancia en esta Delegación Provincial relación de las imprentas enclavadas en tu comarca en caso de existir, con antecedentes generales sobre las mismas.

10.º En el caso de que en la vía pública sean repartidas hojas, folletos, etc., los cuales editados en alguna imprenta de tu demarcación, no hubiesen sido por tí autorizados, de acuerdo con el Jefe Comarcal del Movimiento y el Alcalde, procederás a la inmediata recogida de todos los ejemplares e informarás ampliamente a esta Delegación Provincial sobre lo ocurrido, remitiendo tres ejemplares de ellos, a fin de resolver en consecuencia.

11.º Cuando las hojas o folletos que se deseen repartir estuviesen editados fuera de tu demarcación, te presentarán tres ejemplares para su visado, después del cual, en caso de tu conformidad extenderás la autorización de reparto y circulación en la vía pública. Devolverás uno sellado con la autorización para el interesado, quedará otro en tu archivo, y junto con el informe mensual remitirás el restante ejemplar a esta Delegación Provincial, haciendo constar que el mismo estaba en otra demarcación o Provincia y que fué por ti autorizado el reparto y circulación.

12.º Exigirás que figure el nombre de la Imprenta al pié de cada impreso, en todos los que se deseen editar y denegarás aquellos otros que en el caso del artículo anterior se deseen repartir y no lo lleven.

RADIODIFUSIÓN-(EDUCACIÓN MUSICAL)

NORMAS PARA LOS PROPIETARIOS DE EQUIPOS DE ALTAVOCES Y MICRÓFONOS

Teniendo en cuenta el incremento experimentado en la instalación de altavoces y a fin de regular su funcionamiento y evitar a su vez una función meramente publicitaria y molesta, ha sido dictado por la Delegación Nacional de Propaganda de la Vicesecretaría de Educación Popular la siguiente disposición por su circular n.º 157 de fecha 1 de diciembre como ampliación a la número 143 del 25 de junio de 1943, y la cual se hace público para general conocimiento de los propietarios de equipos de altavoces.

1.º Se mantiene la prohibición absoluta del establecimiento de altavoces, salvo casos excepcionales de feria, mercado, etc., en la *vía pública* y previa autorización correspondiente.

2.º *En lugares cerrados para reuniones públicas* al aire libre, cual son las plazas de toros y los campos de deportes, podrá autorizarse la instalación de altavoces, previa solicitud del interesado, informada por esa Delegación Comarcal de Educación Popular, según expediente que se instruirá para tal efecto.

3.º Estos altavoces funcionarán dependiendo directamente a los efectos de programación, de esa Delegación Comarcal, para cuyo visado te presentarán diariamente el programa que haya de emitirse.

4.º La publicidad se autorizará hasta un máximo de cinco minutos por hora, quedando prohibida que ésta se realice durante el acto, y únicamente podrá verificarse al principio, en el descanso o al final, quedando terminantemente prohibidas las interferencias publicitarias durante el espectáculo.

5.º Según lo dispuesto por la Circular n.º 145 en el caso de que los altavoces den programas procedentes de emisoras de radio, tanto recibidos por linea telefónica, como captados por medio de un receptor, dichos programas han de ser precisamente de emisoras nacionales, prohibiendo en absoluto la captación de emisiones procedentes de estaciones extranjeras.

6.º *Condiciones generales comunes:*

a) La aprobación, en cuanto al proyecto técnico se refiere, por la Delegación Nacional de Propaganda, para poder hacer la concesión del servicio a título puramente provisional y revocable en cualquier momento, sin derecho a indemnización de ninguna clase en caso de caducidad.

b) La Delegación Nacional de Propaganda inspeccionará si lo estima conveniente, la instalación de que se trate antes de dar comienzo el servicio correspondiente, y cuantas veces lo crea oportuno en lo sucesivo.

c) La subordinación absoluta en lo que acepta a la difusión oficial de las órdenes y consignas de la Delegación

Nacional de Propaganda y Organismos superiores, rectores de la propaganda oficial.

d) Dicha instalación podrá ser utilizada por la Delegación Nacional de Propaganda para aquellos actos nacionales o del Movimiento que se juzguen necesarios.

e) La instalación ha de cumplir todas las disposiciones vigentes de caracter general, provincial y municipal.

Censura de los programas musicales

1.º Queda terminantemente prohibido transmitir por medio de discos o por especialistas y orquestinas que actúen ante el micrófono conectado con los altavoces la llamada música «negra» los bailables «sving» o cualquier otro género de composiciones que las letras estén en idioma extranjero o por cualquier concepto puedan rozar la moral pública o el más elemental buen gusto.

2.º La exacta definición del concepto de *música negra* en cuanto en su prohibición debe supeditarse a un amplio criterio comprensivo.

3.º El puro folklore afrocubano, y las obras sinfónicas trascendentales, «sinfonía nuevo mundo» de Drotak, «Creación del Mundo» de S. Milhand, «Sonatina Traslántica» de Taschsuran, están plenamente justificadas por su valor y belleza dentro de cualquier programa. La prohibición tiende sólo a desterrar aquellas obras de jazz que por su antimusicalidad, por sus estridencias y por su ritmo desenfrenado, tiende a «bestializar» el gusto de los auditores. Por otra parte la revalorización del tradicional baile español aconseja disminuir las emisiones de fox y otras danzas exóticas.

4.º En cuanto a la diferencia, del jazz melófico y el rítmico, exige un tacto exquisito ya que tan deformadora puede ser una melodía decadente, dulcemente perniciosa como disonante algaravía acompasada.

5.º Que por música negra no debe entenderse aquellas obras de indiscutible valor musical amparadas en el «folklore africano», sino aquellos bailes de «jazz» que por su estridencia y antimusicalidad atenta contra el más elemental buen gusto.

6.º Las rumbas, sones y danzas cubanas pueden ser toleradas aconsejándose, se cuide su selección.

7.º Lo mismo se tendrá en cuenta para la música criolla y típica de los demás países hispano americanos.

8.º Las operas pueden emitirse libremente y sin limitación de ninguna clase, cualquiera que sea el idioma en que esté redactada su letra.

9.º En las emisiones especiales de música extranjera, realizadas para las colonias que habitan en nuestro país, sólo podrá radiarse la música intrascendente a que se refiere el apartado *c*) del nº 7 de la circular citada. (no afecta a las Comarcas)

Los Delegados Comarcales de la Vicesecretaría de Educación Popular guiados por un criterio personal y artístico darán cumplimiento a esta circular resolviendo las circunstancias que de ella se deriven plegándose en todo lo posible a las normas precedentes.

MÚSICA PROHIBIDA

Cuidarán igualmente los Delegados Comarcales de Educación Popular, de que no sean interpretadas aquellas piezas musicales, prohibidas por la Delegación Nacional de Propaganda; se trasladará esta resolución para tal fin por esta Delegación Provincial en cada caso a los Delegados Comarcales debiendo estos inmediatamente comunicarla a los poseedores de equipos de altavoces conectados con microfono para emitir conciertos musicales de orquestinas, o por medio de discos.

ACTOS PÚBLICOS Y CONFERENCIAS (CENSURA)

Normas que deberán tener en cuenta los Delegados Comarcales de *Educación Popular*.

1.º No podrá celebrarse en el territorio de tu demarcación ningún acto público, conferencia, concierto, etc. Sin la previa autorización de la Delegación Nacional de Propaganda o de esta Delegación Provincial de Educación Popular en los casos de su competencia. Quedan excluidos de esta orden los actos o conferencias que se detallan en artículos sucesivos.

2.º Las conferencias que hayan de celebrarse en alguna

localidad de tu demarcación deberán haber sido previamente autorizadas por esta Delegación Provincial en los casos que alcance su competencia, o por la Delegación Nacional de Propaganda.

3.º Según lo dispuesto en el apartado 8) de la circular 131 de fecha 2 de febrero de 1943, se faculta a las Delegaciones Provinciales de Educación Popular para censurar cuantas conferencias le sean presentadas a excepción de aquellas que traten o rocen más o menos las materias siguientes y que por lo tanto sólo pueden ser autorizadas por la Delegación Nacional de Propaganda.

a) La Historia de nuestro Glorioso Alzamiento Nacional.
b) La Historia Política de la Falange.
c) De los partidos políticos anteriores al 18 de julio de 1936.
d) Materia político-militares.
e) Materias religiosas.
f) Materia internacional y sobre Hispanidad.

4.º Para solicitar la autorización correspondiente para celebrar una conferencia, me remitirás a esta Delegación Provincial una instancia de modelo oficial de las cuales te adjunto varios ejemplares, en la que deberás llenar en todos sus apartados.

Junto con la instancia se remitirá el texto por duplicado de la conferencia, o como mínimo el guión del tema o temas a desarrollar para proceder a su censura.

La solicitud deberá hacerse por mediación de esa Delegación Comarcal a esta Delegación Provincial con ocho días de antelación a la fecha en que haya de tener lugar la conferencia o acto.

5.º Cuando el orador o conferenciante no esté incluido en la relación de nombres que componen nuestros equipos de propaganda y que para tal fin deberás constituirlo el correspondiente a esa Comarca aprovechando los elementos capacitados para tal fin, me informarás junto con la instancia que remitas sobre su filiación político social, actividades actuales, etc., si es de esa comarcal o de lo contrario me informarás a cual pertenece.

6.º Quedan excluidos de cuanto antecede únicamente:

a) Los actos de propaganda política del Movimiento.

b) Los de caracter militar que posean la condición extricta de tales.

c) Los actos de enseñanza que se efectuen en los Centros escolares y que constituyen las actividades habituales de los mismos.

d) Los de caracter religioso celebrados en lugares habilitados para el culto.

7.º De cuantas infracciones se cometan sobre este particular me darás cuenta inmediatamente para su traslado al Excmo. Sr. Gobernador Civil de la Provincia, proponiendo la sanción que se considere pertinente. Al mismo tiempo darás cuenta al Excmo. Ayuntaminto de la localidad donde haya sido cometida la infracción para efectos oportunos.

8.º Una vez celebrado el acto o conferencia que hubiese sido autorizado por esta Delegación Provincial o por la Delegación Nacional de Propaganda me darás cuenta inmediata por medio de una reseña esquemática, así como los efectos producidos o anomalías que hubieras percibido, autoridades existentes, oradores que intervinieron, discursos pronunciados, etc.

9.º Las Delegaciones Comarcales podrán solicitar de esta Delegación Provincial la organización en su comarcal de ciclos de conferencias sobre las materias que convengan tratar con arreglo al caracter o necesidades de la comarca, enviando para ello a esta Delegación Provincial una memoria detallada sobre la necesidad de su celebración, oradores con que cuenta para tal fin, y un presupuesto de gastos cuando estas conferencias no sean patrocinadas por algún centro oficial o particular.

10.º Los actos conmemorativos para las fiestas oficiales y aquellos otros que se ordene su celebración por la Delegación Nacional de Propaganda se trasladarán a las Delegaciones Comarcales la forma en que han de desarrollar a la cual te ajustarás extrictamente, pero de acuerdo con el Jefe Comarcal del Movimiento.

La preparación y organización de estos actos deberá estar bajo tu dirección únicamente.

Tan pronto como recibas instrucciones para cada caso las trasladarás inmediatamente al Jefe Comarcal del Movimiento, para que a su vez las envíe a todas las Jefaturas Locales, en los casos que no hubiese Delegados Locales de Educación Popular. Cuando los haya les trasladarás tú mismo a éstos con el V.º B.º del Jefe Comarcal del Movimiento.

Actos o conferencias de carácter religioso

11.º Según lo dispuesto por la Delegación Nacional de Propaganda en su Circular 116 de fecha 11 de noviembre de 1942 y que te copio literalmente, tendrás en cuenta lo siguiente con las variaciones establecidas entre paréntesis.

Como aclaración a mi orden comunicada de fecha 21 de septiembre ppdo., sobre censura de toda clase conferencias, discursos y análogos, y normas a que tenían que someterse los organizadores de las mismas y teniendo en cuenta la naturaleza jurídico canónica especial de la Acción Católica y su carácter tipicamente jerárquico, por ser una prolongación de la misma autoridad eclesiástica, dispongo que aquellas normas, en lo que afecta a los actos organizados por Acción Católica sean interpretadas de la siguiente forma:

12.º Todos los actos puramente religiosos quedarán naturalmente exentos de toda intervención y fiscalización por parte de esa Delegación Provincial de Educación Popular, y (en este caso) de esa Delegación Comarcal.

13.º Los actos que pueden clasificarse de semipúblicos celebrados en sus locales propios o locales típicamente eclesiásticos, como círculos de estudios, conferencias apologéticas a los miembros de Acción Católica, conferencias formativas de espíritu interior de Acción Católica y análogo, quedan igualmente exentos de toda intervención, por considerarse actos no públicos, sino propios y ordinarios del mismo Organismo.

Deberás con toda atención comunicar a los directivos de Acción Católica, que en caso de duda sobre la naturaleza de algún acto de esta clase, te hagan una consulta inclusive verbal que resolverás procurando interpretar de la manera más exacta el espíritu de esta orden aclaratoria.

14.º En los actos que puedan clasificarse de públicos, celebrados en locales públicos de espectáculos, cines, teatros, frontones al aire libre, etc.; y que por su naturaleza ya no revisten la cualidad de actos ordinarios formativos de los miembros de Acción Católica, deberás comunicar a la directiva de Acción Católica que los organice, cual sea la autoridad eclesiástica o sacerdote delegado de ella que deba presidirlos, siendo sufiicente este dato para que quede considerado como acto de la Iglesia, amparado por la referida autoridad eclesiástica y por tanto exento de toda otra fiscalización.

Sólo en caso de que no fuese presidido por ninguna autoridad eclesiástica, quedará sometido a todas las normas ordinarias de los actos de propaganda oral.

15.º Para aclaración de otras disposiciones anteriores cuya vigencia hoy no se considera necesaria, tendrás igualmente en cuenta que esta Delegación Provincial es competente y deberás sin demora nuevo trámite tomar nota, de los actos incluidos en el párrafo 1.º del apartado 3.º siendo solamente necesario que en las 48 horas siguientes a la petición de autorización para el mismo, sea comunicada tu resolución a esta Delegación Provincial, a los meros efectos de estadística.

Para los actos del apartado 3.º, párrafo 2.º seguirás la tramitación ordinaria.

CONDICIONES QUE DEBEN DE REUNIR LAS LISTAS DE CAIDOS Y PROCEDIMIENTO A SEGUIR PARA TRAMITAR LOS EXPEDIENTES DE INICIATIVA

A fin de aclarar las condiciones de las listas de Caídos que habrán de figurar en los muros de todas las parroquias en España por la Circular nº 52 de la Dirección General de Propaganda en fecha de 9 de Marzo de 1940 se consignó que debería figurar en ellas lo siguiente:

1.º El nombre de José Antonio Primo de Rivera.

2.º Los Caídos en acto de Servicio en algunas de las Organizaciones integrantes del Movimiento con anterioridad al 18 de julio de 1936.

3.º Los Caídos en acto de Servicio Militar a partir de esta fecha.

4.º Aquellos que de una manera expresa consten, han sido asesinados por razones de su ideología o de su actividad a favor del Movimiento Nacional en territorio rojo.

5.º Respecto a los señalados en los apartados 2.º, 3.º y 4.º se entenderán son aquellos que en el momento de morir fueron feligreses de las parroquias en las que se realiza la inscripción.

6.º Respecto a la realización material de las listas, deberán ser hechas grabando los nombres directamente sobre la piedra en las fachadas construidas con este material y sobre una losa de piedra entera, en el caso de que la fachada sea de otro material, conservando siempre la debida relación arquitectónica de estilo. El modelo de letra deberá seguir el orden de los enviados con motivo de la primera inscripción que se hizo en toda España y la realización de las obras deberá ser vigilada (en caso de ser posible) por el artista de mayor competencia de que dispongan las Jefaturas Provinciales de Propaganda (en este caso las Delegaciones Comarcales de Educación Popular).

EXPEDIENTES DE INICIATIVAS

Por la orden de 7 de agosto de 1939 inserta en el Boletín Oficial del Estado nº 234 de fecha 22 de Agosto de 1939 se dispuso que quedaban supeditados a la aprobación del Ministerio de la Gobernación toda iniciativa de monumentos en general, para cuyo conocimiento a continuación te detallo literalmente la citada disposición:

Art. 1.º Todas las iniciativas de monumentos en general, incluso la apertura de suscripciones para su construcción, concursos de proyectos, etc., quedan supeditados a la aprobación de este Ministerio al cual deberán elevarse jerárquicamente, con informe de las autoridades que intervengan en el trámite.

Art. 2.º Queda prohibido publicar noticias o informaciones, o hacer cualquiera otra clase de propaganda sobre iniciativas y proyectos hasta que no se obtenga la aprobación.

Art. 3.º Este Ministerio, por medio de la Jefatura del Servicio Nacional de Propaganda comunicará la resolución que recaiga sobre la oportunidad de las proposiciones y resolverá, en su caso, la forma en que haya de gestionarse el proyecto.

Por la orden de 30 de octubre de 1940 inserta en el Boletín Oficial del Estado nº 317 de fecha 12 de Noviembre de 1940 se dispuso lo que literalmente te detallo a continuación:

Art. 1.º Las iniciativas de monumentos a que se refiere la orden de 7 de agosto de 1939 (Boletín Oficial del 22), se presentarán en los Gobiernos Civiles de las provincias respectivas, los cuales las elevarán al Ministerio, oyendo necesariamente a la Jefatura Provincial de Propaganda, y con su informe.

Art. 2.º La Dirección General de Propaganda someterá los proyectos al informe técnico y artístico de la Dirección General de Arquitectura y, una vez cumplimentado este trámite, la Dirección de Propaganda informará sobre la iniciativa de la conmemoración.

Art. 3.º Las iniciativas de monumentos que hayan de realizarse por medio de suscripción, deberán ser informadas también sobre dicho aspecto y, previamente a su resolución, por la Dirección General de Política Interior.

Art. 4.º Las solicitudes a que ésta Orden se refiere serán resueltas por el Ministerio, a través de la Subsecretaría de Prensa y Propaganda.

OFICIO CIRCULAR N.º 12.183 DE FECHA 2 DE DICIEMBRE DE 1942 DE LA VICESECRETARÍA DE EDUCACIÓN POPULAR MODIFICANDO LAS DISPOSICIONES ANTERIORES

Se recuerda a todos los Delegados Provinciales de Educación Popular la Orden Ministerial del 7 de agosto de 1939 (B. O. del 22) y 30 de Octubre de 1940 (B. O. del 12 de Noviembre), referente a la aprobación y tramitación de los monumentos en general y especialmente de los conmemorativos de nuestra Cruzada y en Honor de los Caídos.

De acuerdo con la Ley de 20 de Mayo de 1941 que transfiere los servicios de Prensa y Propaganda del Ministerio de la Gobernación a la Vicesecretaría de Educación Popular, habrá que entender éstas disposiciones teniendo siempre en cuenta que el Organismo competente para su resolución es la Vicesecretaría de Educación Popular, y que la tramitación se realizará en la forma que establece la Orden de 30 de Octubre de 1940.

Los Delegados Provinciales de Educación Popular tienen, por tanto, perfectamente definida en el Art. 1.º de la repetida Orden Ministerial de 30 de Octubre de 1940, una misión de caracter informativo para el cumplimiento de la cual se pondrán en contacto con los Excmos. Srs. Gobernadores Civiles de sus provincias respectivas, con objeto de que los proyectos de monumentos se ajusten en todo momento a los requisitos que exigen las disposiciones mencionadas.

MISIÓN INFORMATIVA DE LOS DELEGADOS COMARCALES DE EDUCACIÓN POPULAR EN MATERIA DE MONUMENTOS

1.º Una vez que tengan los Delegados Comarcales conocimiento de que se va a erigir algún monumento o lápida de los Caídos en alguna localidad de su jurisdicción se pondrán de acuerdo con el Ayuntamiento correspondiente emitiendo su informe y asesorando sobre las condiciones que de acuerdo con lo dispuesto deben reunir todos los monumentos que se deseen erigir.

2.º Según lo dispuesto por el Art. 1.º de la Orden anteriormente mencionada de 30 de Octubre de 1940 los Ayuntamientos cursarán al Gobierno Civil de la Provincia, la solicitud del proyecto en cuestión la cual deberá ir acompañada de un dibujo del monumento en el cual consten detalladamente las dimensiones, material en que se vá a construir, etcétera, a fin de poder informar esta Delegación Provincial de Educación Popular en cada caso, cuando por el mencionado Gobierno Civil le sea sometido el proyecto para tal fin.

3.º A su vez los Delegados Comarcales remitirán a esta Delegación Provincial detalle del informe que emitieron al Ayuntamiento respectivo indicando además cuantas observaciones consideren precisas.

CIRCULAR N.º 54 MODIFICANDO EL ARTÍCULO 5.º DE LA CIRCULAR N.º 52

Por orden Superior se modifica el criterio seguido hasta ahora para la inscripción de los feligreses caidos en cada municipio, en el sentido de que deberán inscribirse los bautizados en él, aunque no deberán borrarse los ya inscritos, no obstante la modificación que introduce la presente Circular.

EDICIONES Y PUBLICACIONES

Haciéndose muy conveniente organizar la distribución general no solo de las ediciones de la Vicesecretaría de Educación Popular sino también de algunas de las publicaciones de la Editora Nacional en su aspecto totalmente gratuito y propagandístico, creo imprescindible ejecutar el reparto utilizando tus servicios en esa comarca.

Por lo tanto desde esta fecha irás recibiendo sistemáticamente y ajustados a la nueva aparición de nuevos títulos o segundas ediciones de los ya publicados, lotes de libros, para cuyo reparto, teniendo en cuenta que el cupo que esta Provincial recibe es muy reducido para poder desarrollar una labor de propaganda como sería preciso, tendrás en cuenta las siguientes instrucciones de acuerdo con lo ordenado por la Nacional de Propaganda en su Circular nº 99 de fecha 28 de Septiembre de 1942.

1.º Una vez en tu poder el envío, acusarás recibo inmediatamente por oficio, del mismo.

2. Reservarás un ejemplar para la Biblioteca que poco a poco irás constituyendo en tu Servicio. De ella podrás ceder ejemplares a cuantos lo soliciten, tomando nota de ellos y cuidando que una vez leídos por el interesado te sean devueltos nuevamente. De esta forma podrá ponerse la cultura al alcance de todos salvando el obstáculo de no poder enviar un ejemplar por lo menos a cada hogar como sería nuestro deseo.

3.º De los ejemplares restantes procederás al reparto de los mismos teniendo en cuenta su caracter totalmente gratuito y que deben ser destinados a aquellas personas o entidades donde pueda ser más beneficiosa su labor de propaganda, cuidando de que no resulte ineficaz el reparto, dedicándolo a un pequeño grupo de amigos y camaradas ya convencidos.

4.º Te ocuparás de hacer saber a los Organismos Oficiales y del Movimiento, así como a las personas interesados de recibir nuestras publicaciones que correspondan a tu jurisdicción comarcal que deben acudir a tí en sus solicitudes para que obres como órgano transmisor de las mismas remitiéndolas a esta Delegación Provincial en el caso de que no puedas atenderlas con los lotes que se te vayan enviando.

5.º En breve te remitiré un catálogo de las obras editadas por la Editora Nacional con sus precios respectivos para aquellos casos en los que alguien desee adquirir algunos de los ejemplares cuyo caracter no es gratuito, a fin de poder trasladar la petición a la Nacional de Propaganda.

Apéndice 2: Nómina de censores

Nota: *Se reproduce aquí un extracto de un documento de la* Inspección de Libros *fechado el 27 de marzo de 1954 y cuyo título completo es:* Relación del personal afecto a la Sección de Inspección de Libros especificando nombres, categoría, domicilio, teléfono y fecha en que comenzó a prestar servicios en la Sección.» *Para otros nombres consúltese el* Índice onomástico.

Nómina de censores afectos a la *Inspección de Libros* (Madrid), correspondiente al año 1954.

Personal administrativo

D. Joaquín Úbeda de San Andrés, jefe de la sección de Inspección de Libros.

D. José Serral Aznar, jefe de Administración de 3.ª clase.

D.ª Consuelo Enríquez de Salamanca Díez, jefe de Administración de 3.ª clase.

D. Eduardo Torres Barrio, jefe de negociado, de 1.ª clase.

D. Liborio Hierro Delgado, jefe de negociado de 1.ª clase.

D.ª Carmen Piernavieja del Pozo, jefe de negociado de 1.ª clase.

D.ª Isabel Amiano Aramendi, jefe de negociado de 2.ª clase.

D. Alberto Rivero González, jefe de negociado de 3.ª clase.

D.ª María Isabel Bueno Azcárate, auxiliar mayor superior.

D.ª Dolores Serrano Alguacil, auxiliar mayor de 1.ª clase.

D.ª María Asunción Delgado Úbeda, auxiliar mayor de 1.ª clase.

D.ª Josefina Moya Trigo, auxiliar mayor de 1.ª clase.

D.ª Amparo Balbas Barros, auxiliar mayor de 2.ª clase.

D.ª Asunción Niño Arriaga, auxiliar mayor de 2.ª clase.

D.ª Francisca Cruzado Ranz, auxiliar mayor de 2.ª clase.

D.ª M.ª Ángeles Pérez-Brabo y Junco, auxiliar mayor de 3.ª clase.

D. José M.ª Guijarro Ramonet, auxiliar de 2.ª clase.

D.ª M.ª del Carmen Ortiz y Rodríguez de Velasco, auxiliar de 2.ª clase.

D.ª M.ª Adela Álvarez Pérez, auxiliar de 3.ª clase.

D.ª M.ª Luisa Moret Arbex, auxiliar de 2.ª clase.

Personal técnico

D. José Romeu de Armas, jefe de lectorado.
D. Enrique Conde Gargollo, lector especialista.
D. Mariano de Valdenebro Lannes, lector especialista.
D. Luis Miralles de Imperial y Gómez, lector especialista.
D. Carlos Ollero Gómez, lector especialista.
D. Guillermo Petersen Apel, lector especialista.
D. Román Perpiñá Grau, lector especialista.
D. José M.ª Claver Serrano, lector especialista.
D. Andrés de Lucas Casla, lector eclesiástico.
D. Andrés Avelino Esteban Romero, lector eclesiástico.
D. Miguel Piernavieja del Pozo, lector especialista.
D. Leopoldo Izu Muñoz, lector especialista.
D. Jaime de Echanove Guzmán, lector especialista.
D. Emilio González G. de Oro, lector especialista.
D. José Solís F. de Villavicencio, lector especialista.
D. Manuel Sancho Millán, lector especialista.
D. Valentín García Yebra, lector especialista.
D. Sebastián García Díaz, lector especialista.
D. Félix Melendo Abat, lector especialista.
D. Rafael Narbona Fernández de Cueto, lector especialista.
D.ª M.ª Africa Ibarra Oroz, lector especialista.
D.ª M.ª Isabel Niño Más, lector especialista.
D. Jesús Juan Garcés López, lector especialista.
D. Ángel Sobejano Rodríguez, lector especialista.
D. Emilio Sáez Sánchez, lector especialista.
D. Lope Mateo Martín, lector especialista.
D. Miguel Siguán Soler, lector especialista.
D. José Blat Jimeno, lector especialista.
D. José de Pablo Muñoz, lector especialista.
D. José M.ª Cano Lechuga, lector especialista.
D. Luis de Pereda Torresquevedo, lector especialista.
D. Benjamín Palacios Vázquez, lector especialista.
D. Antonio de Balbín Lucas, lector fijo.
D. Laurentino Moreno de Munguía, lector fijo.
D. Maximino Batanero Almazán, lector fijo.
D. Javier Dieta Pérez, lector especialista.
D. José M.ª Hernández Seoane, lector especialista.
D. Salvador Muñoz Iglesia, lector eclesiástico.
D. Juan Durántez García, lector eclesiástico.
D. Joaquín Blázquez Hernández, lector eclesiástico.
D. Ramiro López Gallego, lector eclesiástico.

Apéndice 3: Supresiones, modificaciones y defensa del manuscrito «Un mundo para todos» de Miguel Buñuel

Nota: *Se reproducen aquí* in extenso *las supresiones inicialmente impuestas por la censura al manuscrito de Miguel BUÑUEL,* Un mundo para todos, *acompañadas de las modificaciones aceptadas por la administración censoria y la argumentación esgrimida por el autor con vistas a salvar el texto original o las modificaciones propuestas.*

PAG.	TEXTO INCRIMINADO	TEXTO MODIFICADO	ARGUMENTACIÓN
9	extranjeros que lo ocupan todo	que tanto abundan	suavización
78/79	Pues esas condecoraciones son la Medalla Militar y la Laureada. ¡Como yo, me han servido para algo!	¡Para lo que me han servido!	suavización
97	¡Lástima que no pise la iglesia!		Tal frase la dice un sacerdote en tono de sentida queja. Aparte de que éste es un hecho incuestionable, ya que ni la Iglesia ni el Estado obliga...
115	llevados a la comisaría general de la Puerta del Sol	a la comisaría	La tachadura ha sido ampliada por el autor en honor a la realidad de nuestras comisarías descrita por un policía al autor, ya que éste no ha pisado nunca una comisaría.
	En una gran sala, presidida por una mesa sobre una tarima, había más de treinta personas sentadas en los bancos junto a las paredes. Y a la derecha de la mesa una celda enrejada. Don Cristóbal preguntó al oído a Napoleón:	En un amplio pasillo, había más de quince personas sentadas en bancos junto a las paredes. Don Cristóbal...	
115 b	No; están aquí por haber hecho algo malo, o algo malo, ¡vaya		Que se detenga a algún inocente no es privativo de nues-

usted a saber!
Pues tenemos que hacer justicia a unos y a otros...

117 Yo estaba paseando con las manos metidas en los bolsillos por los bulevares cuando se acercó un guardia y me dijo: «Queda usted detenido.»
Es lo correcto.
Pero ¿se ha visto mayor absurdo?
Algo malo habría hecho usted.

Siéntese, por favor.

118 Estaba pensando.
Pues algo malo habría pensado.
¿Pero cuándo se ha visto que le detengan a uno por pensar?
Insisto, lo han detenido, por algo habrá sido.
Por nada.
Bueno, dígame, ¿en qué estaba pensando?
En mi novia.

tra nación, puede ocurrir en todas las partes del mundo y de hecho los casos se resuelven pronto favorablemente como se demuestra aquí al dejar en libertad inmediatamente a los protagonistas.

No es que se detenga a nadie por pensar, sino que el diálogo se produce mecánica e inconscientemente. No pasa de ser una ironía sin malicia.

Véase pág. 117.

PAG.	TEXTO INCRIMINADO	TEXTO MODIFICADO	ARGUMENTACIÓN
	Mira que ofrecerse al mismísimo Director General de Seguridad cuando salía del cine con toda la familia... Vamos, cuándo se ha visto eso, ¿eh?, ¿cuándo se ha visto?	Mira que ofrecerse al mismísimo comisario...	El hecho de que una fulanita se ofrezca a un comisario no significa que éste se haya acostado con ella sino que la mujer es tan infeliz que se mete en la boca del lobo.
119 120	Entró una pareja de la Policía Armada y dos hombres, sin duda americanos a juzgar por su vestuario: traje claro y pantalones anchos, con bata de lazo y sombrero «beige» con cinta de colores [...]		Que un americano al servicio de las bases de España esté un poco bebido y atropelle a alguien con su coche no quiere decir nada en contra de los americanos: es un hecho aislado. Pero por si esto fuera poco, peor salimos los españoles en una película americana sobre los americanos militarizados aquí titulada *Empezó con un beso*. Vaya una cosa por otra.
122	Pero en seguida los sujetaron de nuevo. Y a los cuatro los encerraron en la celda enrejada [...] ¿Tiene cerillas? Pero si todo me lo han quitado ustedes... ¿Cómo se atreve a pedirme fuego?	Y a los cuatro los encerraron en una habitación contigua.	Si a la cerillera le quitan la mercancía es natural: se la han confiscado por vender

123

Acaban de entrar varios guardias custodiando a siete hombres... ¿Y por eso son gamberros, porque van juntos? ¡Pues más parecen unos benditos! [...]

Pero algún día llevaremos pistolas las ametralladoras.

¿Y eso?

Las revoluciones se hacen a tiros. [...].

custodiando a cinco...

No, van muy elegantes para serlo.

[...] llevaremos pistolas.

Pues será para matar pichones, porque con lo finolis que son ustedes... ¡Ja, ja, ja! ¡Imbécil!

drogas, porque tienen que investigar dicha mercancía.

El detener a unos señoritos que juegan peligrosamente a las «izquierdas» es algo que no tenemos por qué ocultarlo. Al contrario, con lo que se hace patria.

124

[...] el comisario panzudo [...] Son cuarenta y dos los detenidos, señor comisario.

Entonces sobran dos.

Ahora mismo soltamos a dos, me molesta contrariar el cálculo de probabilidades [...] han de ser cuarenta los detenidos, pues ni uno más [...]

[...] Cuando yo entré en Madrid el año treinta y nueve al frente de mi batallón de legionarios, pensé en volar la estatua de Castelar.

Son veintitrés los detenidos.

[...] han de ser treinta y uno los detenidos [...]

[...] con lo que queda subsanado los reparos que suponen las tachaduras. Se suplica conservar la fisonomía del comisario ya que el hecho de que sea panzudo no supone nada denigrante.

125

Porque ¿qué valor iba a repre-

Lo que dice el comisario de que cuando entró en Madrid con sus legionarios tenía pensado derribar la estatua de Castelar —y lo razona— es algo que le honra y honra las

PAG.	TEXTO INCRIMINADO	TEXTO MODIFICADO	ARGUMENTACIÓN
			primeras horas de Nuestro Movimiento Nacional. En cuanto a lo demás es nostalgia que también le honra.
126	sentar ese antiestético y antiestético monumento en la nueva España? [...] Y acercándose a don Cristóbal, le abrazó dándole unas cuantas palmadas en la espalda. [...] Qué tío más cachondo es usted. Y le dio una fuerte palmada en la espalda.		Aparte de que es esencial, cosa que surge espontáneamente, del protagonista para la novela (es decir, la supresión se adentra en la médula de la misma), las supresiones están totalmente injustificadas. Por otro lado, si el comisario se comporta como se comporta es porque es muy humano, cosa que le honra. Y si pronuncia la palabra *cachondo* es porque le sale del alma y porque es lo menos que puede decir un hombre que fue legionario.
126 b		(Añadido por exigencias de la supresión en pág. 115).	Idem.
127		Idem.	Idem.
202	¿Y tú lo preguntas? ¿No lo es-	¿Y tú lo preguntas? Vamos a	Con las modificaciones intro-

tás viendo? Nadie dice nada, ni un grito, ni una protesta, ni una queja de esos miserables. ¡Y por qué!

Yo te diré por qué. [...] Necesitan un jefe, un conductor, un caudillo.

[...] Don Cristóbal, alzando y bajando el bastón, gritó: Patria, Pan, Justicia [...]

¿Qué hacemos? Esto se está convirtiendo en algo subversivo.

¿Subversivo? Están gritando un lema del Régimen.

Sí, pero lo gritan de un modo...

Me está recordando el catorce de abril. [...]

Pues, nada, padre, son gritos legales.

203

[...] Los jóvenes empezaron a corear al altavoz:

¡Botellas, trapos, papeles!

Pero don Cristóbal seguía gritando:

¡Patria, Pan, Justicia! [...]

sumarnos a los gritos. Pero si no gritan nada. Son simples estudiantes recogiendo trapos, papeles y botellas. Ya lo creo que gritan. Anda, apresúrate.

¿Qué hacemos? Esto a mí no me gusta nada.

Pues a mí me está rejuveneciendo.

Pero lo gritan de un modo...

Son gritos patrióticos, padre.

ducidas la intención del autor queda más clara, no cabiendo la falsa interpretación que ha originado la supresión de unos gritos tan nuestros como el ¡Patria, Pan, Justicia! Es, pues, totalmente absurdo suprimir esos gritos y el entusiasmo que despiertan cuando constituyen precisamente toda una exaltación nacional de los principios de nuestro movimiento. El autor pregunta: ¿Es que en una novela no cabe tal exaltación?

PAG.	TEXTO INCRIMINADO	TEXTO MODIFICADO	ARGUMENTACION
210	Y le metió la mano en la axila y, de paso, aprovechó para rozarle el seno. Gabriela le quitó bruscamente la mano. [...] Tú tienes caridad con los hombres.		A la vista está que la sensualidad narrada no puede ser más blanca, sobre todo habida cuenta de las chabacanas y casi pornográficas que pasan (ejemplo: *El curso*, último premio Nadal). Por otra parte ésta es la única sensualidad que aparece en la novela. ¿A qué castrarla? En cuanto a «tú tienes *caridad* con los hombres» hay que tener en cuenta que tal frase la dice...
219	[...] Los hombres, como las instituciones, cuando se desmoronan, hay que renovarlas y dar paso a hombres nuevos [...] aquí, el fútbol, a decir verdad, monta tanto como la política y, viceversa, la política tanto como el fútbol [...].	Los hombres, como las instituciones, cuando se desgastan,	La misma que ampara la manifestación en que se grita ¡Patria, Pan, Justicia! ¿O es que esto de la renovación política (MO-VI-MI-EN-TO) no se practica en nuestra patria? ¿Es que los gabinetes ministeriales no se renuevan nunca? ¿Es que nuestras instituciones no van cada día a más? Todo lo suprimido en ambos folios es algo que se practica y nos honra. Al autor no le
220	Y el que impida tal renovación, mejor dicho, el renacer, no es digno ni de tener nombre [...].		

caben en la cabeza tales supresiones.

Si no se puede decir en una novela que la frase célebre [...] es de Carlos Marx, ¿por qué se ha permitido que aparezca tal frase y tal figura en un opúsculo popular titulado *Frases célebres* y que se venda a cinco pesetas? Absurdo. El que alguien diga que España es un asco no quiere decir que todos los españoles digan tal cosa. Simplemente lo dice uno en función de otro y, a su vez, surge la opinión contraria al decir: «Qué sabrá...»

Tal refrán se aplica al matrimonio. Copiado de un opúsculo editado por Bruguera, el cual se vende al precio de cinco pesetas.

223
Lo que hoy es utopía, mañana es realidad —sentenció Salomón.
¿Eso también lo dijo Calderón de la Barca?
No, eso lo dijo Carlos Marx.

232
«La patria es donde se está bien.»
Cicerón.
Pues mi padre dice que España es un asco.
¡Qué sabrá tu padre!

235
Matrimonio
A buena campana, buen badajo

236
Dictador
A cada puerco le llega su San Martín.

Dictadura.
Díjolo Blas, punto redondo.

PAG.	TEXTO INCRIMINADO	TEXTO MODIFICADO	ARGUMENTACIÓN
237	Policía A celada de bellacos, más vale por los pies que por las manos. [...] España. A otro perro con ese hueso.		
238	Pues no hay que decir cosas que no deban decirse... Lo dice por la censura o por mí. Lo digo por usted.		Precisamente lo tachado está a favor de la Censura.
266	Pues desde antes de nuestra tremenda y disparatada guerra [...] que elijan al mejor. Pero no sé, hay muchos políticos, muchos más que antes de la guerra [...].	Pues desde antes de nuestra guerra [...]	Se suplica no suprimir ya que si se dice «muchos más políticos [...]» tal correspondencia no se refiere a los políticos reales de hoy, sino a la masa que llena el estadio de fútbol y que para el protagonista, en su quijotada, la convierte en asamblea política. Es decir que la cosa corresponde al *antes* y al *ahora*.
267	[...] empezó a tararear «La Marsellesa» [...] No cantes victoria, Napoleón, que todavía no ha empezado la cosa. [...] Paco salu-	Paco se acercaba corriendo	Lo tachado se debe a una manera la interpretación que cabe en el lector malintencionado pero que no corresponde de nin-

	daba con el brazo en alto a su familia [...].	agitando los brazos [...].	guna manera a la intención del autor.
268	¡Paco, Paco, Paco! Don Cristóbal se volvió hacia ellos y levantó el bastón. ¡A callar, que no por mucho gritar Paco Paco va a salir elegido ese Paco!	¡A la bim, a la bam, Paco y nadie más! Don Cristóbal [...] ¡A callar que no por gritar va a salir elegido ese Alabim o ese Alabam!	
283	Hombre, Don Cristóbal, estamos en verano y el dueño está en Estoril. No regresa hasta noviembre por lo menos.		Hay que tener en cuenta que la frase va dirigida a un quijote en el momento que convierte los molinos en gigantes y la dice simplemente para que no se meta en la aventura ateniendo a la circunstancia del caso: edificio real.
287	América para los americanos y España para todo el mundo. Sí, especialmente para los americanos.		Si el americano dice lo que dice es porque considera a España hospitalaria. Y si el personaje español dice lo que dice es porque tiene derecho a la ironía.
345	No, no, allí no hay imágenes, sagrarios, estandartes, pero Dios... Dios está fuera y se hace presen-	[...] Mire, Dios se hace pre-	

PAG.	TEXTO INCRIMINADO	TEXTO MODIFICADO	ARGUMENTACIÓN
	te en cualquier rincón silencioso de la naturaleza. Panteísmo puro, panteísmo puro...	sente en cualquier rincón silencioso. ¿Y quién dice lo contrario?	
346	[...] mi verdad está por encima de todas las verdades. Entonces ya no es verdad. Todas las verdades están a la misma altura [...] Lo que está a distintas alturas son las mentiras [...]		Es un diálogo sin malicia y sin dogmatismos por ambas partes.
346	[...] pero ni el mismísimo diablo hubiera dicho cosa semejante [...]		Ídem.
370	Bueno, para que luego me vengas diciendo que el director espiritual te ha dicho esto o lo otro.		El hecho de que la dirección espiritual por un sacerdote de una mujer influya en el marido es saludable. El autor no comprende la tachadura.
402	Debe ser la cola para entrar en la iglesia [...] ¿No estarán muertos? No se mueven [...] esta gente está muerta. Y los muertos no deben estar a		Hay que tener en cuenta que el protagonista, en esos momentos, ve gigantes donde hay molinos. Por otro lado, si se pretende buscar los tres

403	la intemperie [...] Abran las puertas de par en par [...] Entren, entren [...] Habían entrado todos.	pies al gato, no se sacará otra consecuencia de que a Dios iremos después de la muerte.
420	[hace] bastantes años, exactamente de 1936 a 1939. Pues en medio de todo tuvo usted suerte, así evitó pegar tiros en un lado o en otro... No me hable de aquello, no me lo recuerde. Aquello fue una hecatombe.	No suprimir lo señalado; queda modificado con los cambios en la siguiente tachadura.
	No me hable de tiros. Si estuve tan...	
426	Incluso no creemos, como otros colegas [policías] han insinuado, que su locura esté manejada por titiriteros filocomunistas del exterior.	Es algo que se dice sinceramente y que está a favor de la independencia y patriotismo del protagonista.
429	[Cogió el diario «Arriba»]... El comisario dejó de leer. Bueno, aquí no se puede sacar nada en limpio... [Y cogió el «Pueblo».].	De este modo no puede interpretarse lo tachado como algo que desdiga del periódico «Arriba» sino como algo que no le sirve al comisario para actuar en sus funciones respecto al caso planteado por la prensa.
	Bueno, aquí tampoco se saca nada en limpio.	

PÁG.	TEXTO INCRIMINADO	TEXTO MODIFICADO	ARGUMENTACIÓN
451	[...] Y el guardia esposó a don Cristóbal.	Don Cristóbal.	El autor se ha asesorado y efectivamente las esposas son colocadas al procesado con unos cargos semejantes. Esposas que serán quitadas antes de entrar en la sala de juicio, cosa que se corregirá en los folios posteriores...
453	Don Cristóbal, esposado entre los dos guardias [...]	Don Cristóbal, entre los dos...	
454	Cualquiera lo condena... Sí		No pasa de ser un comentario de circunstancia.
456	[la boina que los guardias le quitaron] violentamente.	La boina que los guardias le quitaron.	
457	[...] Ruego también a su señoría [...] ordene que le quiten las esposas [...]		
464	policía secreta	policía	Efectivamente, en lenguaje técnico, no popular, el adjetivo *secreta* aplicado a la Policía Gubernativa o Cuerpo General de Policía no cuadra.
465	Idem	Ídem	

#			
466	Ídem	Ídem	Con todo tampoco hacemos uso del adjetivo *gubernativa*.
468	Ídem	Ídem	
470	[...] ¿no eran subversivos esos gritos?	Todo lo contrario, señor, eran gritos nacidos del Movimiento Nacional: Patria, Pan, Justicia.	Se modifica parte, véase. Por otro lado viene dado por la acción anterior...
471	Los gritos, señor, eran un lema del Régimen actualmente en vigor: Pa-tria, Pan, Justicia. Pero estos gritos ¿no fueron sustituidos por [...] Cuando todos nosotros gritábamos trapos, papeles, botellas, él seguía gritando Patria, Pan, Justicia.		
477	ni él estaría esposado entre dos guardias.	ni él estaría entre dos guardias	Arrastra acción anterior
483	[...] Puesto que ha brillado la inocencia de mi defendido [...] solicito sean quitadas inmediatamente las esposas [...] Pueden quitarle las esposas [...]		Arrastra acción anterior

PAG.	TEXTO INCRIMINADO	TEXTO MODIFICADO	ARGUMENTACIÓN
513	Pues porque lo religioso y lo militar son los dos únicos modos enteros y serios de entender la vida. ¡Ah!, sí... Y la línea más corta es la que pasa por las estrellas.		Efectivamente son expresiones falangistas. Pero, cuidado, honran al que las dice aunque esté loco y se halle en un manicomio. Precisamente si se ha escrito lo que se ha escrito lo que es como homenaje a un caso real. Esta es otra de las supresiones que no le caben al autor en la cabeza.
533	Yo diría que no hay Dios [...] A ver, explíquese. Eso huele a blasfemia.	Como Dios manda [...] y eso que no creo en Dios. Pero, empieza a creer en él, ¿no?	
	Quiero decirle, que si no existiera don Cristóbal, tampoco existiría Dios [...].	No sé, no sé lo que me digo. Pero si existe don Cristóbal es porque Dios existe.	
541	Quitarle la camisa, sería tanto como quitarle la cruz a Cristo.		Téngase en cuenta que don Cristóbal ha muerto totalmente desamparado, a solas con su muerte. Esta alusión a la cruz de Cristo, hecha por un personaje, da cierta trascendencia religiosa al tránsito de don Cristóbal, le quita desamparo...

Índice onomástico y de títulos

20.

Sumario